가장 빠르게 **데이터 분석** 전문가가 되는
마법의 챗GPT 활용법

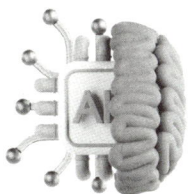

가장 빠르게 데이터 분석 전문가가 되는
마법의 챗GPT 활용법

지은이 홍창수 **1판 1쇄 발행일** 2023년 5월 15일
펴낸이 임성춘 **펴낸곳** 로드북 **편집** 홍원규 **디자인** 이호용(표지), 너의오월(본문)
주소 서울시 동작구 동작대로 11길 96-5 401호
출판 등록 제 25100-2017-000015호(2011년 3월 22일) **전화** 02)874-7883 **팩스** 02)6280-6901
정가 22,000원 **ISBN** 979-11-982686-4-8 (93000)

책 내용에 대한 의견이나 문의는 출판사 이메일이나 블로그로 연락해 주십시오.
잘못 만들어진 책은 서점에서 교환해 드립니다.

이메일 chief@roadbook.co.kr **블로그** www.roadbook.co.kr

챗GPT는
문이과 통합형 인재이며,
글쓰기와 프로그래밍 혁명이다.
이제 **전문가가 되는 법**이 달라진다!

가장 빠르게 **데이터 분석** 전문가가 되는
마법의 **챗GPT** 활용법

ChatGPT Prompts Engineering Guide for Data Scientist

홍창수 지음

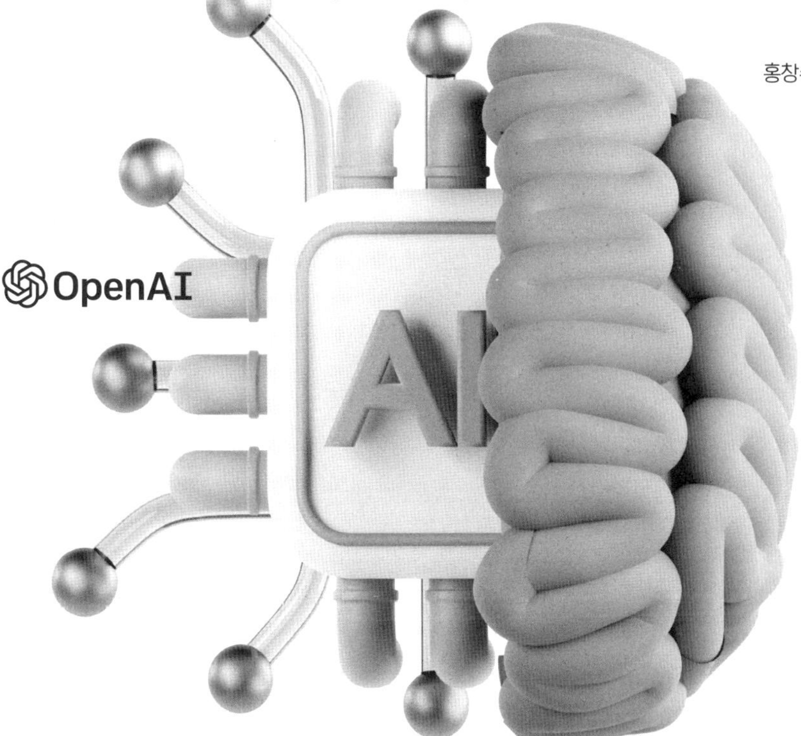

◎ OpenAI

우문을 하고
현답을
기대하지 마라
김성훈
홍콩과기대
컴퓨터공학과 교수

챗GPT를
과장없이 정확하게
풀어낸 책
오순영
KB국민은행
금융AI센터장

금융 업무와
학습에 챗GPT
활용을 위한 길잡이
박진문
유로인스트루먼츠
대표이사

추천사

"우문을 하고 현답을 기대하지 마라"라는 격언은 이 책의 중요성을 간결하게 전달합니다. 챗GPT는 놀라운 능력을 지니고 있지만, 질문의 방식과 활용법에 따라 도움이 되는 답변을 제공할 수도, 그렇지 않을 수도 있습니다. 이 책에서는 챗GPT를 활용하여 프로그래밍, 금융데이터 분석, 커리어 코칭 등 다양한 주제에 대한 현실적인 질문과 답변의 예시들을 소개합니다. 이러한 사례들은 다양한 상황과 전문 분야에서 실질적으로 활용되거나, 약간의 수정을 통해 필요한 답변을 찾아내는 데 도움이 되는 탁월한 가이드가 될 것입니다.

_ 김성훈(홍콩과기대 컴퓨터 공학과 교수)

데이터 분석, 마법, 그리고 챗GPT⋯. 뭔가 어울리지 않은 이 단어들의 조합으로 구성된 책은 첫 장 Day 1을 시작하며 '충분히 발달한 과학 기술은 마법과 구별할 수 없다'는 SF 소설의 거장인 아서 C. 클라크의 세 번째 법칙의 인용으로 지금의 챗GPT 광풍과 마법이 나란히 언급된 이유를 알게 되고, 책 역시 제목에 언급된 마법처럼 끝까지 술술 읽힌다는 것을 알게 됩니다. 금융공학과 인공지능, 그리고 지금의 AI 트렌드를 하나씩 과장되지 않게 차분하게 잘 풀어낸 책입니다.

_ 오순영(KB국민은행 금융AI센터장)

거대 언어모델(LLM)은 금융 분야에서 업무를 효율화하고 새로운 서비스를 개발하는 등 활용에 관심이 높아지고 있다. 금융전문가인 저자는 금융데이터의 처리와 분석, 금융공학의 실무적인 내용들과 함께 ESG, 블록체인, AI 이슈 등과 같은 주제들을 폭넓게 다루며 챗GPT를 사용한 프롬프트 엔지니어링을 소개한다. 금융 업무와 학습에 챗GPT를 활용하고자 하는 분들에게 길잡이가 될 것이다.

_ 박진문(유로인스트루먼츠 대표이사)

챗GPT는 빅테크 기업들에게 생성형 AI 개발 전쟁을 촉발시켰고, 학계는 물론 모든 산업 분야에서 게임 체인저가 될 것으로 예상됩니다. 〈마법의 챗GPT 활용법〉은 기본 업무, 코딩, 데이터 분석 등에 챗GPT를 활용하는 과정을 친절히 설명하고 있어, 챗GPT에 대한 관심이 있는 여러 독자에게 큰 도움이 될 것 같습니다. 책 곳곳에서 저자의 풍부한 경험이 빛을 발하고 있습니다. 새로운 AI 시대를 준비하고자 하는 모든 분에게 추천합니다.

_ 최선용(가천대학교 금융수학과 교수)

이 책은 데이터 분석에 관해 코딩 교육, 코딩 실전, 커리어 관리, 금융데이터 분석에 대한 폭넓은 내용을 담고 있어, 데이터 분석 분야에 입문하고자 하는 사람들부터 이미 경험이 있는 전문가까지 모두에게 유용한 책입니다. 아울러, 금융데이터 분석에 대한 전문지식도 함께 제공하여, 데이터 분석과 컨설팅 분야에 입문하고 성장하고자 하는 사람에게 꼭 필요한 지침서가 될 것이라 생각합니다.

_ 이대희(딜로이트 안진회계법인 상무)

이 책은 데이터 분석 분야에서 가장 빠르게 성장하고 있는 기술 중 하나인 챗GPT의 활용법을 자세하게 안내하고 있습니다. 특히, 데이터 분석의 기초부

추천사

터 심화까지 다양한 내용을 다루며, 챗GPT를 활용한 데이터 분석 방법과 실제 활용 사례를 다양하게 제시합니다.

이 책은 데이터 분석을 시작하고자 하는 초보자부터 전문가까지 모두에게 유용한 자료가 될 것입니다. 마지막으로 저자인 홍창수 박사님이 최대한으로 도메인 지식을 활용하여 독자들이 챗GPT라는 주제에 대해서 실체적인 체감과 이해를 위해서 노력한 부분에 대해서 다시 한번 감사를 드리며 독자들이 이 책을 통해서 실체적인 지식의 활용에 좀 더 다가갈 수 있는 기회가 될 수 있으리라 생각합니다.

_ 배원성 박사(쿼터백그룹 R&D 총괄)

챗GPT에 대한 기대와 두려움을 한번에 해결해주는 매우 실용적인 책입니다. 챗GPT가 처음 소개되었을 때, 잠시 둘러봤을 뿐, 나의 연구분야에 어떻게, 얼마나, 어느 정도까지 챗GPT를 활용할 수 있을지에 대해 막연한 의문을 가지고 있었으나 이 책으로 인해 그 활용법을 확실히 확인할 수 있었습니다. 실제 금융데이터 분석을 하는 분야에서 일하거나, 관련 분야에 관심이 많은 분들이 챗GPT를 활용하기에 앞서 꼭 일독하길 권하고 싶습니다. 당분간은 가까이에 두고 자주 찾아볼 책이 될 것입니다.

_ 임순영 박사(한국거래소 증권파생상품연구센터)

머리말

"이 책은 챗GPT를 사용한 데이터 분석 학습과 실전용 치트키(공략집)이다"

지난해 11월 30일 챗GPT가 공개되고 전 세계가 들썩였습니다. 처음 챗GPT를 접하였을 때는 잘못된 답변도 하지만 비교적 똑똑하고 쓸만하다고 여겼는데 개인적으로 책을 쓰는 계기가 된 일이 있었습니다. 대부분의 지인들이 글쓰기보다는 챗GPT를 활용하여 데이터 분석에 널리 사용한다는 것에 놀랐고, 여러 단계를 거치면 쓸만한 코드를 생성한다는 사실에 놀랐습니다.

데이터 분석 코딩과 관련하여 여러 아이디어를 실험해보았는데 대부분의 아이디어를 챗GPT가 각 50%, 80%, 100% 수준에서 코드를 구현해냈습니다. 잘 알다시피 챗GPT는 분야별로 학습의 깊이가 다르므로 잘 되는 코딩 분야가 있는가 하면 잘 되지 않는 부분도 많습니다.

이 책에서는 비교적 잘 되는 부분을 저자가 테스트해보고 쓸만하다고 생각한 부분을 정리했고 다음과 같이 데이터 분석을 위한 필수 툴킷(Toolkit)을 중심으로 챗GPT를 활용하는 내용을 집중적으로 다루고 있습니다.

- **파이썬**   데이터 분석에 많이 사용되는 범용 언어
- **R 언어**   통계 분석 관련 오픈소스 언어의 최강자
- **SQL**   데이터 분석가를 위한 필수 데이터베이스용 언어
- **VBA**   엑셀 등의 업무자동화를 수행하기 위한 매크로 언어
- **코랩(Colab)**   구글 파이썬 주피터 노트북 기반의 클라우드 플랫폼
- **Posit 클라우드**   R 스튜디오의 클라우드 플랫폼

머리말

이러한 데이터 분석을 위한 4가지 필수 언어와 2가지 클라우드 플랫폼을 중심으로 기초통계에서 머신러닝과 딥러닝에 관한 데이터학습과 실전을 경험해볼 수 있도록 구성했습니다.

목차별로 챗GPT를 활용하여 데이터 분석 언어를 학습하고, 코딩 실전에 활용하여, 커리어 코칭을 받아 제목대로 가장 빠르게 데이터 분석 전문가가 될 수 있도록 저술하였습니다. 중간 부분에 금융데이터 분석 분야가 나오는데 금융전공 분야의 독자가 아니라도 챗GPT를 활용하여 손 쉽게 주식 분석을 할 수 있으므로 많은 참고가 되리라 생각됩니다.

또한, 코딩실전에서는 코드 작성, 데이터 전처리, 코드 자동완성, 코드설명, 코드변환, 코드 최적화, 코드 디버깅, 단위테스트, 감성분석, 기술문서 작성 등 챗GPT를 활용하여 다양하게 코딩에 사용할 수 있는 방법을 소개하고 있습니다. 본문 중에 소개하고 싶었으나 지면상의 이유로 소개하지 못한 부분은 '부록 A. 데이터과학 분야 언어별 챗GPT 활용 프롬프트'라는 제목으로 정리해서 수록하였습니다.

현재는 비교적 오류 있는 응답을 하는 챗GPT는 5년 안에 기술이 발전되어 오류가 거의 없는 문장생성과 코드를 생성할 것으로 기대합니다. 인공지능과 자동화 기술에 따라 데이터 과학자의 업무가 빠르게 대체될 것이라 생각합니다. 이때 가장 타격을 받을 사람들이 주니어가 되리라 예상됩니다. 앞으로 코드 생성은 챗GPT와 같은 거대 언어모델(LLM)이 진행하고 코드리뷰를 할 수 있는 시니어 인원만 있으면 되기 때문에 신입 직원과 주니어 인원이 챗GPT로 대체될 가능성이 높습니다. 저자는 이에 대한 대비로 챗GPT를 활용하여 가장 빠르게 데이터 분석 전문가로 도약할 수 있다고 생각됩니다. 주니어인 경우 챗GPT를 활용하여 전문성, 독창성, 도메인 전문지식을 빠르게 학습하고 시니어와 대등하게 인공지능을 활용하여 더 높은 수준의 분석과 생산성을 높일 수 있다고 생각됩니다. 이 책이 그런 일에 조금이라도 일조를 한다면 책을 저술한 저자의 큰 보람이 되겠습니다.

멋진 추천사를 써주신 김성훈 교수님(홍콩과기대), 오순영 상무님(KB국민은행), 박진문 대표님(유로인스트루먼츠), 최선용 교수님(가천대학교), 이대희 상무님(딜로이트 안진회계법인), 배원성 박사님(쿼터백그룹), 임순영 박사님(한국거래소)께 깊이 감사드립니다. 마지막으로 많은 도움을 주신 로드북 출판사 임성춘 대표님과 홍원규 실장님께 감사 말씀을 드립니다.

2023년 5월
저자 홍창수 드림

차례

추천사 —————————————————————————— 04

머리말 —————————————————————————— 07

DAY 1_ 마법과 같은 챗GPT에 대해 알아보자

1. 챗GPT는 문과와 이과 통합형 인재다 ————————————— 21
2. GPT는 글쓰기와 프로그래밍 혁명이다 ————————————— 22
3. 챗GPT는 무엇인가 ———————————————————— 24
   - 3.1 챗GPT의 발전과정: 트랜스포머에서 GPT4까지 ————————— 25
   - 3.2 챗GPT는 어떤 분야에 적합한가 ———————————————— 30
   - 3.3 챗GPT는 언어 모델이다 —————————————————— 32
   - 3.4 챗GPT 이해를 위한 세 가지 개념 ——————————————— 33
4. 알파고와 챗GPT는 강화학습이 핵심이다 ———————————— 35
5. 맥락을 구별하는 질의어 생성이 핵심인 '프롬프트 엔지니어'는 무엇인가 — 38
6. 챗GPT 활용을 위한 핵심 용어를 알아보자 ———————————— 39
7. 챗GPT는 기업용보다 개인 맞춤형 AI 비서로 활용하자 ——————— 39
8. 직장인의 미래는 '프롬프트 엔지니어'가 될 것이다 ————————— 42
9. 챗GPT 프롬프트 시장은 활황 중이다 ————————————— 43
10. 일반AI의 가능성을 생성AI가 열었다 ————————————— 44
11. 생성AI는 '멀티모달'로 가고 있는 중이다 ———————————— 45
12. 우문을 하고 현답을 기대하지 마라 —————————————— 46

13. 현재 발생하고 있는 정보는 알 수 없다 ──── 47
14. 인공지능 기업의 전략: 파운데이션 모델에서 도메인 특화 모델까지 ──── 49
15. 월가에서 챗GPT를 금지하는 이유는 신뢰성과 보안 문제 때문이다 ──── 48
16. 데이터 분석가를 위한 챗GPT 활용 ──── 51
17. 데이터과학 교육에 적극 활용한다 ──── 52
18. 노코딩, 로코딩, 그리고 코파일럿 ──── 52
19. 마이크로소프트 365 코파일럿은 사무자동화를 위한
    게임 체인저가 될 것이다 ──── 54

DAY 2_ 챗GPT의 기본 활용법을 알아보자

1. 챗GPT 기본 활용법: 미세조정하여 질의하고 응답에 대해 미세조정한다 ──── 61
2. 자연어 처리: 질의(프롬프트)에 따른 텍스트를 생성한다 ──── 62
3. 문장 요약, 패러프레이징, 다국어 번역 ──── 63
   3.1 문장 요약 ──── 63
   3.2 패러프레이징 ──── 65
   3.3 다국어 번역 ──── 66
4. 콘텐츠 생성 마스터: 블로그, 유튜브, SNS 생성을 통한 수익창출 ──── 67
5. 새로운 책, 강의, 비즈니스 기획 보조로 활용하자 ──── 70
   5.1 새로운 책 ──── 70
   5.2 새로운 강의 ──── 72
   5.3 새로운 비즈니스 ──── 74

차례

6. 챗GPT로 제안서 작성하기: 데이터 분석 관련 컨설팅 제안서 작성 — 78
7. 엑셀 업무 활용 — 81
   7.1 엑셀 실전 활용: 챗GPT를 활용한 엑셀에서의 수식 작성 방법 — 84
   7.2 엑셀 VBA를 활용한 업무자동화 — 85
   7.3 엑셀 VBA를 활용한 업무자동화 실전 예제 — 87

DAY 3_ 챗GPT를 통해 코딩 전문 교육을 받아보자

1. 챗GPT의 등장은 '프로그래밍의 종말'을 뜻하는가 — 93
2. 챗GPT를 코딩에 활용하는 방법 — 95
3. 챗GPT는 어떻게 프로그래밍을 할 수 있는 코딩 기능을 갖추게 되었나 — 98
4. 파이썬과 R 언어: 데이터 분석을 위한 오픈소스 언어의 활용 방안 — 100
   4.1 데이터과학 코딩과 학습은 챗GPT로 DIY하자 — 101
   4.2 월 20달러로 학습과 업무역량을 증강시키자 — 103
5. 구글 코랩으로 파이썬을 마스터하자 — 103
6. 챗GPT를 활용한 파이썬 교육 — 105
   6.1 데이터과학을 위한 통계학습 — 114
   6.2 파이썬을 활용한 통계 실습 — 117
7. 챗GPT를 활용한 머신러닝 교육 — 119
8. 챗GPT를 활용한 R 프로그래밍 학습 — 125
9. 챗GPT를 활용한 SQL 학습 — 129

9.1 오라클에서처럼 SQL 실습하기 ——————————— 133
9.2 SQL 실전 활용법 ——————————————————— 138
10. 챗GPT를 활용한 파이썬 기초 활용법 ———————————— 141

DAY 4_ 챗GPT를 코딩 실전에 활용해 보자

1. 코드 작성 ——————————————————————— 147
2. 데이터 전처리 ——————————————————————— 149
3. 코드 자동완성 ——————————————————————— 147
4. 코드 설명 ——————————————————————— 154
5. 코드 변환 ——————————————————————— 158
6. 코드 최적화 ——————————————————————— 162
7. 코드 디버깅 ——————————————————————— 165
8. 단위 테스트 ——————————————————————— 166
9. 코딩 테스트 실전 문제 풀이 및 문제 출제 ———————————— 169
10. 감성분석: 긍정 및 부정을 통한 심리분석 ———————————— 172
11. 기술문서 작성 ——————————————————————— 174

DAY 5_ 금융데이터 분석 실전에 활용하자

1. 챗GPT가 퀀트 트레이딩 책을 쓰다 ———————————————— 180

차례

2. 챗GPT는 퀀트 분석과 퀀트 트레이딩에도 활용할 수 있다 — 182
   - 2.1 퀀트투자란 무엇인가 — 183
   - 2.2 퀀트투자를 위한 금융데이터의 유형 — 185
   - 2.3 퀀트투자를 위한 금융데이터 수집하기 — 185
   - 2.4 단말기 및 홈페이지를 통한 엑셀 다운로드 — 186
   - 2.5 파이썬 금융 라이브러리 — 186
   - 2.6 웹 크롤링 — 191
   - 2.7 퀀트투자 기초와 개념 학습 — 193
   - 2.8 추세추종 전략의 기초: 모멘텀과 이동평균 — 197
3. 챗GPT를 활용한 자산관리 활용: 로보어드바이저를 대체한다 — 202

[참고 1] 챗GPT를 활용한 블록체인과 스마트 컨트랙트 활용 — 209

[참고 2] 챗GPT를 이용하여 자동매매 시스템을 구축해보자 — 212

DAY 6_ 챗GPT에게 데이터 전문가 커리어 코칭을 받자

1. 이력서와 자기소개서 작성 및 개선
   : 작성보다는 개선에 많은 코칭을 받자 — 217
   - 1.1 커리어 코칭 — 221
   - 1.2 예상 면접 질문 — 226

DAY 7_ AI과 함께 하는 데이터 과학자의 미래

1. 챗GPT는 데이터 과학자를 대체할 수 있는가 — 231

1.1 증강형 데이터 과학자의 탄생 — 233
2. 챗GPT를 활용에 발생할 수 있는 여러 문제 — 234
   2.1 저작권 문제 — 234
   2.2 보안 및 저작권 문제 — 235
   2.3 오토파일럿이 될 때까지는 코파일럿으로 활용하자 — 236
3. 데이터 과학자의 미래: 처음에는 주니어를 대체하게 될 것이다 — 238
   3.1 챗GPT 시대 유망 기업 — 239
   3.2 코딩은 중요하지 않게 된다
       : 좋은 질문을 던지는 인재를 양성하자 — 241
   3.3 챗GPT는 일반AI(AGI)의 서막을 열고 있다 — 242

DAY8_ 부록: 데이터과학 분야 언어별 챗GPT 활용 프롬프트

1 파이썬 입문 — 247
2 데이터과학: 기초 통계와 데이터 분석 입문 — 248
3 데이터과학: 인공지능, 머신러닝, 딥러닝 — 249
4 R 언어 입문 — 250
5 SQL — 251
6 VBA — 252
7 금융·데이터 분석 — 252

찾아보기 — 254

가장 빠르게 **데이터 분석** 전문가가 되는
마법의 **챗GPT** 활용법

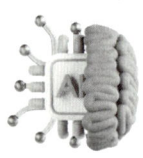

DAY 1

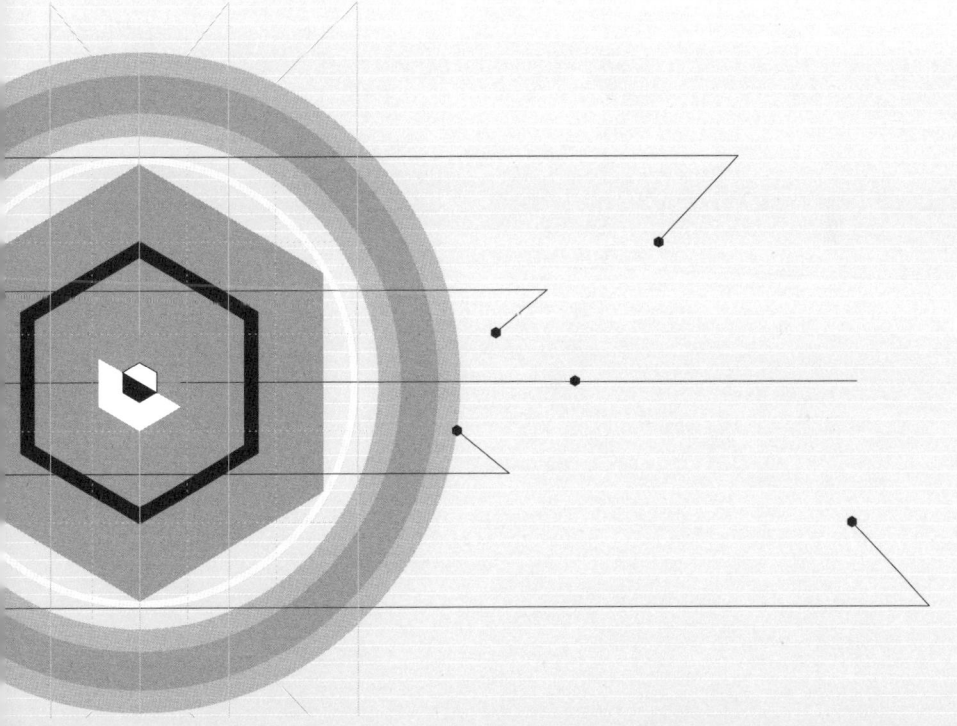

충분히 발달한 과학 기술은 마법과 구별할 수 없다.

- 아서 C. 클라크 -

지난 수십 년간 인공지능 기술은 놀라운 발전을 이루어 왔다. 특히, 딥러닝(Deep Learning) 기술의 발전은 인간의 지능적인 활동을 모델링하는 것에서 출발하여, 이미지 인식, 음성 인식, 자연어 처리 등 다양한 영역에서 놀라운 결과를 이루어내고 있다. 이러한 기술 발전은 디지털 시대에 대한 중요한 전환점이며, 생성AI(Generative Artificial Intelligence, GAI) 라는 새로운 시대를 열었다. 생성AI는 인간과 같은 창의성, 상상력, 지능, 그리고 인간처럼 생성적인 활동을 수행할 수 있는 인공지능 기술이다.

이는 대량의 데이터와 연산 능력을 기반으로 하며, 기존의 머신러닝 기술과는 큰 차이가 있다. 일반적으로 머신러닝 모델은 정해진 목표를 달성하기 위한 최적화 과정을 통해 학습하며, 그 결과는 학습 데이터의 특성을 잘 파악하고 일반화하여 새로운 데이터를 예측하는 것이다. 반면에 생성AI는 머신러닝 모델과는 달리, 생성적인 과정을 통해 새로운 데이터를 생성한다. 이러한 생성AI 기술의 발전은 생성 모델링, 생성 대화 시스템, 그리고 콘텐츠 생성과 같은 영역에서 큰 관심을 받았다. 이 중에서도 자연어 처리(Natural Language Processing, NLP) 기술은 생성AI의 중요한 영역이다. NLP에서 트랜스포머(Transformer) 아키텍처를 기반으로 한 AI 모델들은 상당한 성과를 이루어냈다. '트랜스포머'란 문장의 중요한 부분만을 집중적으로 분석해 대량의 데이터를 빠르고 효율적으로 처리하는 인공신경망 모델이다.

ChatGPT(이하 챗GPT)는 트랜스포머 아키텍처를 기반으로 한 NLP 모델이다. 이 모델은 대규모 텍스트 데이터를 기반으로 생성되었으며, 대화형 시스템과 같은 다양한 응용분야에 활용될 수 있다. 챗GPT는 대화를 주도할 수 있는 자

---

* AI와 인공지능: Artificial Intelligence를 줄여서 AI라고 하고 우리말로는 인공지능이라고 번역한다. 이 책에서는 주로 'AI'라고 쓰지만 문맥상 더 쉬운 이해를 위해서 '인공지능'이라는 표현을 혼용해서 쓸 때도 있다.

연스러운 언어 생성 능력을 가지고 있으며, 대화의 전반적인 흐름과 맥락을 이해하며 대화를 지속할 수 있다. 챗GPT는 생성AI 시대를 대표하는 대표적인 모델 중 하나로 자리 잡고 있다. 생성AI는 이전의 인공지능 모델과는 달리, 데이터를 학습하는 것이 아닌 데이터를 생성해내는 것이 목적이다. 이러한 생성 모델은 이미지, 음성, 텍스트 등 다양한 분야에서 활용되고 있으며, 특히 텍스트 분야에서는 챗GPT를 중심으로 대화형 생성 언어 모델이 인기를 끌고 있다.

챗GPT는 대화형 생성 언어 모델로, GPT라는 모델 계열에 속한다. GPT는 'Generative Pre-trained Transformer'의 머리글자로 이전 단어들이 주어

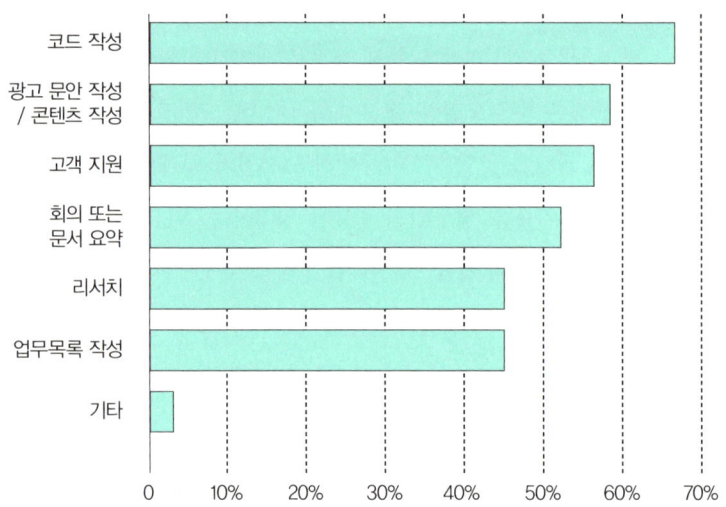

[그림 1-1] 기업의 챗GPT 이용 실태(출처: resumebuilder.com)

---

* 기업 4곳 중 1곳은 이미 챗GPT로 직원을 교체했다(1 in 4 companies have already replaced workers with 챗GPT), February 27, 2023. 출처: https://bit.ly/3MxOCdK

졌을 때 다음 단어가 무엇인지 맞추는 과정에서 사전훈련(Pre-Training)을 한다. 또한 기계 번역에서 많이 사용되는 트랜스포머 아키텍처를 기반으로 한다. 트랜스포머 이전까지 자연어 처리 분야에서 가장 우수한 성능을 보인 순환신경망(Recurrent Neural Network, RNN) 계열의 모델들에 비해 병렬적으로 처리할 수 있다는 장점이 있다. 챗GPT는 이러한 트랜스포머 아키텍처를 기반으로, 대규모의 텍스트 데이터를 이용해 사전학습을 진행한다. 이 사전학습을 통해 모델은 자연어 처리 분야에서 다양한 작업(Task)을 수행할 수 있는 다재다능한 능력을 갖게 된다. 다양한 분야에서 활용이 가능하기 때문에 챗봇, 개인 비서, 문장 생성, 요약 등의 분야에서 광범위하게 사용될 수 있다.

챗GPT는 생성AI의 발전으로 인해 인간과 기계 사이의 대화가 더욱 자연스러워지고, 다양한 분야에서 활용되어 인간의 생활을 더욱 편리하게 만들어 주고 있다. [그림 1-1]은 1,000명의 미국 비즈니스 리더를 대상으로 한 미국 기업의 챗GPT 이용실태에 대해 조사 자료다. 주로 코드 작성, 광고문안 작성, 콘텐츠 생성, 고객 지원, 문서 요약, 리서치에 사용되는 것을 볼 수 있다.

챗GPT는 문과와 이과 통합형 인재다

챗GPT는 인공지능 분야에서 글쓰기와 프로그래밍을 혁신적으로 변화시키고 있다. 챗GPT는 대규모의 텍스트 데이터를 학습하여 인간의 언어를 이해하고 생성할 수 있는 능력을 갖춘 대화형 생성 언어 모델이다. 이러한 능력으로 인해, 글쓰기와 문서 작성 분야에서 혁신적인 변화를 가져오고 있다. 또한 프로그래밍 분야에서도 혁신적인 역할을 하고 있다. 기존의 프로그래밍 언어는 특정 문법과 규칙을 따라야만 기계가 이해할 수 있는 코드를 작성해야 했다. 그러나 챗GPT를 이용하면 프로그래밍 언어의 문법과 규칙에 대한 이해 없이도 자연어로 프로그래밍을 작성할 수 있다. 이를 통해 기존의 프로그래밍 방식에서 벗어나 새로운 프로그래밍 방식을 모색하는 것이 가능해졌다. 이는 글쓰기와 프로그래밍 분야에서 혁신적인 변화를 가져올 것으로 기대되며 새로운 분야와 기술의 발전에도 큰 기여를 할 것으로 예상된다.

02 GPT는 글쓰기와 프로그래밍의 혁명이다

2월 초 코딩과 자료구조에 대한 기초가 없는 모 대기업 직원 교육에서 과제를 냈다.

"키의 쌍(x, y)을 받아 x로 해시테이블에 저장하고, 동일한 x에 쌍으로 제공된 다른 y를 모두 이진검색트리에 저장하고, 이진검색트리는 x의 해시테이블 슬롯에서 연결되는 복합 자료구조를 파이썬으로 코딩하라."

예전 같으면 초급 클래스에서 불가능한 과제다. 챗GPT와 협업을 권장했더니 대부분 이틀 내로 해냈다. "프로그래머가 거의 필요 없게 되지 않을까?" 하는 질문을 많이 받는다. 소프트웨어의 수요가 지금 수준에 머문다면 챗GPT 같은 생성AI가 프로그래머 수요를 현저히 줄일 것이다. 하지만 이 변화로 인해 소프트웨어의 추상화 레벨이 급격히 높아지고 새로운 레벨의 소프트웨어에 대한 수요가 급증할 것이다. 고도화된 신종 서비스가 많이 출현할 것이다. 현재 고급 인력으로 간주되는 수순은 새 시대에는 중급 정도로 간주될 것이다. 프로그래밍의 새 시대가 열렸다. 이번 학기 필자의 학부 '자료구조' 과목에서는 학생들에게 챗GPT와 협업해서 코딩 과제를 하도록 유

도할 계획이다. 생산성이 높아지면서 절약한 시간만큼 수준을 높일 것이다. 전문가의 수련 결과는 질문을 적절하게 해서 원하는 답을 얻을 수 있는 능력과 깊게 연동될 것이다. 코딩 능력의 스펙트럼이 넓어지고, 초중급 인력의 수요는 감소하고, 고급 인력의 수요는 늘 것이다.

위 글은 서울대 컴퓨터공학부 문병로 교수가 [매일경제] 컬럼인 '매경의 창'에 기고한 "챗GPT가 몰고 올 프로그래밍 혁명"이란 글의 일부다.*

챗GPT는 글쓰기와 프로그래밍에 일가견이 있다. 여러 시험을 통과한 IQ가 150 이상이라는 점에서 사용자들은 매일 탄성을 지르는 것이 과장은 아니다. 글쓰기에 관심있는 사람은 챗GPT가 글쓰기 혁명을 일으켰다고 하고 코딩에 관심있는 개발자와 프로그래머는 코딩 혁명을 불러왔다고 이야기한다. 실제로 챗GPT는 텍스트와 코드를 학습한 GPT 3.5에 해당하는 버전으로 기존 GPT에서 InstructGPT로 그리고 챗GPT로 바뀌면서 여러 아이디어가 추가되었다. 이제 문과, 이과를 마스터하고 GPT 4.0에서는 이미지 등의 예술 영역으로 분야를 넓혀가고 있다.

현재까지 많은 책에서 챗GPT의 기능 중 글쓰기 혁명을 다루었다면 이 책은 프로그래밍 즉, '챗GPT의 코딩 혁명' 측면에서 다양한 주제를 다룬다.

---

* "챗GPT가 몰고 올 프로그래밍 혁명", '매경의 창', 문병로. 출처: https://www.mk.co.kr/news/contributors/10657265

03 챗GPT는 무엇인가

챗GPT는 오픈AI에서 2022년 11월 30일에 출시한 이후 전 세계적으로 주목을 받고 있다. 출시된 지 2개월 만에 사용자 1억 명을 돌파했으며, 이제 매일 SNS에서 수십 개의 글이 회자되고 있다. 챗GPT는 인공지능으로 많은 것을 이해하고 사람과 대화하며 응답하는 기능을 갖추고 있다. 이러한 챗GPT는 개인화된 생활을 지원하는 인공지능 비서로, 프로그래밍 업무를 지원하는 비서로도 활용할 수 있다.

챗GPT는 자연어 처리 및 머신러닝의 최신 기술을 사용하여 입력에 대해 지능적이고 매력적인 응답을 하는 오픈AI의 새로운 AI채팅 도구다. 거대 언어 모델(A Large Language Model, LLM)의 강력한 기능을 가진 3.5 시리즈를 기반으로 대화하는 방식으로 작동한다.

챗GPT는 입력을 기반으로 사람과 유사한 텍스트를 생성하는 딥러닝 기반 언어 모델이다. 또한 핵심적인 내용은 모델이 생성한 결과의 좋음을 판단하기 위해 인간의 선호 점수를 매긴다는 것이다. 즉, 사람이 모델의 결과에 대해 평가한 피드백을 통해 생성된 텍스트의 우수성 지표로 사용하고 피드백을 반영한 로스(loss)를 설계해 최적화하는 것을 '인간 피드백을 통한 강화학습(Reinforcement Learning from Human Feedback, 이하 RLHF)' 방법이라고 한다.*

---

* https://huggingface.co/blog/rlhf를 참고하면 인간의 피드백을 통한 강화학습에 대해 자세히 알 수 있으며 〈인간 피드백을 통한 강화학습: 제로에서 챗GPT까지〉도 강화학습을 이해하는 데 큰 도움이 된다. https://bit.ly/3mEqqeF, HuggingFace 유튜브를 참고하라.

3.1 챗GPT의 발전과정: 트랜스포머에서 GPT4까지

딥러닝 기반의 자연어 처리 모델인 GPT와 그의 후속 모델인 GPT-2, GPT-3, InstructGPT, 그리고 챗GPT는 인공지능 연구와 자연어 처리 분야에서의 중요한 발전 과정을 거쳐왔다. 앞서 설명했듯이 GPT는 2018년에 오픈AI에서 발표된 자연어 처리 모델로, 트랜스포머(Transformer)라는 아키텍처를 기반으로 한다.

GPT(Generative Pre-trained Transformers)는 인간과 유사한 텍스트를 생성하는 데 사용되는 일종의 딥러닝 모델이다. 일반적인 용도는 질문에 대한 답, 텍스트 요약, 번역, 코드 생성, 블로그 콘텐츠 생성 등이다. 또한 GPT 모델에 대한 응용프로그램은 무궁무진하며 특정 데이터에 대해 미세 조정하여 더 나은 결과를 생성할 수도 있다. 트랜스포머는 기존의 순차적인 처리 방식이 아닌,

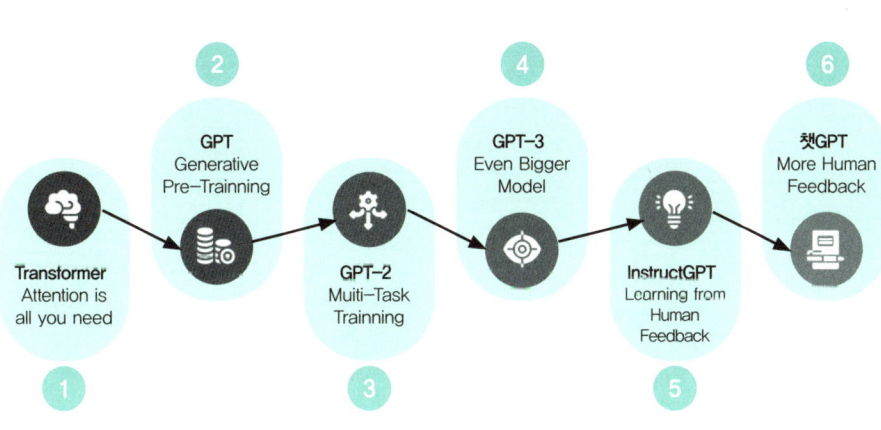

[그림 1-2] 챗GPT 발전과정: 트랜스포머에서 챗GPT까지
(출처: https://arxiv.org/abs/2302.10724)

어텐션(Attention) 메커니즘을 사용하여 병렬적인 연산을 가능하게 한 아키텍처로, 긴 문장의 처리와 문맥 정보를 효과적으로 캡처할 수 있어 대량의 텍스트 데이터를 사전훈련하여 문장 생성, 기계 번역, 감성분석 등 다양한 자연어 처리 작업에서 우수한 성능을 보여주었다.

GPT-2는 2019년에 발표된 GPT의 후속 모델(Language Models are Unsupervised Multitask Learners)로, GPT의 아키텍처를 그대로 사용하면서 사전훈련 데이터의 규모를 크게 확장한 모델이다. GPT-2는 무려 15억 개의 파라미터를 가진 대규모 모델로, 더 복잡하고 다양한 문장을 생성할 수 있는 능력을 보여주었다. 그러나 발표 당시 인공지능의 악용 우려로 인해, 오픈AI는 초기에 GPT-2의 모델 가중치를 비공개로 유지하기로 했다([그림 1-3] 참고).

GPT-3는 2020년에 발표된 GPT 시리즈의 세 번째 모델(Language Models are Few-Shot Learners)로, 이전 모델들의 규모를 한층 확장한 대규모 모델이다. GPT-3는 1,750억 개의 파라미터를 가지고 있어, 이전 모델들보다 훨씬 더 높은 수준의 자연어를 처리할 수 있어 텍스트 생성, 기계 번역, 질문 응답 등 다양한 작업에서 인간 수준의 성능을 보여주며, 자연어 처리 분야에서의 엄청난

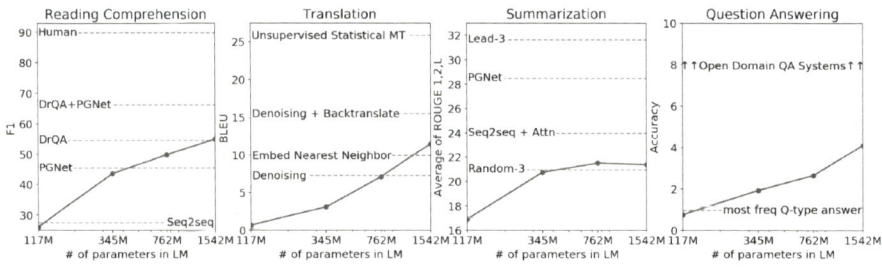

[그림 1-3] GPT-2: 다양한 작업에 대한 모델 성능(독해, 번역, 요약, 질문 답변)

발전을 이끌었다. 논문 제목의 '퓨샷러닝(Few-Shot Learning)'이라는 단어에서 알 수 있듯이 소량의 데이터(Few-Shot)만으로도 추론할 수 있는 뛰어난 학습을 하는 모델을 만들수 있다는 것이다([그림 1-4] 참고).

InstructGPT는 GPT 시리즈의 발전 과정에서 "지시에 따라 텍스트를 생성하는 능력(Training language models to follow instructions with human feedback)"에 초점을 맞춘 모델이며 이 모델은 사용자로부터 지시를 받으면 그에 따라 특정 동작을 수행하거나 특정 형식의 텍스트를 생성할 수 있는 능력이 있다. 이를 통해 다양한 형태의 작업을 수행하는 데 활용될 수 있다. 예를 들어, "먹물 파스타의 레시피를 작성해줘"라는 지시를 받으면 레시피를 생성하는 텍스트를 출력하거나, "○○자동차에 지원하는 자기소개서를 작성해줘"라는 지시를 받으면 특정 주제에 대한 글을 생성하는 등의 작업을 수행할 수 있다.

챗GPT는 GPT의 기술을 기반으로 대화형 인터페이스를 위한 모델로 발전하였고 사용자의 질문에 응답하거나 다양한 주제에 대한 대화를 생성하여 챗봇, 가상 어시스턴트, 고객 서비스, 커뮤니케이션 도구 등 다양한 분야에서 사용되고 있다.

Setting	NaturalQS	WebQS	TriviaQA
RAG (Fine-tuned, Open-Domain) [LPP+20]	44.5	45.5	68.0
T5-11B+SSM (Fine-tuned, Closed-Book) [RRS20]	36.6	44.7	60.5
T5-11B (Fine-tuned, Closed-Book)	34.5	37.4	50.1
GPT-3 Zero-Shot	14.6	14.4	64.3
GPT-3 One-Shot	23.0	25.3	68.0
GPT-3 Few-Shot	29.9	41.5	71.2

[그림 1-4] GPT-3: 3개의 오픈 도메인 QA작업 결과(각 도메인에 대한 제로샷, 원샷, 퓨샷러닝)

한편, 2023년 3월 14일에 출시된 GPT-4는 정확성과 관련하여 GPT-3.5 모델을 개선했다.* 오픈AI의 내부 성능 벤치마크에서 GPT-4는 GPT-3.5보다 40% 더 높은 점수를 받아 사실 또는 추론 오류를 범하는 "할루시네이션(환각)"의 숫자가 더 낮아졌다. 또한 GPT-4는 GPT-3의 파라미터(매개변수) 규모인 1,750억 개를 아득히 뛰어 넘은 1조 개 이상의 파라미터를 갖출 것이라는 추정이 나왔지만, 오픈AI는 GPT-4의 파라미터 규모를 공개하지 않았다.

오픈AI에 따르면 GPT-4는 기존 GPT-3.5와 달리 텍스트뿐 아니라 이미지까지 여러 데이터 형태를 인식하는 멀티모달(복합 정보 처리) 모델이다. GPT-4는 〈미국 모의 변호사 시험〉에서 90번째, 대학 입학 자격시험인 〈SAT 읽기·수학 시험〉에서는 각각 93번째와 89번째의 백분위수를 기록했는데 이는 상위 10% 수준이라고 오픈AI는 설명했다.

1. 챗GPT 간단한 가입과 사용법

챗GPT는 오픈AI에서 제공하는 대화형 인공지능 모델로, 인터넷을 통해 누구나 무료로 이용할 수 있다(GPT-4는 유료로 20달러다).

2. 챗GPT 가입 방법

챗GPT를 사용하는 방법은 매우 간단하다. 오픈AI의 공식 웹사이트(https://www.openai.com/)에 접속한 후 [Product] 메뉴에서 [ChatGPT]를 클릭하면 된다. 챗GPT를 사용하기 위해서는 구글이나 마이크로소프트 이메일로 계정을 손쉽게 생성할 수 있다. 챗GPT를 사용하기 위한 계정생성 바로가기 URL은 http://chat.openai.com/auth/login이다. [그림 1-5]와 같은 화면이 뜨면 [가입하기(Sign Up)]를 통해 회원가입이 가능하다.

---

* 자세한 설명은 https://openai.com/research/gpt-4을 참고하고, 해당 기술보고서는 https://cdn.openai.com/papers/gpt-4.pdf에서 다운받을 수 있다.

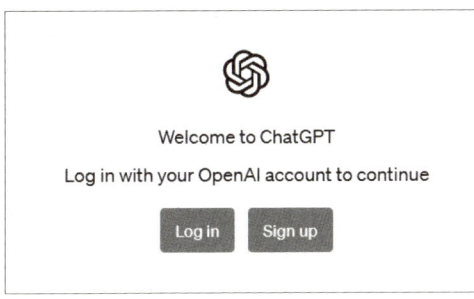

[그림 1-5] 챗GPT 로그인/계정 생성 화면

챗GPT의 월간 활성 사용자가 두 달만인 2023년 1월에 1억 명을 돌파한 것으로 추정된다고 투자은행 UBS가 밝혔다([그림 1-6] 참조). 월간 활성 사용자 1억 명 돌파까지 틱톡은 9개월, 인스타그램은 2년 6개월이 걸린 것이다. UBS는 "챗GPT가 역사상 가입자가 가장 빠르게 증가한 서비스"라고도 덧붙이면서, "인터넷 등장 이후 20년 동안 이렇게 빠른 증가율은 처음이다"라고도 밝혔다.

서비스	개월
챗GPT	2
틱톡	9
인스타그램	30
핀터레스트	41
스포티파이	55
텔레그램	61
우버	70
구글 번역	78

[그림 1-6] 서비스별 이용자 1억 명 달성 기간(챗GPT 2개월, 출처: UBS)

3. **챗GPT 사용 예시**

챗GPT는 다양한 분야에서 사용이 가능하다. 예를 들어, 일상생활에서 생기는 궁금증이나 문제점을 해결하기 위해 챗GPT 질의창에 문의하여 대화를 나눌 수 있다. 또한 개인 AI 비서로서 활용할 수도 있다. 일정 관리, 메모 작성 제공 등 다양한 업무 자동화 기능을 제공한다.

3.2 챗GPT는 어떤 분야에 적합한가

다양한 산업 분야에서 AI 기반 챗봇을 활용한 수많은 응용프로그램이 있다. 챗GPT는 다음과 같은 분야에서 유용할 것으로 생각된다.

- **비즈니스 인텔리전스** 시장 동향, 고객 행동 및 기타 귀중한 데이터에 대한 통찰력을 제공할 수 있다.
- **고객 지원** 24시간 고객 지원을 제공하여 고객의 문의에 대한 빠르고 효과적인 응답을 받을 수 있다.
- **교육** 상호작용적이고 매력적인 방식으로 가르치고 질문에 답할 수 있다.
- **엔터테인먼트** 영화, 음악, 기타 엔터테인먼트에 대한 맞춤형 추천을 제공할 수 있다.
- **법률 자문** 사용자가 법률 정보와 판례를 신속하게 조사하고 해당 정보를 보다 기본적인 용어로 이해할 수 있도록 도와준다. 또한 변호사는 챗GPT를 사용하여 고객에게 빠르고 효율적인 법률 자문을 제공할 수 있다.
- **채용** 기업에서는 챗GPT를 활용하여 채용 프로세스를 자동화함으로써 시간과 자원을 절약할 수 있다.
- **판매 및 마케팅** 구매 프로세스를 통해 고객을 안내하고, 잠재 고객을 선별하고, 비즈니스를 성사시키는 데 도움을 줄 수 있다.
- **여행** 항공편, 호텔 예약, 기타 여행 준비를 할 수 있게 도울 수 있다.

[그림 1-7]은 챗GPT가 작동되는 방식에 대한 직관적인 설명이다. 챗GPT 질의 창에서 "챗GPT는 무엇인가?"라는 질의가 들어왔을 때 실제로 챗GPT의 서버에서는 자연어 질의에 대해 컴퓨터가 이해할 수 있도록 0과 1로 인코딩 과정이 진행된다. 이러한 인코딩 과정을 거쳐 해당 분야의 콘텐츠가 생성되는데, GPT 생성 모델이 사전에 훈련 데이터를 통해 학습되고 필터링된 데이터를 조회하여 답변에 활용된다. 마지막 단계에서 이렇게 0과 1로 생성된 콘텐츠는 사람이 이해할 수 있는 언어로 디코딩되어 챗GPT를 통해 답변을 제공한다.

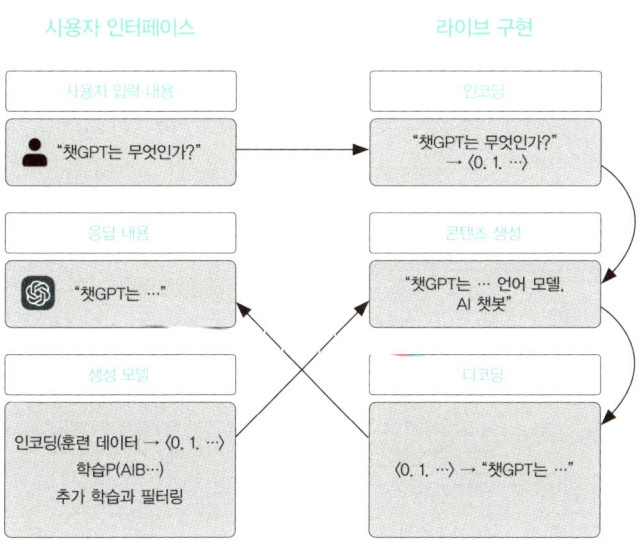

[그림 1-7] 챗GPT: 생성 AI 작동방식(출처: https://codeacademy.com)

3.3 챗GPT는 언어 모델이다

챗GPT의 기본은 언어 모델(Language Model, LM)이다. 언어 모델은 주어진 단어가 주어졌을 때, 다음 단어를 예측하는 모델을 말한다. 챗GPT는 실제 사람이 작성한 방대한 양의 데이터(챗GPT 3.5의 경우 2021년 9월 이전의 데이터)에 대해 학습하고, 한 단어 한 단어를 예측하면서 진행한다. 즉, 이러한 모델은 신경망을 기반으로 비지도학습(Unsupervised Learning)을 사용하여 훈련된다.

여기서 모델은 이전 단어를 기반으로 문장의 다음 단어를 예측하는 방법을 학습한다. 챗GPT가 유일한 거대 언어 모델은 아니다. 다른 여러 브랜드 중 하나라고 생각하면 된다. 예를 들어, 테슬라만 자율주행자동차를 연구하는 것으로 알려졌지만 자율주행을 연구하는 자동차는 상당히 많다. 이처럼 거대 언어 모델을 가지고 있는 다른 기업도 많다. 구글은 '람다(LaMDA)', 메타는 '라마(LLaMA)', 네이버는 '하이퍼클로바', 카카오는 '코지피티(KoGPT)'라는 거대 언어 모델을 가지고 있다.

챗GPT는 인공지능 리서치 회사인 오픈AI에서 만든 것으로 텍스트를 생성하도록 훈련된 거대 언어 모델인 GPT 3.5를 기반으로 만든 채팅형GPT다. 앞서 설명했듯이 GPT는 생성AI를 기반으로 한다. 생성AI는 새로운 콘텐츠를 생성할 수 있는 인공지능을 의미한다. 또한 챗GPT는 트랜스포머를 기반으로 한다. 트랜스포머는 문장(시퀀스)에서 단어(토큰) 간의 관계를 추적하여 컨텍스트와 의미를 학습할 수 있는 딥러닝 모델이다. 트랜스포머 모델의 주요 혁신은 '셀프 어텐션(Self-Attention)' 메커니즘을 사용하여 모델이 예측할 때 입력의 다른 부분의 중요성을 평가할 수 있도록 한다는 점이다. 챗GPT는 생성AI 모델에서 트랜스포머의 힘을 보여주는 사례라 할 수 있다.*

---

* "딥러닝을 이용한 자연어 처리 입문" 중 '트랜스포머' 파트 참조, 출처: https://wikidocs.net/31379

3.4 챗GPT 이해를 위한 세 가지 개념

챗GPT를 이해하기 위해서는 트랜스포머, InstructGPT, 챗GPT의 개념을 알아야 한다.

1. 트랜스포머

구글 연구팀이 2017년에 발표한 논문 〈어텐션은 당신이 필요한 모든 것 (Attention Is All You Need)〉*에서 소개된 트랜스포머(Transformer)는 번역, 챗봇, 요약 등 자연어 처리 작업에서 뛰어난 성능을 보이는 딥러닝 모델이다. 기존의 순환신경망(Recurrent Neural Network, RNN)이나 합성곱 신경망(Convolutional Neural Network, CNN)과는 다르게, 트랜스포머는 셀프 어텐션(Self-Attention)이라는 개념을 도입해 입력 데이터의 모든 단어 간에 상호작용을 고려하여 문맥 정보를 학습한다. 이를 여러 층에 걸쳐 반복하여 입력 시퀀스의 모든 단어 간 상호작용을 고려한다. 트랜스포머는 멀티헤드 어텐션(Multi-Head Attention)과 포지셔널 인코딩(Positional Encoding)이라는 새로운 개념을 도입하여 문맥 정보를 더 잘 전파할 수 있도록 하며, 입력 시퀀스의 길이를 다루는 데 높은 성능을 보인다. 이러한 이유로 트랜스포머는 현재까지 자연어 처리 분야에서 가장 성능이 뛰어난 딥러닝 모델 중 하나로 꼽히고 있다.

2. InstructGPT

오픈AI에서 개발한 모델로, GPT-3 모델을 기반으로 한 새로운 프롬프트(Prompt) 학습 방법이다. InstructGPT는 사용자가 프롬프트에 특성한 명령어를 입력하면, 해당 명령어에 맞는 프롬프트를 생성하여 사용자의 요청에 대해 적절한 응답을 생성하는 기술이다. 앞서 언급했듯이 사람에 의한 정답 라벨링('인간 피드백을 통한 강화학습(Reinforcement Learning from Human

---

* 일명 트랜스포머 모델이라고 불리는 가장 기념비적인 논문이다. 출처: https://arxiv.org/abs/1706.03762

Feedback, RLHF)이 시행되어 생성오류를 해결했다는 점에서 기존 GPT-3 모델의 단점이 상당히 보완되면서 정확하고 효율적인 대화형 인공지능 모델을 만들 수 있게 되었다.

3. **챗GPT**

InstructGPT를 기반으로 개발된 모델이다. InstructGPT에서 생성되는 문제점 즉, 윤리적이거나 폭력적인 답변, 증오와 괴롭힘, 정치와 종교, 잘못된 정보 등 여러 가지 민감한 문제를 고려하여 답변 규칙을 정의하였다. 챗GPT는 입력된 텍스트에 대해 InstructGPT와 유사한 방식으로 처리하며, 적절한 응답을 생성한다. 챗GPT는 대화형 챗봇, 개인 비서, 질문-답변 시스템 등 다양한 분야에서 활용이 가능하다. [그림 1-8]은 GPT-3, InstructGPT, 챗GPT의 관계를 보여준다. 2020년 5월에 개발된 GPT 3를 기반으로 RLHF 기능이 추가된 InstructGPT가 개발되었고(2022년 1월), 이 둘을 활용하여 안정성이 보강된 챗GPT가 2022년 11월에 출시되었음을 알 수 있다.

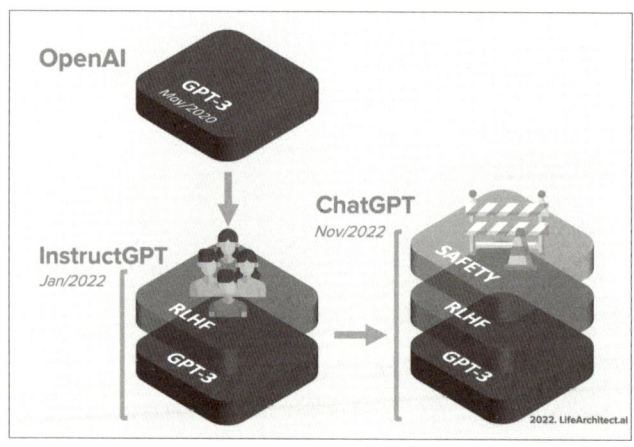

[그림 1-8] GPT-3, InstructGPT, 챗GPT의 관계(출처: lifearchitect.ai)

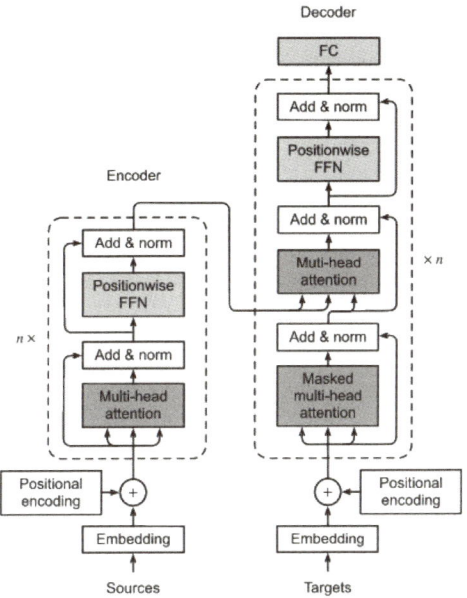

[그림 1-9] 트랜스포머 아키텍처(출처: Dive into deep learning, https://d2l.ai)

[그림 1-9]는 토큰화된 텍스트를 입력으로 받는 인코더 모듈과 출력 텍스트를 생성하는 디코더 모듈로 구성되어 있는 트랜스포머 아키텍처를 보여주고 있다.

04 알파고와 챗GPT는 강화학습이 핵심이다

알파고(AlphaGo)와 챗GPT는 강화학습을 핵심으로 한 인공지능 기술을 사용해서 성능을 향상시킨다는 점에서 공통점이 있다. 알파고는 딥마인드(DeepMind)에서 개발한 인공지능이며, 강화학습 기술을 사용하여 바둑, 체스, 오목 등의 게임에서 인간 선수들을 이긴 기록으로 유명하다. 알파고는 게임판 위의 상황을 입력으로 받아 상대방이 다음에 둘 수 있는 위치를 예측하고, 이를 기반으로 최적의 수를 선택하는 방식 즉, 몬테카를로 시뮬레이션 서치(Monte Carlo Tree Search)로 학습한다. 이를 통해 알파고는 게임에서 높은 성능을 보이며, 이후에는 다른 분야에서도 활용이 가능하다는 점에서 인공지능 분야에서 큰 관심을 받게 되었다.

마찬가지로 챗GPT도 강화학습 기술을 사용하여 대화형 인공지능 모델을 학습한다. GPT-3 모델은 많은 텍스트 데이터를 기반으로 미리 학습되어 있으며, 입력받은 텍스트에 대한 의도를 파악하고 적절한 답변을 생성한다. 이때 강화학습은 모델이 생성한 답변에 대한 보상을 설정하고, 이를 기반으로 모델의 성능을 개선하는 핵심 기술이다. 앞서, 설명한 챗GPT 응답 생성 방법은 인간 피드백 기반 강화학습(RLHF)이다. 인간 피드백 즉, 수동 레이블링을 통해 최종 아웃풋의 품질을 높였다.

챗GPT답변의 도출단계는 3단계로 이루어진다.

- 1단계 수집된 데이터 및 지도학습 기반 미세조정(Supervised Fine Tuning)을 한다.
- 2단계 여러 결과물에 대한 순위 데이터 수집 및 보상 모델(Reward Model)을 학습한다. GPT-3에게 질의응답 과정을 거쳐 같은 질문에 서로 다르게 응답하는 여러 응답 중 선호 응답에 대해 사람이 수동으로 답변의 품질을 평가하여 순위를 매기는 레이블 과정을 거친다. 보상 모델은 이 순위 데이터를 학습하여 이상적인 답변을 예측한다.
- 3단계 강화학습을 사용하여 보상 모델을 최적화한다. 평가된 보상을 정책 강화모델(Proximal Policy Optimization, PPO)을 통해 챗GPT의 지도학습 정책에 업데이트한다.

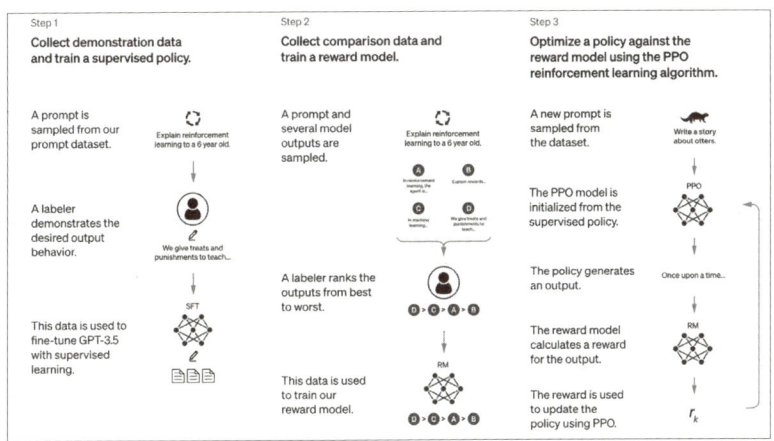

[그림 1-10] 인간 피드백 프로세스에서 챗GPT의 강화학습(출처: 오픈AI)

이러한 내용은 사람의 피드백을 통한 미세조정을 통해 다양한 작업에 사용자 의도에 맞게 언어 모델을 정렬하는 방법을 보여준 〈인간피드백 지침을 따르는 언어 모델 훈련(Training language models to follow instructions with human feedback)〉이라는 논문에 수록되어 있다.*

---

* 오픈AI 연구진이 2022월 3월 4일에 출간했다. 출처: https://arxiv.org/abs/2203.02155

05 맥락을 구별하는 질의어 생성이 핵심인 '프롬프트 엔지니어'는 무엇인가

프롬프트 엔지니어(Prompt Engineer)는 프롬프트(Prompt)라는 텍스트 입력창을 통해 인간과 컴퓨터가 대화할 수 있는 대화형 인공지능 모델을 개발하는 역할을 하는 엔지니어를 말한다. 프롬프트 엔지니어는 인공지능 기술을 활용하여 사용자가 입력한 텍스트에 대해 적절한 대답을 생성하는 모델을 개발하며, 이를 통해 사용자와 자연스러운 대화를 할 수 있도록 한다. 최근에는 GPT-3와 같은 대화형 인공지능 모델을 사용하여 프롬프트 엔지니어링을 수행하는 기업들이 늘어나고 있으며, 이를 활용하여 챗봇, 가상 비서 등 다양한 서비스를 개발하고 있다.

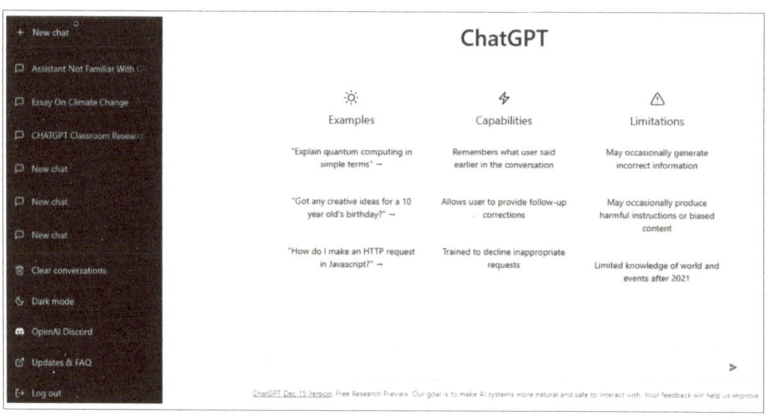

[그림 1-11] 대화형 언어 모델 챗GPT 질의 화면

06 챗GPT 활용을 위한 핵심 용어를 알아보자

- **자연어 처리(Natural Language Processing)** 인간의 언어를 이해하고 처리하기 위한 기술로, 챗GPT는 자연어 처리 기술을 활용하여 사용자의 의도를 파악하고 대화를 이어간다.

- **딥러닝(Deep Learning)** 인공신경망을 이용한 머신러닝 기술로, 챗GPT는 딥러닝 알고리즘을 사용하여 대화에 필요한 모델을 학습하고 개선한다.

- **토큰화(Tokenization)** 문장을 단어나 구절로 나누는 작업으로, 챗GPT는 텍스트 데이터를 토큰화하여 자연어 처리에 활용한다.

- **인공지능(AI)** 인간의 지능을 모방하고 기계적으로 구현한 기술로, 챗GPT는 인공지능을 기반으로 대화를 이어나가며 사용자의 요구를 처리한다.

- **대화형 인터페이스(Conversational Interface)** 대화형 인터페이스는 사용자와 인공지능 간의 자연스러운 대화를 가능하게 해주는 인터페이스로, 챗GPT는 대화형 인터페이스를 사용하여 사용자와의 대화를 수행한다.

- **할루시네이션(Hallucination)** '환각'이라는 뜻으로 잘못된 정보를 사실처럼 말하는 것을 의미한다. 할루시네이션이 일어나는 원인은 인공지능이 처음부터 잘못된 데이터로 학습하거나 라벨링이 제대로 안 된 데이터로 학습하는 것 등으로 인해 발생한다. 한국어 데이터는 극소량이기 때문에 한국어 문제에 많은 오류를 일으킬 수 있다.

- **파운데이션 모델(Foundation Models)** 적용 범위가 지정되지 않은 광범위한 데이터셋을 학습한 초거대 AI 모델로 다양한 작업에 사용 가능하며, 한 상황에 관한 정보를 다른 상황에도 적용할 수 있다. 현재 GPT계열 모델이 파운데이션 모델로 널리 사용되며, 이 모델을 통해 지난 5년간 자연어 처리(NLP) 기술이 혁신적으로 성장하였다.

- **업무자동화(Workflow Automation)** 말 그대로 업무를 자동화하는 기술로, 챗GPT는 업무자동화 기술을 활용하여 사용자의 업무를 자동으로 처리한다.
- **GPT-3** Generative Pre-trained Transformer 3의 머리글자로, GPT-3는 오픈AI에서 개발한 인공지능 언어 모델이다. 챗GPT는 GPT-3 기술을 사용하여 대화를 생성한다. 처음 출시한 챗GPT는 GPT 3.5 버전(InstructGPT)이며, 현재 4.0 버전이 출시되었다.
- **퓨샷러닝(Few Shot Learning)** 메타학습 방식들을 기반으로 적은 수의 데이터를 활용하여 학습하는 방법인데, 방대한 학습 데이터를 구하기 어렵기 때문에 비용절감에 효과적인 기술이다. 한편, 제로샷 러닝(Zero-Shot Learning)은 훈련 데이터가 아예 없어도 유연한 패턴인식을 할 수 있는 것을 의미하며, 원샷 러닝(One-Shot Learning)은 하나의 샘플 데이터만 있어도 새로운 클래스를 학습할 수 있는 방법이다.

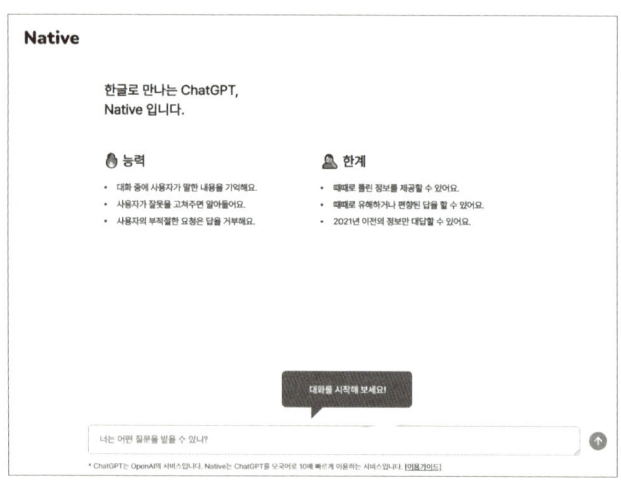

[그림 1-12] 한글로 만나는 챗GPT Native 질의 화면(https://www.native.me/chat)

- 인간 피드백을 통한 강화학습(Reinforcement Learning from Human Feedback, RLHF) 앞서 설명한 사용자 피드백을 통해 AI 알고리즘을 강화하는 작업이다.

07 챗GPT는 기업용보다 개인 맞춤형 AI 비서로 활용하자

기업이 챗GPT를 활용하여 수익을 창출할 수 있는 방법을 챗GPT에게 물어보면 고객 서비스 개선, 마케팅 및 광고, 시장조사, 상품추천, 제품 및 서비스 개발, 데이터 분석, 인사관리 등에 활용할 수 있다고 답변한다. 아울러, 개인이 수익을 창출할 수 있는 방법은 컨설팅 서비스, 번역 서비스, 자동화서비스, 챗봇 개발, 개인 비서 서비스 개발, 콘텐츠 텍스트 생성(블로그, SNS) 등에 활용할 수 있다는 답변이 나왔다.

이처럼 챗GPT를 활용한 다양한 수익창출의 길이 열려 있다. 이 책을 읽는 분들은 기업적인 관점에서도 생각해 볼 수 있으나 개인용 인공지능 비서와 같이 개인적인 일상에서 발생하는 다양한 문제를 해결하고, 생활의 질을 향상시키는 목적으로 도움을 받는 데 활용할 수 있다. 예를 들어, 개인용 인공지능 비서는 일정 관리, 알람 설정, 메모 작성, 뉴스 요약, 번역, 쇼핑 등 다양한 일상적인 업무를 수행할 수 있다. 또한 음성인식 기술을 활용하여 음악 재생, 영화 검색, 날씨 정보 제공 등의 서비스도 제공할 수 있다.

개인용 인공지능 비서는 개인화된 서비스를 제공할 수 있기 때문에 사용자의 취향과 관심사에 맞게 맞춤형 서비스를 본인이 만들고 수익 창출을 위한 서비스를 제공할 수 있다. 사용자와의 상호작용을 통해 학습하여 더욱 더 정확한 서비스를 제공할 수 있으리라 생각된다.

08 직장인의 미래는 '프롬프트 엔지니어'가 될 것이다

현재는 빠르게 변화하고 있으며, 이에 따라 기존의 일반적인 직업들도 변화하고 있다. 이러한 변화는 인공지능 기술의 발전과 함께 가속화되고 있으며, 이에 따라 직장인들은 적극적으로 기술에 대해 이해하고 기술을 습득해야 한다. 그 중에서도 프롬프트 엔지니어(Prompt Engineer)는 빠르게 성장하고 있는 분야 중 하나다.

프롬프트 엔지니어는 인공지능 기술 중 자연어 처리(NLP) 기술을 활용하여, 컴퓨터 프로그램을 작성하고, 인간과 컴퓨터 간의 상호작용을 돕는 일을 한다. 이러한 프롬프트 엔지니어는 미래의 핵심 직업 중 하나가 될 것으로 예측된다. 이는 인공지능이 발전하면서 인간과 기계의 상호작용이 더욱 중요해지기 때문이다.

현재 챗GPT 성능을 최대 한도로 이끌기 위한 질문 방법, 리스트 등의 콘텐츠가 판매되고 있으며 프롬프트 전문가는 향후 유망직업으로 언급되고 있다. 또한 프롬프트 엔지니어는 인공지능 기술의 발전과 함께 새로운 기술과 도구들을 계속해서 습득하여, 새로운 일을 수행하는 데 있어 필요한 역량을 갖출 수 있다. 직장인들은 프롬프트 엔지니어와 같은 새로운 분야에 대한 이해와 습득이 필요하며, 이를 통해 더욱 높은 가치를 창출할 수 있을 것이다.

주니어가 글쓰기와 코딩 프롬프트를 실행하면, 시니어는 이 글쓰기와 코딩에 대해 리뷰하는 형태의 업무체계가 구축되리라 예상되고 이렇게 되면 상당 부분의 인원이 감소할 수도 있으리라 판단된다.

챗GPT 프롬프트 시장은 활황 중이다

챗GPT 프롬프트 시장은 현재 빠르게 성장하고 있는 분야다. 기업들은 이러한 AI 기술을 적극적으로 활용하여 비즈니스 프로세스를 자동화하고, 고객과의 상호작용을 개선하며, 제품과 서비스를 개선하고 있다. 또한 개인 사용자들도 이러한 AI 기술을 활용하여 일상 생활에서의 문제를 해결하고, 자신만의 창의적인 작품을 만들어내고 있다.

특히, 챗GPT 프롬프트 시장에서는 멀티모달 AI(Multi-Modal AI)가 더욱 강조되고 있다. 이는 텍스트뿐 만 아니라 음성, 이미지, 동영상 등 다양한 형식의 입력을 받아들여 다양한 형태의 출력을 생성하는 AI 기술을 의미한다. 멀티모달 AI를 사용하면 기존의 단일 형식의 입력과 출력을 넘어 다양한 형식의 입력과 출력을 자유롭게 조합하여 더욱 정확하고 다양한 문제를 해결할 수 있게 된다.

챗GPT 프롬프트 시장은 계속해서 발전하고 있다. 머신러닝과 딥러닝 기술의 발전으로 더욱 정교한 모델과 더욱 빠른 속도로 학습하는 AI 시스템이 개발되고 있으며, 이러한 기술의 발전은 챗GPT 프롬프트 시장의 미래를 더욱 밝게 만들고 있다.

⑩ 일반AI의 가능성을 생성AI가 열었다

최근 몇 년간 이루어진 기술 발전은 인간의 상상력을 초월하고 있다. 특히, 인공지능의 기술 발전은 빠르게 진행되고 있으며, 이제는 이전에 불가능했던 일들을 가능하게 만들어주고 있다. 그중에서도 생성AI는 인간 수준 이상의 인공지능을 개발하기 위한 기술 중 하나다.

생성AI는 인간처럼 학습하고, 추론하고, 자기 발전을 이룰 수 있다. 이러한 생성AI 기술이 발전하게 되면, 이전에 불가능했던 일이 가능해질 것이다. 예를 들어, 자율주행 자동차나 인간과 비슷한 대화를 할 수 있는 인공지능 로봇 등이 상용화될 수 있을 것이다. 또한 병원에서는 생성AI가 의사들을 보조하거나, 전문적인 진단을 할 수 있게 해줄 수도 있다.

그리고 이러한 생성AI의 발전이 더욱 진보하게 된다면, 일반AI(Artificial General Intelligence, AGI)를 개발할 수도 있다. AGI는 인간 수준 이상의 인공지능을 의미하며, 인간처럼 다양한 영역에서 활동할 수 있는 인공지능을 의미한다. 이렇게 AGI가 개발되면, 인간이 할 수 있는 거의 모든 일을 수행할 수 있는 인공지능이 될 것이다. 다만, 이러한 기술이 발전하면서 인간의 역할이 어떻게 변화할지, 또한 어떠한 윤리적인 문제들이 발생할 수 있는지 등에 대한 고민과 대처가 필요하다.

11 생성AI는 '멀티모달'로 가고 있는 중이다

모달리티(Modality)는 '양식' '양상'이라는 뜻이다. 보통 어떤 형태로 나타나는 현상이나 그것을 받아들이는 방식을 말한다. 최근 AI 기술은 기존의 싱글모달(Single-Modality)에서 멀티모달(Multi-Modality) 방식으로 발전해 가고 있다. 특히, 생성AI 분야에서 멀티모달 접근법은 매우 중요한 역할을 하고 있다.

생성AI란, 인공지능이 데이터를 분석하여 새로운 데이터를 생성하는 기술을 말한다. 이 기술은 이미지, 음성, 텍스트 등 다양한 형태의 데이터를 생성할 수 있다. 하지만 이전까지 생성AI는 싱글모달 방식을 채용하여 하나의 형태의 데이터만 생성할 수 있었다. 예를 들어, 이미지 생성AI는 이미지를 생성하는 것에만 집중하였고, 텍스트 생성AI는 텍스트를 생성하는 것에만 집중하였다. 하지만 최근에는 이러한 제한적인 방식에서 벗어나 멀티모달 생성AI 기술이 발전하고 있다.

멀티모달 생성AI는 여러 유형의 데이터를 결합하여 새로운 형태의 데이터를 생성하는 기술이다. 예를 들어, 이미지와 텍스트를 함께 사용하여 새로운 이미지와 텍스트를 생성할 수 있다. 이러한 멀티모달 생성AI 기술은 다양한 분야에서 활용될 수 있다. 광고 산업에서는 다양한 형태의 콘텐츠를 한 번에 생성하여 효율적으로 마케팅을 진행할 수 있으며, 예술 분야에서는 다양한 형태의 예술 작품을 한 번에 생성하여 창작에 대한 새로운 시각을 제시할 수 있다.

다만, 멀티모달 생성AI 기술을 사용하는 과정에서 윤리 문제를 고려해야 한다. 이미지와 음성을 함께 생성하는 기술을 사용할 경우, 이를 악용하여 타인을 모욕하는 내용을 생성하는 등 부적절한 콘텐츠를 생산할 수도 있기 때문이다. 이를 해결하기 위해서는 적절한 규제와 윤리적인 지침이 필요한 상황이다.

12 우문을 하고 현답을 기대하지 마라
(Garbage in, garbage out)

챗GPT는 LLM(Large Language Model)이라는 거대한 언어 데이터를 기반으로 만들어진 AI챗봇으로, 한계가 있다는 점을 명확히 인식해야 한다.

첫째, 최신성의 문제다. 아는 바와 같이 챗GPT 3.5의 경우는 2021년까지 학습된 결과물이기 때문에 최신의 문제에 대해서는 답변을 할 수 없다. 또 다른 한계는 답변을 확신할 수 없는 경우다. 이러한 한계는 GPT 4 버전에서도 아직은 해결되지 않은 문제이나 다른 방식으로 시간이 지남에 따라 해결될 것이라고 생각된다.

둘째, 출처 문제다. 챗GPT는 거대언어 모델로서 답변에 대한 출처를 제공하지 않는다는 점에서 사실 여부를 판단할 수 없다.*

셋째, 그럴싸한 대답을 생성한다는 것이다. 챗GPT는 사실이 아닌 것을 사실인 것처럼 대답할 수 있다. 이는 할루시네이션 오류 문제다. 할루시네이션은 생성형 인공지능이 모르는 것을 그럴듯하게 아는 척 하는 것을 말한다.

넷째, 유해성 및 편향성의 문제다. 챗GPT는 데이터 편향과 오류 또는 중단에 대한 추가적인 이유로 인해 잘못된 결과를 제공할 수 있으며, 이를 방지하기 위해 텍스트를 검토하는 것이 좋다. 최근 개발된 GPT-3 파운데이션 모델 중 DALL·E와 GPT 3 등 일부 모델은 오픈AI의 DALL-2를 사용하여 생성된 텍스트의 사실 여부를 확인할 수 있는 확인 모델을 제공하기도 한다. 하지만 이

---

* 마이크로소프트에서 개발된 Bing AI의 경우는 검색과 챗GPT를 혼합한 경우로 검색을 통해 최신성을 높이고 검색된 출처를 제공하므로 결과에 대해 검증해볼 수 있다.

러한 모델에서도 생성된 정보의 정확성을 확인하는 것이 중요하다. 챗GPT의 한계는 데이터의 편향성, 학습되지 않은 지식에 대한 제한된 정보, 생성형 AI 라는 단점으로 생성된 문장의 일관성 부족 등 다양한 한계와 단점이 있다. 아래는 거짓정보에 대해서 거짓된 정보를 생성하는 예(할루시네이션의 예)를 보여주고 있다.

> 고려 장군인 홍창수 장군에 대해 알려주고, 홍창수 장군이 만든 거북선에 대해서도 알려줘.

> 홍창수 장군(洪昌瑞, 1731년~1815년)은 조선시대 말기의 장군으로, 18세기 말 경상도 남해 근처의 김해에서 태어났습니다. 홍창수 장군은 조선시대 말기의 낙오자들을 대신하여 장성한 세력들과의 전쟁에서 그들을 퇴치하고 조선의 통일을 위해 애썼습니다.
>
> 또한 홍창수 장군은 조선의 해상 강화를 위해 거북선을 개조하여 만들어졌습니다. 홍창수 장군이 개조한 거북선은 기존 거북선의 무게 중심이 높아 불안정하던 문제를 해결하고, 다수의 대포와 함께 선체를 강화하여 파도와 적의 공격에도 견딜 수 있도록 만들었습니다. 이 거북선은 조선의 해상 강화와 함께 일본과의 갈등에서도 활약하였으며, 아시아 최초의 철갑선으로 평가받기도 합니다.

13 현재 발생하고 있는 정보는 알 수 없다

앞서 설명했듯이 챗GPT는 사전 학습된 형태의 인공시능으로, 그 이전에 수많은 데이터와 정보를 기반으로 학습되었다. 즉, 2021년 9월 이전의 데이터로 학습되었기 때문에 현재의 뉴스 검색이나 실시간 분석을 수행할 수 없다. 학습한 것은 그 이전의 데이터와 정보에 기반하여 작성된 것이며, 이후에 발생한 사건이나 정보는 알지 못한다. 즉, 현재의 정보를 알 수 없다.

그러므로 특정 보고서나 챗GPT 강의를 보면 특정 홈페이지의 URL을 챗GPT 질의창에 질의하여 분석하고 내용을 요약해 달라는 것이 있는데 이것은 잘못된 내용으로 응답 결과가 나오더라도 해당 URL을 분석하여 내용을 제공하는 것이 아니라 기존 학습된 내용을 제공하는 것이라 그럴듯한 내용이 나오지만 잘못된 사용 방법에 해당한다. 뒤에서 자세히 설명하겠지만 대체적인 챗GPT 분석 방법은 사용자 질의와 더불어 기존의 코드 혹은 숫자형 데이터를 질의창에 프롬프트 명령어와 데이터를 붙여 넣어서 관련 텍스트를 챗GPT가 맥락을 파악하여 응답을 받는 방식이 일반적이다.

실시간 분석은 실제로 인공지능에서 매우 중요한 분야다. 이를 위해서는 대량의 데이터를 처리하고 이를 분석하는 기능이 필요하다. 실시간 분석 중 온라인 분석이라는 것이 있는데 이것은 학습된 모델이 제품 시스템에 적용된 상태에서도 적은 양의 데이터셋으로 점진적으로 모델을 추가적으로 학습할 수 있는 것을 의미한다. 챗GPT도 이러한 기능이 수행되기 위해서는 고도의 인공지능 반도체가 필요하다.

마이크로소프트의 Bing AI는 이러한 단점을 극복하기 위해 검색엔진과 챗GPT를 결합한 AI검색엔진을 제공하여 현재 인터넷에 게시된 정보나 다른 뉴스 검색을 통해 챗GPT의 오류를 해결하고자 노력하고 있다. 또한 현재 일반인에게 테스트 버전을 공개한 구글의 바드(Bard)도 구글 검색과 연결하여 좀 더 사실에 기반한 정보와 시의성 있는 정보를 제공하고 있다.

14 인공지능 기업의 전략
: 파운데이션 모델에서 도메인 특화 모델까지

챗GPT 공개 이후 거의 매일 인공지능과 관련한 논문과 기술이 발표되고 있다. 거대 언어 모델에서 촉발된 챗GPT혁명은 기존에 출시된 거대 언어 모델을 더욱 진화시키고 있다. 특히 국내 기업들도 인공지능 분야에서의 경쟁력을 갖추기 위해 다양한 노력을 기울이고 있다.

챗GPT 같은 초대형 생성AI가 대중화되면서 실용적 수단으로 파운데이션 모델(Foundation Model)도 관심을 받고 있다. 파운데이션 모델이란 앞서 핵심용어 설명에서도 보았듯이 GPT와 같이 방대한 양의 데이터를 자기 지도학습을 통해 학습한 모델로 수요자들은 이를 다시 미세조정해서 사용할 수 있는 범용 모델이라고 이해할 수 있다. 국내 핀테크 업체들도 이러한 파운데이션 모델을 이용하여 자체적인 서비스를 위한 학습을 진행하고 있다. 또한 네이버나 카카오도 기존에 개발된 거대 언어 모델을 토대로 국내에서 수집한 데이터를 이용하여 한국어에 특화된 서비스를 준비 중에 있다.

현재 출시된 챗GPT의 경우 학습된 데이터의 양에 따라 전문화된 정보의 품질이 달라지고 있어 향후 도메인 특화 모델에 의한 차별화된 서비스 전략이 인공지능 기업의 전략이 될 것이라 생각된다. 더불어, 도메인 특화 전략을 강화하기 위해 각 분야 전문가들과의 협력을 통해 적합한 모델을 개발하고 있다.

예를 들어, 의료 분야에서는 의료 전문가들과의 협업을 통해 의학용어를 이해하고 질병 진단을 도와주는 인공지능 모델을 개발하고 있다. 또한 금융 분야에서는 정보단말기로 유명한 블룸버그의 경우 금융 분야에 특화된 거대 언어 모델(LLM)인 블룸버그GPT(BloombergGPT)를 개발했다. 블룸버그 GPT의 파라미터(parameter) 개수는 500억 개로 최근 나온 대규모 언어 모델 중에서는 적은 편이다. 다만, 일반 자연어 벤치마크 테스트에서에서 밀리지 않는 성능을 보였고, 금융 관련 작업에선 기존 모델보다 우수한 성능을 나타냈다.

이러한 노력들과 같이 국내 기업의 경우 한국어 특화 전략을, 해외기업들은 도메인 특화 전략을 강화하고 있지만, 아직은 미비한 부분이 많다. 다만, 하루하루 다르게 발전하는 인공지능 분야에서의 경쟁은 새로운 모델과 서비스를 제공할 수 있는 토대를 제공해주리라 생각된다.

15 월가에서 챗GPT를 금지하는 이유는 신뢰성과 보안 문제 때문이다

챗GPT는 인공지능 모델 중 하나로, 대화를 주고받을 수 있는 자연어 처리 기술을 기반으로 한다. 하지만 월가(Wall Street)의 몇몇 기업에서는 챗GPT와 같은 인공지능 모델의 사용을 금지하고 있다. 그 이유는 주로 신뢰성 문제다. 월가의 기업들은 보통 민감한 금융 정보와 관련된 작업을 수행하고 있기 때문에 이러한 정보의 안전성과 보안에 매우 높은 요구사항을 가지고 있다. 챗GPT와 같은 인공지능 모델은 학습된 데이터에 기반하여 자연어를 생성하고, 이를 통해 인간과 대화하는 것처럼 보일 수 있지만, 학습 데이터에 포함되지 않은 정보나 잘못된 정보를 생성할 수도 있다. 따라서 월가의 기업들은 이러한 신뢰성 문세 때문에 챗GPT와 같은 인공지능 모델을 사용하는 것을 금지하고, 보다 안전하고 신뢰성 있는 작업을 위해 전통적인 방식으로 작업을 수행하고 있다.

16 데이터 분석가를 위한 챗GPT 활용

챗GPT는 데이터 분석가가 데이터에 기반한 인사이트를 처리, 탐색, 소통 및 협업 할 수 있는 유용한 도구다. 챗GPT는 많은 양의 데이터를 빠르고 효율적으로 분석하고 처리할 수 있다.

- 챗GPT의 언어 처리 기능을 통해 프로그램은 질의를 해석 및 이해하고 데이터에서 관련 통찰력을 제공할 수 있다.
- 챗GPT는 데이터 분석가가 데이터를 탐색하고 패턴을 찾고 관련 데이터 시각화를 생성하도록 도울 수 있다. 이러한 시각적 분석은 데이터에 대한 명확한 개요를 제공하여 분석가가 추세와 인사이트를 쉽게 식별할 수 있도록 한다.
- 챗GPT는 데이터 분석가가 발견한 내용을 비기술적인 이해관계자에게 전달하는 데 유용할 수 있다. 챗GPT는 자연어를 사용하여 데이터 분석가가 이해하기 쉬운 용어로 복잡한 데이터 개념과 통찰력을 설명할 수 있다.

챗GPT는 데이터 분석가가 데이터에 대해 물어볼 새롭고 의미 있는 질문을 식별하는 데 도움을 줄 수 있다. 분석가는 자연어를 사용하여 새로운 조사 방법을 탐색하고 이전에는 고려하지 않았을 수 있는 숨겨진 통찰력을 발견할 수 있다. 챗GPT는 유용한 도구지만 고려해야 할 특정 제한 사항이 있다. 예를 들어, 생성된 텍스트에 편향이 있거나 모델이 특정 주제를 이해하지 못할 수 있다. 데이터 분석가는 특정 작업에 모델을 활용하는 동안 이러한 제약사항을 인식하고 개선해 나갈 수 있다.

17 데이터과학 교육에 적극 활용한다

챗GPT는 대화형 인공지능 기술의 최신 발전으로, 다양한 분야에서 활용되고 있다. 데이터과학 분야에서도 챗GPT는 매우 유용하게 활용될 수 있다. 데이터과학 분야에서는 다양한 데이터를 수집하고 분석하여 인사이트를 도출하는 과정이 중요하다. 이 과정에서 챗GPT는 데이터 분석에 필요한 지식을 대화 형태로 제공하며, 데이터 분석에 대한 교육에 적극적으로 활용될 수 있다.

챗GPT를 활용하여 데이터과학 교육을 실시하면, 교육생들은 실시간으로 질문을 하고 대화를 통해 지식을 습득할 수 있다. 이러한 방법으로 교육생들은 이론적인 지식뿐 아니라, 실제 데이터 분석에 적용 가능한 기술과 방법론을 배울 수 있다. 또한 더욱 적극적인 참여와 상호작용을 유도하며, 교육생들의 학습 효과를 높일 수 있다.

더불어 챗GPT를 활용한 데이터과학 교육은 비용을 절감할 수 있는 장점도 있어 데이터과학 교육에 챗GPT를 적극 도입하고 활용해야 한다. 이를 통해 데이터과학 분야에 대한 이해와 전문성을 높일 수 있을 뿐 아니라 미래의 데이터과학 분야에서도 적극적으로 활용될 수 있는 소양을 키울 수 있으리라 생각된다.

18 노코딩, 로코딩, 그리고 코파일럿

노코딩(No Coding), 로코딩(Low Coding), 그리고 코파일럿(Copilot, 부기장, 부조종사)은 모두 프로그래밍을 보다 쉽게 만드는 기술이다.

1. 노코딩

프로그래머가 직접 코드를 작성하는 것이 아니라, 시스템이나 도구가 대신 작성해주는 것을 의미한다. 이를 통해 비전문가도 프로그래밍을 쉽게 할 수 있다는 장점이 있다. 예를 들면, 워드프로세서에서 문서를 작성하듯이, 노코딩 툴을 이용하면 화면을 클릭하거나 드래그 앤 드랍으로 프로그램을 만들 수 있다.

2. 로코딩

노코딩과 일부 비슷한 부분이 있지만, 프로그래머가 직접 코딩을 한다는 점에서 다르다. 로코딩은 프로그래머가 보다 쉽게 코딩을 할 수 있도록 도와주는 기술이다. 대표적인 예로, 블록코딩을 들 수 있다. 블록코딩은 블록 단위로 프로그래밍을 하며, 복잡한 코드를 직접 작성하지 않고도 프로그램을 만들 수 있다.

3. 코파일럿

개발자에게는 깃허브 코파일럿(GitHub Copilot)이 널리 알려져 있다. 오픈AI에서 개발한 인공지능 기반의 프로그래밍 보조 도구로, 프로그래머가 코드를 작성할 때, 다음 단계를 예측하여 자동완성 기능을 제공한다. 이를 통해 프로그래머는 보다 빠르고 효율적으로 코드를 작성할 수 있다.

또한 코파일럿은 머신러닝을 이용하여 프로그래머가 작성한 코드를 분석하여, 버그를 찾아내거나, 최적화된 코드를 추천해주기도 한다. 이러한 기술들은 프로그래밍을 보다 쉽게 만들어주는 장점이 있지만, 여전히 프로그래밍 지식이 필요하다는 점을 감안해야 한다. 또한 프로그램의 복잡성이 증가할수록 노코딩이나 로코딩으로는 제한적일 수 있기 때문에 상황에 따라 적절한 기술을 선택해야 한다.

19 마이크로소프트 365 코파일럿은 사무자동화를 위한 게임 체인저가 될 것이다

마이크로소프트 365의 오피스, 아웃룩, 원노트 등에 GPT가 장착된 코파일럿(copilot) 기능을 제공한다고 발표했다. 마이크로소프트는 챗GPT의 개발자인 오픈AI에 100억 달러를 투자한 후 챗GPT를 제품에 통합하는 다양한 방법을 보여주고 있다. 코드를 작성하지 않고도 프로세스를 자동화하고 비즈니스 응용프로그램을 만들 수 있으며 워드 및 파워포인트는 자동으로 텍스트와 이미지를 제안하여 작성에 도움을 받을 수 있다. 이처럼 워드, 파워포인트, 엑셀, 캘린더, 아웃룩, 비즈니스 챗 등을 질의에 의한 업무 자동화를 통해 손쉽게 사

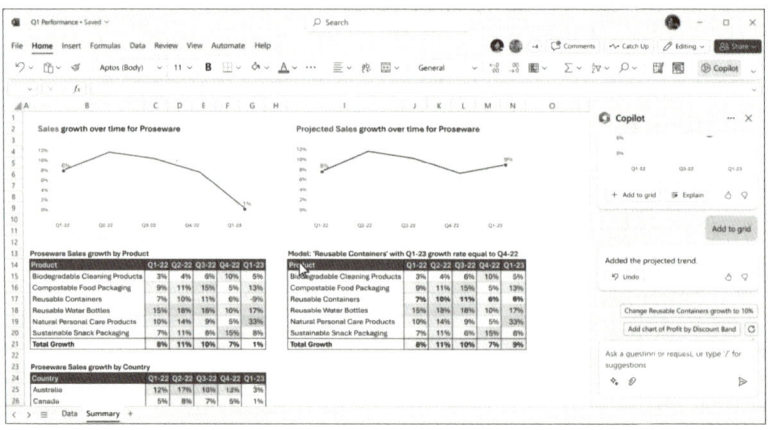

[그림 1-13] 마이크로소프트 365 코파일럿 엑셀 화면

용할 수 있게 된다. 이러한 기술이 개선되고 더 많은 제품에 통합됨에 따라 직원의 업무와 역할은 점점 더 작성에서 편집과 검토 쪽으로 전환될 것이다.

[그림 1-13]은 출시 예정인 마이크로소프트 365의 엑셀에서 코파일럿으로 데이터 분석하는 것을 보여주는 그림이다. 엑셀에서 데이터를 분석하거나 변수의 영향을 예측할 수 있으므로 보다 효율적인 업무 자동화를 실현할 수 있다. 예를 들어, 엑셀에서 보여주는 데이터를 분석해 달라고 요청해 달라거나, 요약해 달라거나, 특정 변수(성장률)가 변화했을 때의 결과를 요청하는 등 다양한 설명과 분석이 가능해진다.

가장 빠르게 **데이터 분석** 전문가가 되는
마법의 챗GPT 활용법

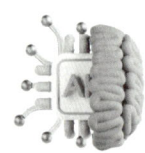

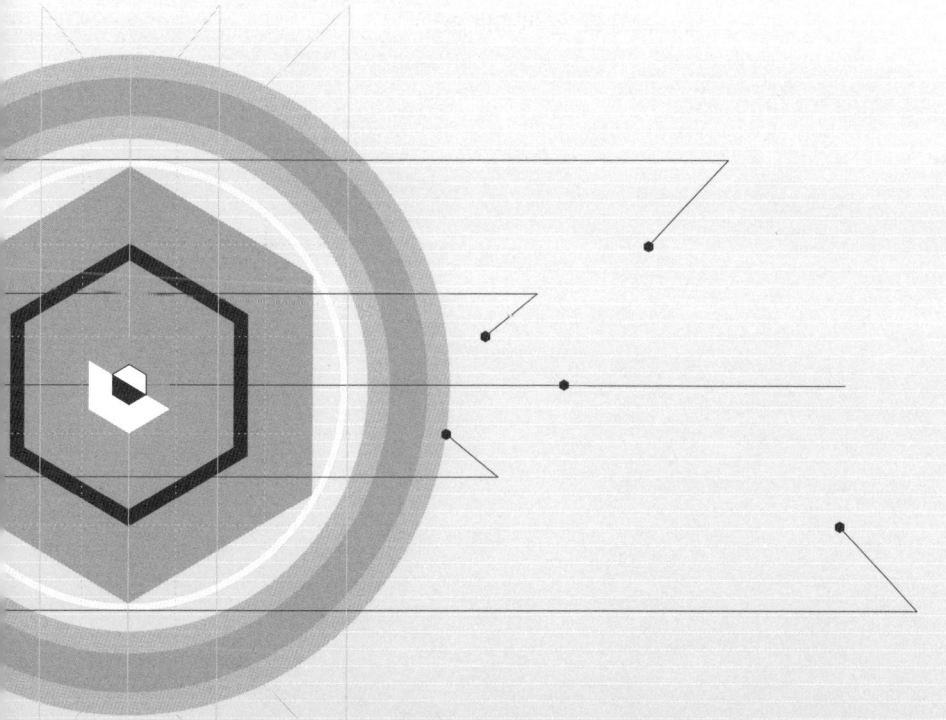

2

회사의 미래가 생성형 인공지능(AI) 챗GPT에 달려 있다.
챗GPT가 아이폰과 같은 IT업계의 '게임 체인저'가 될 것이다.

- 젠센 황, 엔비디아 CEO -

챗GPT는 다양한 분야에서 활용이 가능한데, 특히 자연어 처리, 요약, 패러프레이징(Paraphrasing, 다른 말로 바꾸기), 번역 등의 분야에서 유용하게 사용될 수 있다.

우선, 챗GPT는 자연어 처리 분야 즉, 글쓰기에 매우 유용하다. 일상 대화나 문서 작성, 문장 번역 등 다양한 분야에서 자연스러운 문장 생성이 가능하다. 예를 들어, 사용자가 질문을 입력하면 챗GPT는 입력된 내용을 이해하고, 관련 정보를 찾아 답변을 제공한다. 또한 사용자가 입력한 문장의 감성분석을 수행하여, 긍정적인 내용인지, 부정적인 내용인지 판단할 수도 있다. 또한 챗GPT는 요약과 패러프레이징 분야에서도 사용될 수 있다. 긴 문서나 글을 짧게 요약하거나, 문장의 의미를 유지하면서 다른 방식으로 표현하는 등의 작업이 가능하다. 대량의 글을 처리하고 분석하는 데 유용하며, 대규모 문서 요약, 문장

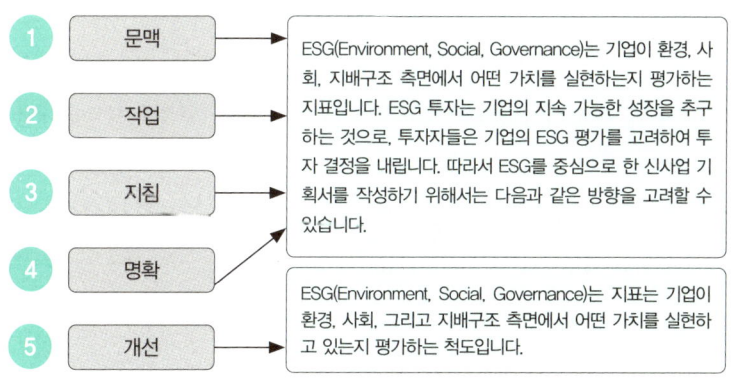

[그림 2-1] 챗GPT 프롬프트 공식: 문맥, 작업, 지침, 명확, 개선

재구성 등에 활용될 수 있다. 아울러, 챗GPT는 번역 분야에서도 사용된다. 자연어 처리가 가능하여 다양한 언어 간의 번역 작업을 할 수 있다. 이는 비즈니스나 여행 등에서 유용하게 사용될 수 있다. 챗GPT는 자연어 처리, 요약, 패러프레이징, 번역 등 다양한 분야에서 활용 가능한 인공지능 모델로, 이 분야에서 더욱 발전할 것으로 예상된다.

프롬프트 엔지니어링은 언어 모델과 상호작용하기 위해 고품질 프롬프트를 만드는 과정이다. 프롬프트 엔지니어링의 목표는 주어진 프롬프트(명령어)에 대한 응답으로 적절하고 일관된 텍스트를 생성하는 데 필요한 문맥(context)과 정보를 언어 모델이 제공하는 것이다. 프롬프트 엔지니어가 되기 위해서는 해당 분야에 대한 도메인 지식과 함께 자연어 처리(NLP)에 대한 지식, GPT 파운데이션 모델의 아키텍처와 원리를 학습하면 많은 도움이 된다.

[그림 2-1]은 챗GPT를 사용하기 위한 프롬프트 공식이다. 우선, 챗GPT는 거대 언어 모델이기 때문에 해당 작업이나 주제를 이해하기 위해 충분한 문맥을 제공해야 한다. 실제 프롬프트 명령어에 어떠한 역할(예 나는 당신이 여행 가이드 역할을 해주기를 바랍니다)을 부여하고 명령어를 수행하는 경우가 있는데 이 경우 작업지시에 대해 챗GPT가 어떤 일을 수행하는지 미리 알 수 있게 만들어주는 것이다. 아울러, 하고자 하는 업무에 대해 명확한 작업과 지시에 대한 지침이 있어야 한다. 그리고 이러한 지침에 대해서는 명확한 질문을 해야지만 정확한 응답을 제공받을 수 있다. 마지막 단계는 응답이 만족스럽지 않은 경우 개선된 질의를 반복하여 더 나은 결과를 생성할 수 있다.

01 챗GPT 기본 활용법
: 미세조정하여 질의하고 응답에 대해 미세조정한다

앞서 설명했듯이 챗GPT는 학습 과정에서 모든 가능한 상황과 질문에 대한 답변을 학습하는 것은 불가능하다. 사용자가 챗GPT의 답변에 대해 의심이 들거나 잘못된 답변을 받았을 때는, 좋은 답변을 이끌어 내기 위해 다시 미세조정(Fine-Tuning)된 질의를 하여 보다 정확한 답변을 얻을 수 있다.

챗GPT는 보다 전문적이고 정확한 질의를 해야만 유용한 답변을 제공받을 수 있기 때문에 전문분야에 대한 도메인 지식이 있는 사람이 챗GPT를 활용할때 훨씬 유리하다. 처음부터 맥락에 맞는 최적화된 즉, 미세조정된 질의를 하는 것이 중요하며, 미세조정된 질의가 아니더라도 응답된 답변을 보고 만족할 만한 수준의 답변이 나올 때까지 좀 더 세분화되고 구조화된 질의를 하는 것이 중요하다.

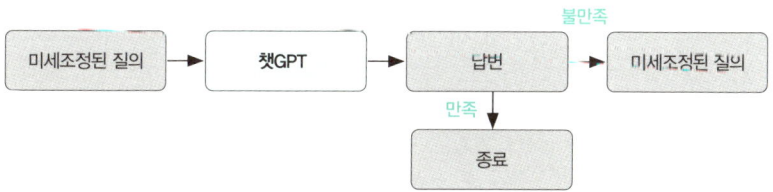

[그림 2-2] 챗GPT 기본 활용법: 미세조정된 질의가 핵심

02 자연어 처리
: 질의(프롬프트)에 따른 텍스트를 생성한다

챗GPT의 본질은 자연어 처리(Natural Language Processing, NLP) 모델로 인간의 언어를 이해하고 분석하는 기술이다. 사용자는 챗GPT에게 프롬프트를 입력하고, 챗GPT는 입력된 프롬프트를 기반으로 다음에 올 단어나 문장을 예측한다. 이때, 챗GPT는 대규모의 텍스트 데이터를 학습하여 다음 단어나 문장을 예측한다.

예를 들어, "나는 오늘 학교에 _____."라는 문장이 있을 때, 빈칸에 들어갈 단어를 예측하는 것이 언어 모델의 역할이다. 이처럼 챗GPT를 활용하면 자연어 처리 기술을 이용하여 다양한 분야에서 텍스트 생성 작업을 수행할 수 있다. 다양한 시, 소설, 수필, 기사 등을 작성할 수 있으므로 다양하게 활용해 보자.

다음은 블로그에 올릴 글을 써 달라는 예시다.

> 금융공학 관련 블로그를 운영하고 있어. 블로그에 올릴 글을 하나 써줘.

> 먼저, 금융공학은 재무, 경제, 통계학 등 다양한 분야에서의 지식이 결합된 분야로, 주식, 채권, 파생상품 등의 금융상품을 디자인하고 가치를 평가하는 등의 활동을 수행합니다. 이번에는 금융공학 분야에서 중요한 개념 중 하나인 옵션 가치 평가 모델에 대해 다뤄보도록 하겠습니다.
>
> 옵션은 어떤 자산을 미리 정해진 가격에 구매하거나 판매할 수 있는 권리를 의미합니다. 이러한 옵션의 가치를 평가하는 모델 중 가장 대표적인 것은 블랙-숄즈 모델입니다. 이 모델은 로그-정규분포 가정에 기반하여 개발되었으며, 이를 이용하여 유러피안 옵션의 가치를 평가합니다.
>
> 하지만 블랙-숄즈 모델은 시장에서의 자산 가치 변동이 로그-정규분포를 따른다는 가정을 전제로 하고 있으므로, 실제 시장에서의 자산 가치 변동이 이러한

가정과 완전히 일치하지는 않을 수 있습니다. 따라서 이러한 한계를 극복하기 위해 다양한 모델들이 개발되고 있습니다. 예를 들어, 점프-디퓨전 모델은 시장에서의 자산 가치 변동이 점프와 브라운 운동에 의해 발생한다는 가정에 기반하여 개발된 모델입니다. 이 모델은 블랙-숄즈 모델보다 더욱 정확한 옵션 가치를 평가할 수 있는 장점이 있습니다.

또한 금융공학 분야에서는 머신러닝 및 딥러닝을 이용하여 옵션 가치 평가 모델을 개발하는 연구도 활발히 이루어지고 있습니다. 이러한 머신러닝 및 딥러닝을 이용한 모델들은 블랙-숄즈 모델 등 기존의 모델들의 한계를 극복하고 더욱 정확한 예측 모델을 개발할 수 있는 가능성이 열리고 있습니다.

03 문장 요약, 패러프레이징, 다국어 번역

3.1 문장 요약

챗GPT는 요약 작업(Text Summarization)에 대해 상당히 뛰어난 성능을 보인다. 챗GPT는 이전에 나온 문장을 참조하여 새로운 문장을 생성할 수 있고, 문맥을 파악하고, 전체 텍스트를 이해하는 능력이 있다. 요약 작업에서 입력 텍스트의 중요한 내용을 파악하고, 그 내용을 간결하게 요약해 준다. 생성된 요약은 사람이 작성한 것과 유사하게 요약되며, 이를 기반으로 더 나은 결정을 내릴 수 있다.

여러 종류의 문서, 뉴스 기사, 논문 등의 긴 텍스트를 요약하는 것에 이용될 수 있으며, 요약된 내용은 핵심 내용만을 담고 있어 중요한 내용을 빠르게 파악할 수 있다는 장점이 있다. 요약 기능은 향후 정보 검색 및 분석에 있어서도 매우 유용하게 사용될 것으로 예상된다.

🧑 **위 금융공학 관련 글을 요약해줘.**

 이 글은 금융공학 분야에서 중요한 개념인 옵션 가치 평가 모델에 대해 다룹니다. 블랙-숄즈 모델은 로그-정규분포 가정에 기반하여 개발되었으며, 유러피안 옵션의 가치를 평가하는 데 사용됩니다. 그러나 실제 시장에서의 자산 가치 변동이 이러한 가정과 완전히 일치하지 않을 수 있기 때문에 다양한 모델들이 개발되고 있습니다.

예를 들어, 점프-디퓨전 모델은 점프와 브라운 운동에 의해 시장에서의 자산 가치 변동을 설명하는 모델입니다. 또한 머신러닝 및 딥러닝을 이용하여 옵션 가치 평가 모델을 개발하는 연구도 활발하게 이루어지고 있습니다. 이러한 모델들은 블랙-숄즈 모델 등 기존의 모델들의 한계를 극복하고 더욱 정확한 예측 모델을 개발할 수 있는 가능성이 열리고 있습니다.

아래는 저자가 작성하고 있는 퀀트투자 관련 원고의 일부다. 이 내용을 요약을 해 볼 수 있다. 더 구체적인 명령어 예를 들면 "두 문장으로 요약해줘."와 같은 세부 명령도 가능하다.

🧑 **다음 문장을 요약해줘.**

퀀트투자 의사결정은 과거 데이터 분석을 기반으로 수학, 통계, 기타도구를 사용하여 효율적이고 신속하게 결정을 내리는 계량분석에 속한다. 계량분석은 컴퓨터의 강력한 컴퓨팅 능력을 사용하여 인간 사고의 매우 추상적인 부분을 계량화하고 이를 적용하고 있다. 퀀트투자의 기본 프로세스는 [그림 1]과 같다.

대부분의 퀀트투자는 관찰 및 연구를 통해 투자 아이디어를 발견하고 그 아이디어 즉, 가설을 설정한후 검증하는 단계를 거치게 된다. 이를 위해 앞서 코드를 구현하고 백테스팅을 거치는 과정을 반복하게 된다. 백테스팅을 통해 입력변수를 조금씩 수정하여 모델을 개선하는 절차를 가진다.

퀀트투자 의사결정은 과거 데이터 분석을 기반으로 수학, 통계, 기타도구를 사용하여 효율적이고 신속하게 결정을 내리는 계량분석에 속한다. 계량분석은 컴퓨터의 강력한 컴퓨팅 능력을 사용하여 인간 사고의 매우 추상적인 부분을 계량화하고 이를 적용하고 있다.

퀀트투자는 과거 데이터 분석을 기반으로 수학, 통계, 기타 도구를 사용하여 효율적이고 신속한 결정을 내리는 계량분석에 속하며, 이는 컴퓨터의 강력한 컴퓨팅 능력을 활용하여 인간의 추상적인 사고를 계량화하고 적용하는 것이다. 퀀트투자의 기본 프로세스는 관찰 및 연구를 통해 투자 아이디어를 발견하고, 이를 검증하기 위해 코드를 구현하고 백테스팅을 거치며, 모델을 개선하는 과정을 반복하는 것이다.

3.2 패러프레이징

패러프레이징(Paraphrasing, 다른 말로 바꾸기)은 한 문장 또는 글을 다른 방식으로 다시 말하는 것을 의미한다. 실제 패러프레이징은 회화나 토익(TOEIC) 등의 영어공부를 할 때 많이 사용하는 학습 방법 중 하나다. 이것은 원래 문장의 의미를 유지하면서 표현 방식을 바꾸어 다양한 표현 방법을 찾는 것을 목적으로 한다. 패러프레이징은 특히 학술 논문이나 에세이를 작성할 때 유용하게 사용되며, 원래 글의 문장 구조, 단어 선택, 문맥 등을 고려하여 새로운 글을 작성한다. 이를 통해 글의 가독성을 높이고, 글을 보다 다양하고 풍부한 형태로 작성할 수 있다.

다음은 저자가 처음 쓴 책의 내용에 해당하는 문장을 패러프레이징 한 것이다. |프롬프트 명령어: 다음 문장을 다른 말로 바꿔줘.|라고 입력하고 |바꿀 문장| 전체를 복사하여 붙여 넣으면 문장이 패러프레이징이 된다.

> **다음 문장을 다른 말로 바꿔줘.**
> 옵션은 기초자산을 미래의 특정시점 또는 특정기간 내에 특정 행사가격으로 매입해서 매각할 수 있는 권리를 의미하는데 이는 기초자산 가격의 변화에 대해 비대칭적 손익구조를 가진다. 옵션 거래는 거래시작 시점에 프리미엄을 지급한다는 점에서 선도거래나 선물거래와 다르다.
> 스왑거래는 두 개의 채무에 대한 미래의 현금흐름을 교환하기로 약정하는 거래이다. 스왑은 금리스왑과 통화스왑으로 크게 구분할 수 있다. 금리스왑거래는 동일

통화 표시의 변동금리와 고정금리 자금 간 교환을 약정하는 거래를 말하며, 통화 스왑거래는 이종 통화 표시 자금 간 교환으로 이자는 물론 원금 교환까지 약정하는 거래를 말한다.

파생상품 시장은 장내시장과 장외시장으로 구분할 수 있는데, 장내시장은 가격 이외의 모든 거래 요소가 표준화되어 있는 파생상품 거래시장으로서 거래소시장이라고도 한다. 우리나라 장내시장으로는 한국거래소(KRX)가 있다.

> 옵션은 미래의 특정 시점이나 기간에, 기초 자산을 특정 행사 가격으로 매입하거나 매각할 수 있는 권리를 의미합니다. 이러한 옵션 거래는 기초 자산 가격 변화에 따라 비대칭적인 손익 구조를 가지게 됩니다. 선물이나 선도 거래와는 달리, 옵션 거래는 거래 시작 시점에 프리미엄을 지불해야 합니다.
>
> 스왑 거래는 두 개의 채무에 대한 미래의 현금 흐름을 교환하는 거래입니다. 이러한 스왑 거래는 금리 스왑과 통화 스왑으로 크게 구분됩니다. 금리 스왑 거래는 동일 통화로 표시된 변동 금리와 고정 금리 자금 간 교환을 약정하는 거래를 의미하며, 통화 스왑 거래는 이종 통화로 표시된 자금 간 교환으로 이자와 원금 교환까지 약정하는 거래를 말합니다.
>
> 파생 상품 시장은 장내 시장과 장외 시장으로 구분됩니다. 장내 시장은 가격 이외의 모든 거래 요소가 표준화되어 있는 파생 상품 거래 시장입니다. 이러한 시장은 거래소 시장이라고도 불립니다. 한국에서는 한국 거래소(KRX)가 장내 시장을 담당합니다.

3.3 다국어 번역

챗GPT는 다국어 번역(Machine Translation) 분야에서도 높은 성능을 보여주고 있다. 이는 챗GPT가 뛰어난 자연어 처리 능력을 바탕으로 다른 언어로 된 텍스트를 효과적으로 이해하고 번역할 수 있기 때문이다. 챗GPT를 활용한 번역 기술은 기존의 번역 모델들보다 더욱 자연스러운 번역 결과를 제공하고 있다. 이는 대규모 언어 모델을 학습함으로써 얻게 되는 이점 중 하나다. 이를 통해 번역 결과가 더욱 자연스러워지면서, 번역된 문장의 의미와 문맥이 잘 전달되는 것을 확인할 수 있다.

주로 국내에서 번역은 '구글 번역' '네이버 파파고' 등이 사용되었으나 최근에 '딥엘(DeepL)'에서 한국어 번역이 지원되면서 많은 인기를 끌고 있는 중이다. 딥엘은 독일 쾰른에 본사를 둔 인공지능 업체 딥엘의 번역 서비스다.* 2017년 공개되었고 한국어 번역을 최근에 지원하기 시작했다. '딥엘'을 사용해 본 결과 '구글 번역'이나 '파파고'보다 한국어 번역이 자연스럽게 번역되어 번역 품질이 좋았다. 국내에 소개된 '(구글) 번역' '파파고' '딥엘' '챗GPT' 번역을 테스트해보고 개인이 좋다고 생각하는 것을 이용하면 좋다.

> 다음 문장을 한글로 번역해줘.
>
> Let's give a summary of the XGBoost machine learning model before we dive into it. We are using the price data of US tech stocks in the US such as Apple, Amazon, Netflix, Nvidia, and Microsoft for the last sixteen years, and train the XGBoost model to predict if the next day's returns are positive or negative

> 이에 앞서 XGBoost 머신러닝 모델에 대해 간단히 요약해보자. 우리는 지난 16년 동안 Apple, Amazon, Netflix, Nvidia 및 Microsoft와 같은 미국의 기술 주식 가격 데이터를 사용하여 XGBoost 모델을 학습시켜 다음 날의 수익이 양수인지 음수인지 예측한다.

04 콘텐츠 생성 마스터
: 블로그, 유튜브, SNS 생성을 통한 수익창출

챗GPT를 활용하여 수익창출을 할 수 있는 책이나 유튜브가 많이 소개되고 있

---

* 딥엘의 인공신경망 번역 기술에 대한 소개는 다음 사이트를 참고하라.
  https://www.deepl.com/en/blog/how-does-deepl-work

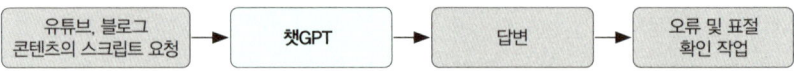

[그림 2-3] 챗GPT를 활용한 유튜브, 블로그 콘텐츠 생성 절차

다. 대부분의 컨텐츠는 관련 유튜브 대본, 블로그 글을 생성하게 하고 유튜브를 제작하거나 블로그 게시를 통한 수익 창출을 이야기하고 있다. 실제 이러한 방식의 패시브 인컴(Passive Income) 즉, 일을 하지 않는 잠자는 동안에도 수익이 창출된다는 이야기를 하는 챗GPT 책도 소개되고 있다. 실제 이러한 방식의 유튜브, 블로그, SNS 글과 대본을 만들어 볼 수 있으나 [그림 2-3]과 같은 오류와 혹시 있을지 모르는 표절에 대한 검토 작업들이 필요하다. 따라서 이러한 콘텐츠 생성은 많은 사람이 관심을 가지는 주제에 대한 아이디어 조사차원에서 이루어져야 한다고 생각된다.

많은 사람이 본 '화성 유튜브'에 대한 기획으로 새로운 유튜브를 한다고 가정할 때 아래처럼 새 콘텐츠에 대해 챗GPT를 활용하여 조사할 수 있다. 화성 콘텐츠에 대해 챗GPT는 화상탐사로봇 소개, 화성 토폴로지(topology)와 지질학적 특성, 대기권과 기후, 인류 이주 등에 대한 콘텐츠를 생성한 것을 볼 수 있다.

> 화성을 주제로 한 유튜브 콘텐츠를 기획하고 있어. 유튜브 화성 콘텐츠에 대한 새로운 기획을 알려줘.

> 화성에 대한 유튜브 콘텐츠를 기획하는 것은 흥미로운 아이디어입니다! 화성은 우리가 아직 많이 모르는 행성 중 하나이기 때문에 끊임없이 새로운 발견이 이루어지고 있습니다. 이를 기반으로 한 콘텐츠를 제안해 보겠습니다.
>
> 1. **화성 탐사 로봇 소개:** 화성에 대한 가장 최신 연구와 탐사에 사용되는 로봇을 소개하는 동영상을 제작해 보세요. 로봇의 기능, 특징, 작동 방식 등을 설명하면서 탐사하는 화면도 함께 담아보면 시청자들의 호기심을 자극할 것입니다.

2. **화성의 토폴로지와 지질학적 특성:** 화성의 지질학적 특성과 토폴로지, 즉, 지형학적 특징을 소개하는 동영상을 제작해 보세요. 화성의 산, 분화구, 계곡 등을 자세히 설명하면서 화면으로도 보여주면 좋습니다.
3. **화성의 대기권과 기후:** 화성의 대기권과 기후를 소개하는 동영상을 제작해 보세요. 대기권의 구성 요소와 기후 변화의 원인을 설명하면서 화면으로도 보여주면 좋습니다. 또한 화성 대기권에 대한 최신 연구 결과와 이에 따른 화성 탐사 계획 등도 다루어 보면 좋습니다.
4. **화성에서의 인류 이주:** 인류가 화성에 이주하게 될 경우 어떤 문제가 생길 수 있는지와 이를 해결하기 위한 방법 등을 소개하는 동영상을 제작해 보세요. 화성 탐사와 이주 관련 기술 및 최신 연구 동향도 함께 다루면 시청자들의 관심을 끌 수 있습니다.
5. **화성과 지구의 비교:** 지구와 화성의 특징과 차이점, 공통점 등을 비교하는 동영상을 제작해 보세요. 지구와 화성의 지질학적 특성, 기후, 생명체의 존재 여부 등을 비교하면서 지구의 중요성과 보호의 필요성도 함께 강조해 보면 좋습니다.

이러한 주제가 발굴되었다고 가정하고 가장 관심이 있는 화성탐사로봇에 대한 유튜브 대본을 써 달라고 요청하면 아래와 같은 응답을 받을 수 있다. 앞서 이러한 유튜브 대본에 대해서도 다양한 검증 작업과 수정 작업을 통해 실제 사용할 수 있는 단계까지의 대본을 만들어 낼 수 있다고 판단된다.

> 최신 화성탐사로봇에 대한 유튜브 대본(스크립트)을 재미있게 써줘.

> 안녕하세요! 오늘은 최신 화성 탐사 로봇에 대해 이야기하려고 합니다. 이제는 로봇들이 화성 탐사에 매우 중요한 역할을 하고 있습니다. 그중에서도 최신 로봇은 이전의 것보다 훨씬 발전된 기술을 가지고 있습니다.
>
> **첫 번째로 소개할 로봇은 '퍼시비어런스(Percy-Vereance)'입니다.** 이 로봇은 2021년 7월에 NASA에 의해 화성에 보내졌습니다. 이 로봇은 새로운 기술인 '미체인(Mastcam-Z)'을 사용하여 화성의 지표를 조사하고, 지하의 물이나 화학 물질의 흔적을 찾아냅니다. 또한 마찰력이 낮은 화성 대기를 조사하기 위한 기술도 갖추고 있습니다.

두 번째는 '인사이트(InSight)'입니다. 이 로봇은 2018년에 NASA에 의해 보내졌으며, 화성의 지하를 조사하는 것을 목적으로 합니다. 이 로봇은 지하 깊이를 측정하는 초음파 기술을 사용합니다. 이를 통해 화성의 지하 구조와 지진 활동을 조사할 수 있습니다.

세 번째는 '큐리오시티(Curiosity)'입니다. 이 로봇은 2012년에 NASA에 의해 보내졌으며, 화성의 표면을 조사하는 것을 목적으로 합니다. 이 로봇은 화성의 토양을 수집하여 화학 조성을 조사하고, 화성의 기후를 조사하는 센서도 갖추고 있습니다. 또한 이 로봇은 다른 로봇들과 달리 로봇 팔을 사용하여 화성 토양을 뒤적이는 등 활발한 탐사를 진행합니다.

마지막으로 소개할 로봇은 '마스2020(Mars 2020)'입니다. 이 로봇은 2021년 2월에 NASA에 의해 보내졌으며, 이전 로봇들과 비슷한 목적을 가지고 있습니다. 하지만 이 로봇은 새로운 기술 '주행자(Ingenuity)'를 갖추고 있습니다. 이 기술은 화성의 대기압이 지구의 1% 수준인 곳에서도 비행이 가능한 무인 헬리콥터입니다. 이로 인해 화성의 어려운 지형에서도 로봇의 활동 범위를 넓힐 수 있습니다.

이렇게 최신 로봇들은 이전의 것보다 더욱 발전된 기술을 사용하여 화성 탐사를 진행하고 있습니다. 이전 로봇들은 화성의 지형을 탐사하는 것이 주된 목적이었지만, 최신 로봇들은 지하와 대기를 조사하는 등 더욱 다양한 목적으로 사용됩니다. 또한 새로운 기술을 도입하여 로봇들의 활동 범위를 확대하고 있는데, 이는 화성 탐사의 미래를 보여주는 중요한 발전입니다.

이번 영상을 통해 최신 화성 탐사 로봇에 대해 간략하게 소개해드렸습니다. 더욱 자세한 정보는 NASA의 홈페이지를 참고하시면 됩니다. 감사합니다!

05 새로운 책, 강의, 비즈니스 기획 보조로 활용하자

5.1 새로운 책

새로운 책을 쓰는 데는 다양한 정보와 아이디어가 소요된다. 또한 독자층에 맞는 타깃팅을 하고 그에 맞게 책의 구성과 스타일을 정해야 한다. 챗GPT를 활용하면 책의 구성을 위한 예시 목차 및 관련 정보와 동향을 제공받을 수 있다.

다만, 챗GPT도 학습된 것을 바탕으로 하기 때문에 정보수집과 사용에 대한 윤리적인 문제가 발생할 수 있다.

그러므로 정보와 아이디어를 얻을 수 있는 차원에서 챗GPT를 활용하는 것을 추천한다. 기존 책을 보강하는 책에 대해서도 아이이어를 얻을 수 있으나 여러 가지 개념을 섞어서 새로운 것이 탄생할 수 있으니 여러 개념을 합성한 것에 대한 아이디어를 질의해 보자.* 예를 들어, 인터넷 기술의 발전으로 현재의 웹 2.0(Web 2.0)에서 더 나아가 인터넷을 보다 인간 중심적이고 탈중앙화된 형태로 발전시키기 위한 개념인 '웹 3.0과 챗GPT'를 융합한 책의 새로운 목차를 요청해볼 수 있다. 또한 '메타버스와 챗GPT' 'NFT와 챗GPT'를 융합한 책을 기획해볼 수도 있다.

아래는 챗GPT를 활용한 블록체인 개념에 대한 책의 목차 구성이다. 프롬프트에 기획하고 있는 책의 좀 더 많은 정보를 제공하면 상세한 목차가 제공된다.

> 챗GPT를 활용한 블록체인 책을 쓰려고 해. 새로운 챗GPT 활용 블록체인의 목차에 대해 알려줘.

> 책을 쓰려는 목적과 타겟 독자층, 구체적인 내용 등에 따라 목차가 달라질 수 있겠지만, 챗GPT를 활용한 블록체인 책의 예상 목차는 다음과 같습니다.
> **1. 블록체인 기술 소개**
> - 블록체인의 개념과 역사
> - 블록체인의 핵심 기술 및 원리
> - 블록체인의 장단점
>
> **2. 챗GPT 소개**
> - 챗GPT의 개념과 역사
> - 챗GPT의 기술 및 원리

---

* 관련 내용은 '더퀘스트'에서 출간한 〈믹스 MIX〉(안성은 저)를 참고하기 바란다.

- 챗GPT의 응용 분야

3. 챗GPT와 블록체인의 융합
- 챗GPT와 블록체인의 연관성
- 챗GPT를 활용한 블록체인 서비스 예시
- 챗GPT를 활용한 블록체인 기반 비즈니스 모델

4. 챗GPT와 블록체인 기반 인증
- 챗GPT를 활용한 블록체인 기반 인증 시스템
- 챗GPT를 활용한 블록체인 기반 인증 서비스 예시

5. 챗GPT와 블록체인 기반 보안
- 챗GPT를 활용한 블록체인 기반 보안 시스템
- 챗GPT를 활용한 블록체인 기반 보안 서비스 예시

6. 챗GPT를 활용한 블록체인 기반 응용 분야
- 챗GPT를 활용한 블록체인 기반 금융 서비스
- 챗GPT를 활용한 블록체인 기반 의료 서비스
- 챗GPT를 활용한 블록체인 기반 국제무역 서비스

7. 챗GPT와 블록체인의 미래
- 챗GPT와 블록체인의 기술 발전 동향
- 챗GPT와 블록체인의 시장 전망 및 가능성

8. 결론
- 챗GPT와 블록체인의 융합이 가져올 혁신과 변화
- 챗GPT와 블록체인이 주는 활용 가능성과 가치

5.2 새로운 강의

새로운 강의를 준비하는 것도 수요조사, 트렌드 분석, 경쟁자 분석, 전문가 의견 수렴, 자체 분석 등을 통해 강의 주제를 선정해 볼 수 있다. 챗GPT를 활용하여 교육과정(Curriculum) 또는 강의계획서(Syllabus) 작성이 가능하므로 이러한 강의 주제에 대한 아이디어 활용 차원에서 참조해 볼 수 있다.

👤 챗GPT를 활용한 핀테크 강의를 준비하고 있어. 챗GPT를 활용한 핀테크 강의계획서 목차를 알려줘.

🤖 챗GPT를 활용한 핀테크 강의의 예상 강의 계획서 목차는 다음과 같습니다.

1. 핀테크 소개
- 핀테크의 개념과 역사
- 핀테크의 핵심 기술 및 원리
- 핀테크의 장단점

2. 챗GPT 소개
- 챗GPT의 개념과 역사
- 챗GPT의 기술 및 원리
- 챗GPT의 응용 분야

3. 챗GPT와 핀테크의 융합
- 챗GPT와 핀테크의 연관성
- 챗GPT를 활용한 핀테크 서비스 예시
- 챗GPT를 활용한 핀테크 기반 비즈니스 모델

4. 챗GPT를 활용한 핀테크 서비스 개발
- 챗GPT를 활용한 핀테크 서비스 설계 및 개발 방법
- 챗GPT를 활용한 핀테크 서비스 예시

5. 챗GPT를 활용한 핀테크 기반 인증 및 보안
- 챗GPT를 활용한 핀테크 기반 인증 시스템
- 챗GPT를 활용한 핀테크 기반 보안 시스템

6. 챗GPT를 활용한 핀테크 분야별 응용
- 챗GPT를 활용한 핀테크 기반 금융 서비스
- 챗GPT를 활용한 핀테크 기반 보험 서비스
- 챗GPT를 활용한 핀테크 기반 투자 서비스
- 챗GPT를 활용한 핀테크 기반 결제 서비스

7. 챗GPT와 핀테크의 미래

- 챗GPT와 핀테크의 기술 발전 동향
- 챗GPT와 핀테크의 시장 전망 및 가능성

8. 결론
- 챗GPT와 핀테크의 융합이 가져올 혁신과 변화
- 챗GPT와 핀테크가 주는 활용 가능성과 가치

5.3 새로운 비즈니스

챗GPT는 새로운 비즈니스에 대한 사업계획서를 작성할 수 있다. 대상 산업, 시장, 경쟁자 분석 등 다양한 정보를 제공하면 챗GPT는 해당 정보를 기반으로 상세한 사업계획을 생성한다.

최근에 관심 주제로 떠오른 ESG(Environmental, Social, and corporate Governance)에 대한 일반적인 사업계획서 작성을 요청했다. 그랬더니 배경, 목표, 사업 모델, 서비스, 비즈니스, 팀 구성 및 인력, 자금 및 자금조달 계획, 시행 계획, 결론에 대한 기획서를 작성해준다.

> ESG에 대한 새로운 비즈니스를 기획 중이야. ESG 신사업 기획서 예시를 작성해줘.

> ESG에 대한 새로운 비즈니스를 고려하시는 것으로 이해했습니다. ESG 신사업을 위한 기획서의 예시를 제시해드리겠습니다.

1. 배경
- ESG의 중요성과 관심 증가
- 기존의 ESG 시장과 서비스 동향 분석
- ESG 신사업 진출을 위한 필요성과 기회 제시

2. 목표
- ESG 신사업의 목표 및 비전 제시

- ESG 신사업의 가치 제시
- ESG 신사업의 성과 측정 지표 설정

3. **사업 모델**
   - ESG 신사업의 사업 모델 제시
   - ESG 신사업의 수익 모델 제시
   - ESG 신사업의 비즈니스 생태계 제시

4. **서비스**
   - ESG 신사업의 핵심 서비스 제시
   - 서비스의 특징과 차별점 제시
   - 서비스의 기술적인 측면 제시

5. **시장분석**
   - ESG 신사업의 시장 규모 예측 및 경쟁 분석
   - ESG 신사업 진출을 위한 시장 세분화 제시
   - 시장 진출을 위한 전략 제시

6. **팀 구성 및 인력**
   - ESG 신사업 운영을 위한 팀 구성 제시
   - 팀원들의 역할과 책임 제시
   - 인력 관리 및 육성 방안 제시

7. **자금 및 자금 조달 계획**
   - ESG 신사업 진출을 위한 자금 예측
   - 자금 조달 방안 및 계획 제시
   - 자금 조달 시 고려해야 할 사항 제시

8. **시행계획**
   - ESG 신사업의 시행 계획 제시
   - ESG 신사업 운영 시 고려해야 할 사항 제시
   - ESG 신사업 성과 평가 계획 제시

9. **결론**
   - ESG 신사업 진출을 통한 가치 제시

- ESG 신사업의 확장성과 성장 가능성 제시
- ESG 신사업의 창출 가능한 사회적 가치 제시

위와 같은 방식으로 ESG 신사업 기획서를 작성하시면 됩니다. 이외에도 세부적인 내용이나 다른 요소들을 고려하여 추가할 수 있습니다.

앞의 결과는 ESG에 대한 기획서라기보다는 일반적인 신사업 기획서에 해당한다고 생각되어 문맥의 정보를 좀 더 주기 위해 Environmental, Social, and corporate Governance라는 정보를 넣어 신사업 기획서를 요청했더니 다음과 같은 결과를 보여준다.

ESG(Environmental, Social, and corporate Governance)에 관한 신사업 기획서를 작성하려고 해. 기획서 방향을 알려줘.

ESG(Environmental, Social, and corporate Governance)는 기업이 환경, 사회, 지배구조 측면에서 어떤 가치를 실현하는지 평가하는 지표입니다. ESG 투자는 기업의 지속 가능한 성장을 추구하는 것으로, 투자자들은 기업의 ESG 평가를 고려하여 투자 결정을 내립니다. 따라서 ESG를 중심으로 한 신사업 기획서를 작성하기 위해서는 다음과 같은 방향을 고려할 수 있습니다.

1. **ESG 평가 컨설팅 서비스 제공**: 기업의 ESG 평가를 수행하고, 보고서를 작성하여 기업이 ESG 지표를 개선하는 데 도움을 주는 서비스를 제공합니다.
2. **ESG 데이터베이스 구축**: ESG 데이터를 수집, 분석하고, 이를 기반으로 ESG 평가 모델을 구축하는 서비스를 제공합니다.
3. **ESG 투자 관련 정보 제공**: ESG에 대한 최신 정보와 동향을 제공하고, ESG 관련 투자 상품을 제공하는 서비스를 제공합니다.
4. **지속 가능한 비즈니스 모델 개발**: 기업이 ESG를 고려한 지속 가능한 비즈니스 모델을 개발하고, 그에 따른 컨설팅 서비스를 제공합니다.
5. **ESG 교육 및 컨설팅**: ESG에 대한 교육과 컨설팅 서비스를 제공하여 기업이 ESG 평가를 수행하고, 개선하는 데 도움을 줍니다.

이러한 방향을 고려하여 ESG를 중심으로 한 신사업 기획서를 작성할 수 있습니다.

한편, 블록체인 비즈니스 기획자의 관점에서 챗GPT의 문제점에 대한 해결책으로 블록체인 활용에 대해 아래와 같이 질의할 수도 있다. 깊게 생각해 보지 못한 문제에 대해 여러 문제점과 개선점에 대해 인공지능의 답을 들을 수 있으며 새로운 비즈니스를 위한 아이디어 원천으로 활용할 수 있다. 아울러, 사전 조사한 자료가 더 있으면 그 자료를 바탕으로 좀 더 세밀한 맞춤형 기획서를 제공받을 수 있다.

> **챗GPT 가능성과 문제점을 블록체인으로 해결할 수 있는 해법을 알려줘.**

> 챗GPT는 자연어 처리 기술을 활용하여 대화를 자연스럽게 이어가는 인공지능 모델이다. 그러나 이러한 모델을 사용할 때, 데이터 개인정보 보호 문제와 모델의 신뢰성 등의 문제점이 발생할 수 있다. 이러한 문제점은 블록체인 기술을 활용하여 해결할 수 있다. 블록체인은 탈중앙화된 분산형 데이터베이스로, 데이터를 분산하여 저장하고, 암호화된 연결로 연결된 노드들 간 데이터 공유 및 신뢰성 있는 거래를 수행할 수 있다.
>
> 먼저, 챗GPT 모델의 데이터 개인정보 보호 문제를 해결하기 위해 블록체인 기술을 활용할 수 있다. 블록체인 기술을 활용하여 챗GPT 모델의 사용자 데이터를 암호화하여 저장하면, 개인정보 유출 우려가 줄어 들고, 사용자들의 프라이버시를 보호할 수 있다. 또한 챗GPT 모델의 신뢰성 문제를 해결하기 위해서도 블록체인 기술을 활용할 수 있다. 블록체인 기술을 활용하여 모델의 학습 및 예측 기록을 분산형으로 저장하면, 모델의 신뢰싱을 높일 수 있다.
>
> 또한 이러한 기록을 토대로 모델의 문제점을 분석하고, 개선할 수 있어 모델의 정확성을 높일 수 있다. 하지만 이러한 해결책도 완전한 해결책이 아니며, 블록체인 기술의 복잡성과 높은 비용 문제 등의 문제점도 존재한다. 따라서 이러한 기술을 적용할 때는 신중한 검토와 검증이 필요하다.

06 챗GPT로 제안서 작성하기
: 데이터 분석 관련 컨설팅 제안서 작성

데이터과학과 데이터 분석에 관련된 업무에서 제안서 작성을 하는 일은 흔한 업무다. 컨설팅 프로젝트는 대형 회계법인 컨설팅 회사뿐만 아니라 여러 데이터 분석 회사, SI(System Integration) 회사에 이르기까지 다양하게 고객들이 컨설팅을 의뢰하기도 한다. 실제 컨설팅 프로젝트에 대해서 고객사가 제안요청서(Request for Proposal, RFP)를 공고하면 그 제안요청서에 따라 명확하게 전달할 수 있는 제안서를 작성해야 한다.

일반적인 컨설팅 관련 제안요청서 내용에는 추진배경, 목적과 기대효과, 산출물, 수행기간 및 일정, 예산 등이 명시되어 있다. 이러한 제안요청서를 보고 제안서를 작성하면 되지만 실제로 제안 내용에 따라 어떻게 구성할지 막연할 수 있다. 이때 챗GPT를 사용하여 제안서 작성에 관한 콘텐츠와 파워포인트 제안서에 대한 내용을 생성받고 참조하여 진행할 수 있다.

아래는 보험회사 신지급여력제도(K-ICS) 관련 검증업무 제안서를 요청 받아 제안서를 작성한다고 가정하고 콘텐츠를 작성하고 파워포인트 작성에 관한 질의 응답에 대한 내용이다. 한글로 질의할 때도 챗GPT가 해당 맥락을 정확히 인지할 수 있도록 핵심어인 Insurance Capital Standard에 대해서는 풀 네임(Full Name)으로 적어 주는 것이 좋다.

> 나는 oo 컨설팅에서 근무하는 컨설턴트야. 지금 보험회사 K-ICS(Insurance Capital Standard)에 대한 검증업무 제안서를 작성하려고 해. 제안서에 들어갈 콘텐츠를 알려줘.

안녕하세요! 검증업무 제안서를 작성하시려는 것 같군요. 보험회사 K-ICS에 대한 검증업무 제안서를 작성하실 때 고려할 수 있는 콘텐츠는 다음과 같습니다.

1. 소개 및 배경

K-ICS란 무엇인지, 왜 중요한지, 검증업무가 필요한 이유 등에 대한 소개 및 배경 설명.

2. 검증 범위 및 방법

K-ICS 검증 범위에 대한 설명.

검증 방법, 검증 기준 및 절차 등에 대한 설명.

3. K-ICS 검증업무의 중요성

K-ICS 검증이 보험회사에게 중요한 이유 설명. 고객 가치 제공 강조.

4. 검증업무의 방법론

검증업무 수행 위한 방법론 정의. 방법론은 검증업무 모든 과정과 절차 설명.

5. 검증팀 구성

검증업무를 수행하기 위한 검증팀 구성. 검증팀의 역할, 책임, 역량, 조직도 등 설명.

6. 검증 결과 보고서

K-ICS 검증 결과 보고서 작성 방법 및 내용 설명.

보고서 작성을 위한 데이터 수집 방법, 검증 결과 분석 및 평가 방법 등에 대한 설명.

7. 검증 프로세스 관리

검증 프로세스 관리에 대한 설명.

검증 전 과정에서 검증자와 고객 간의 협력 방안, 계약 및 비용 관리 방안 등에 대한 설명.

8. 추진 일정 및 비용 산정

검증 일정, 비용 산정, 비용 분배 방식 등에 대한 설명.

위의 내용을 고려하여 검증업무 제안서를 작성하시면 좋을 것입니다. 그리고 보험회사와의 상호작용 및 커뮤니케이션을 원활히 수행할 수 있도록, 제안서 내용을 명확하고 간결하게 작성하는 것이 중요합니다.

위의 콘텐츠에 따라 해당 파트만 관련하여 파워포인트를 작성하기 위한 제안서에 들어갈 내용을 질의해 보았다. 위에서 언급한 국제보험자본기준(Insurance Capital Standard)에 따라 신지급여력제도(K-ICS)에 대해 챗GPT가 인지하고 해당 콘텐츠를 생성해주고 있음을 알 수 있다.

"다음 제안서 콘텐츠를 보고 파워포인트(PPT)에 들어갈 내용을 알려줘."라는 프롬프트 명령어를 쓰고 위에 제시된 콘텐츠 중 일부를 복사해서 붙인 후 답변을 얻을 수 있다. 제안서 작성도 고객사의 요청인 제안요청서(RFP)의 내용에 따라 작성하는 것이 중요하며 컨설팅 방향과 목적에 대해서 챗GPT가 모두 알 수 없으므로 모든 것을 따라서 작성하기보다는 큰 그림과 참조할 부분에 대해서만 참조하는 것이 좋다고 생각된다.

다음 제안서 콘텐츠를 보고 파워포인트에 들어갈 내용을 알려줘. K-ICS란 무엇인지, 왜 중요한지, 검증업무가 필요한 이유 등에 대한 소개 및 배경 설명 등.

안녕하세요! K-ICS에 대한 소개 및 배경 설명에 대한 파워포인트 내용을 제안해 드리겠습니다.

1. 제목 슬라이드

제목 슬라이드에는 "K-ICS 검증업무 제안서: 소개 및 배경"과 함께 프로젝트명, 날짜, 프로젝트 참여자 정보 등을 포함시켜주세요.

2. K-ICS란 무엇인가요?

K-ICS란 Insurance Capital Standard의 약어로, 국제표준회계원(IFRS)의 일부로 제정된 보험사의 자본요구액을 측정하는 국제기준입니다.

K-ICS는 보험사의 안전성과 안정성을 보장하며, 보험업계의 국제화를 촉진시키는 역할을 합니다.

3. 왜 K-ICS가 중요한가요?

보험사는 충분한 자본금을 보유해야만 보험금을 지급할 수 있습니다.

K-ICS는 보험사의 자본금 측정을 통해 안정성 평가를 수행하므로, 보험사의 안

정성을 보장할 수 있습니다.

또한 K-ICS는 국제기준으로 인정되기 때문에 국제경쟁력 강화에도 기여할 수 있습니다.

4. 검증업무가 필요한 이유는 무엇인가요?

K-ICS 검증은 보험사가 자신의 자본요구액을 적절하게 측정하고 관리하고 있는지를 확인하기 위해 필요합니다.

검증을 통해 보험사의 안전성 및 신뢰성을 확보하고, 보험금 지급 능력을 강화할 수 있습니다.

5. 결론 슬라이드

결론 슬라이드에는 "K-ICS 검증업무 제안서: 소개 및 배경"을 다시 한번 강조하며, 다음 슬라이드에서는 검증 범위 및 방법에 대해 설명하겠다는 내용을 포함시켜주세요. 위와 같은 내용으로 파워포인트 슬라이드를 작성하시면 좋을 것 같습니다!

07 엑셀 업무 활용

챗GPT는 엑셀 업무 및 함수식 작성에 활용될 수 있는 강력한 도구다. 엑셀은 많은 회사와 조직에서 가장 사용되는 스프레드시트 프로그램이며, 챗GPT를 활용하여 더 효율적으로 업무를 처리하고 엑셀에서 다양한 작업을 수행하는 데 도움을 받을 수 있다.

우선, 챗GPT는 엑셀 사용에 대한 질문에 신속하고 정확한 답변을 제공해 준다. 사용자가 특정 함수의 사용법을 모르는 경우, 챗GPT는 그에 대한 설명과 예제를 제공하여 사용자가 원하는 작업을 빠르게 수행할 수 있도록 도와줄 수 있다. 또한 챗GPT는 엑셀 함수식을 작성하는 데에도 도움을 줄 수 있다. 예를 들어, "순현가법(NPV) 및 내부수익률(IRR)법을 계산하는 엑셀 수식을 알려줘."

와 같이 사용자가 원하는 작업에 대한 함수식을 설명하거나 요구사항을 제시하면, 챗GPT는 해당 함수식을 작성하여 사용자가 원하는 결과를 얻을 수 있도록 도와줄 수 있다. 데이터 정렬, 필터링, 계산, 차트 생성 등 다양한 작업에 대한 함수식을 작성하는 데에도 챗GPT는 유용하게 활용될 수 있으며, 엑셀 작업에 대한 조언과 권장사항도 제공 받을 수 있다. 데이터 형식을 지정하는 방법, 조건부 서식을 적용하는 방법, 데이터의 검증과 오류 처리에 관한 팁 등을 제공받아 사용자가 엑셀을 더 효과적으로 활용할 수 있도록 도움을 받을 수 있다.

 엑셀 업무에 챗GPT를 활용할 수 있는 방법을 알려줘.

 엑셀 업무에 챗GPT를 활용하는 다양한 방법이 있습니다. 몇 가지 예시를 아래에 제시해 보겠습니다.

1. **함수식 작성**: 사용자가 특정 작업에 필요한 함수식을 모르는 경우, 챗GPT에게 해당 작업에 대한 질문을 하고 원하는 결과를 설명하면, 챗GPT가 해당 함수식을 작성하여 제공할 수 있습니다. 예를 들어, "특정 범위의 데이터를 합계하는 함수식을 작성해주세요"라는 질문에 대해, 챗GPT가 SUM 함수식을 작성하여 제공할 수 있습니다.

2. **작업 도움말**: 엑셀에서 특정 작업을 수행하는 방법에 대한 도움말이 필요한 경우, 챗GPT에게 해당 작업에 대한 질문을 하고, 챗GPT가 해당 작업에 대한 상세한 설명과 예제를 제공할 수 있습니다. 예를 들어, "데이터 정렬하는 방법을 알려주세요"라는 질문에 대해, 챗GPT가 데이터 정렬에 대한 단계와 예제를 제공할 수 있습니다.

3. **조언과 권장 사항**: 엑셀에서 데이터 처리, 형식 지정, 조건부 서식 등에 관한 조언과 권장 사항이 필요한 경우, 챗GPT에게 해당 작업에 대한 질문을 하고, 챗GPT가 사용자에게 조언과 권장 사항을 제공할 수 있습니다. 예를 들어, "데이터의 중복을 제거하는 방법을 알려주세요"라는 질문에 대해, 챗GPT가 중복 데이터 처리에 대한 권장 사항을 제공할 수 있습니다.

4. **데이터 분석**: 엑셀에서 데이터를 분석하는 작업에 챗GPT를 활용할 수 있습니다. 예를 들어, 사용자가 특정 데이터를 분석하고 시각화하는 작업에 대한

도움이 필요한 경우, 챗GPT에게 해당 작업에 대한 질문을 하고, 챗GPT가 데이터 분석과 시각화에 대한 조언과 도움을 제공할 수 있습니다.

5. **엑셀 기능 탐색:** 엑셀의 다양한 기능 중에서 사용자가 아직 모르는 기능을 찾아내고 활용하는 데에 챗GPT를 활용할 수 있습니다. 예를 들어, 사용자가 엑셀의 특정 기능에 대해 궁금한 경우, 챗GPT에게 해당 기능에 대한 질문을 하고, 챗GPT가 해당 기능에 대한 설명과 사용법을 제공할 수 있습니다. 예를 들어, "엑셀에서 피벗 테이블을 만드는 방법을 알려주세요"라는 질문에 대해, 챗GPT가 피벗 테이블에 대한 설명과 사용법을 제공할 수 있습니다.

6. **데이터 정제와 가공:** 엑셀에서 데이터를 정제하고 가공하는 작업에 챗GPT를 활용할 수 있습니다. 예를 들어, 사용자가 데이터를 필터링하고 정렬하는 작업에 대한 도움이 필요한 경우, 챗GPT에게 해당 작업에 대한 질문을 하고, 챗GPT가 데이터 정제와 가공에 대한 조언과 지침을 제공할 수 있습니다.

7. **템플릿 및 양식 생성:** 엑셀에서 특정 템플릿이나 양식을 생성하는 작업에 챗GPT를 활용할 수 있습니다. 예를 들어, 사용자가 프로젝트 관리를 위한 엑셀 템플릿을 생성하고자 할 때, 챗GPT에게 해당 템플릿에 대한 요구사항을 설명하고, 챗GPT가 해당 템플릿을 생성하여 제공할 수 있습니다.

8. **데이터 시각화:** 엑셀에서 데이터를 시각화하는 작업에 챗GPT를 활용할 수 있습니다. 예를 들어, 사용자가 데이터를 차트나 그래프로 시각화하는 작업에 대한 도움이 필요한 경우, 챗GPT에게 해당 작업에 대한 질문을 하고, 챗GPT가 데이터 시각화에 대한 조언과 지침을 제공할 수 있습니다.

이러한 방법들을 통해 챗GPT는 엑셀 업무와 함수식 작성 등에 유용하게 활용될 수 있습니다. 다양한 엑셀 작업에서 챗GPT의 도움을 받아 보다 효율적이고 정확한 작업을 수행할 수 있을 것입니다.

단, 챗GPT는 인공지능 모델이므로 사용자가 제공하는 정보와 질문에 따라 제공되는 답변의 정확성을 항상 확인하는 것이 중요합니다. 모델이 모든 엑셀 기능을 다룰 수 있는 것은 아니며, 사용자의 업무 요구사항과 데이터에 따라 결과가 달라질 수 있습니다. 따라서 항상 사용자의 판단과 검증을 함께 고려하여 활용해야 합니다.

7.1 엑셀 실전 활용: 챗GPT를 활용한 엑셀에서의 수식 작성 방법

가장 쉬운 엑셀 함수식 계산 예제를 살펴보도록 하자. 실제 엑셀 함수식의 경우 함수와 계산식을 모두 아는 경우 큰 문제가 없으나 처음 함수와 식을 구성할 때 어려움에 처할 수 있다. 아래는 가장 쉬운 예제라 실제 챗GPT의 도움이 없어도 계산할 수 있는 예제이나 설명의 편의를 위해 사용하였다.

[그림 2-4]와 같이 컬럼A과 컬럼 B의 데이터가 주어졌을 때 컬럼 A의 데이터와 컬럼 B의 데이터에서 각각을 제곱하고 절대값의 차이를 계산하고 싶다고 가정하자. 이때 계산을 위한 함수 계산식을 챗GPT에게 요청해 볼 수 있다.

"셀 A2의 제곱과 셀 B2의 제곱을 구하고 두 제곱의 절대 차이를 보여주는 엑셀 함수를 작성해줘."라는 질의를 하면 "=ABS(A2^2-B2^2)"라는 계산식과 함께 "셀 A2의 제곱과 셀 B2의 제곱을 구하고 두 제곱의 절대 차이를 보여주는

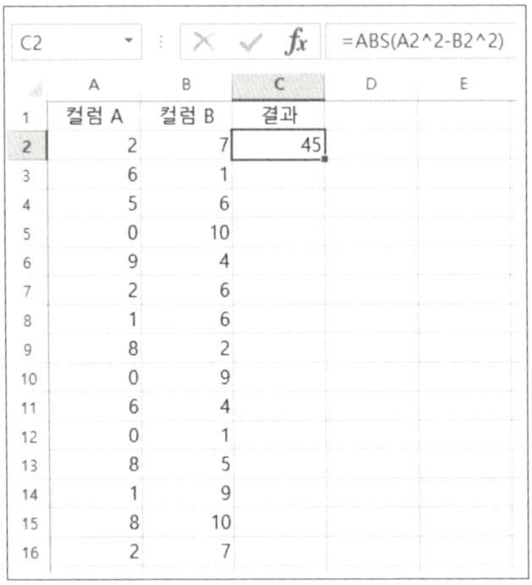

C2 | =ABS(A2^2-B2^2)

	A	B	C	D	E
1	컬럼 A	컬럼 B	결과		
2	2	7	45		
3	6	1			
4	5	6			
5	0	10			
6	9	4			
7	2	6			
8	1	6			
9	8	2			
10	0	9			
11	6	4			
12	0	1			
13	8	5			
14	1	9			
15	8	10			
16	2	7			

[그림 2-4] 챗GPT를 활용하여 엑셀 함수식 계산에 활용 예제

엑셀 함수입니다. 위 함수에서 ^는 제곱 연산자이며, ABS 함수는 절댓값을 반환하는 함수입니다. 이 함수를 사용하면 A2와 B2의 값에 따라 두 제곱의 차이를 구할 수 있습니다."라는 설명이 제공된다.

이 함수 계산식을 이용하여 C2 셀에 붙여넣고 C2 셀 모서리 하단을 두번 클릭하거나 모서리 하단을 클릭하고 C16까지 드래그하여 계산식을 채워 해답을 찾을 수 있다. 이런 방식으로 어려운 계산식을 챗GPT에게 도움 받아 실제 업무 효율화에 활용할 수 있다.

7.2 엑셀 VBA를 활용한 업무자동화

VBA는 마이크로소프트에서 제공하는 프로그래밍 언어로, Visual Basic for Application의 머리글자다. 이 언어는 마이크로소프트의 응용프로그램인 엑셀, 파워포인트, 워드, 아웃룩 등에서 사용되며, 사용자가 원하는 기능을 프로그래밍을 통해 개발할 수 있는 도구로 사용된다. 엑셀 VBA는 엑셀에서 자신만의 기능을 구현하고 확장할 수 있는 강력한 도구로 활용된다. 엑셀 VBA는 엑셀 데이터를 처리하고 조작하는 데 많이 사용되며, 사용자의 작업 효율성을 높이고 자동화를 가능하게 해준다.

챗GPT는 엑셀 VBA(매크로) 업무자동화에도 활용될 수 있다. 챗GPT를 사용하여 엑셀 데이터를 분석하고 처리하는 VBA 프로그램을 자동으로 생성할 수 있으며, 자동화된 프로그램의 오류를 찾아 수정할 수 있다. 가장 중요한 업무혁신은 엑셀에서 수행되는 작업의 루틴을 자동화할 수 있다는 점이다. 챗GPT를 사용하여 데이터를 가져오고 필요한 작업을 수행하고 다른 시스템으로 결과를 보내는 자동화된 프로세스를 만들 수 있다.

엑셀 매크로인 VBA 작성에 챗GPT를 활용할 수 있는 방법을 알려줘.

 VBA(Virtual Basic for Applications)는 엑셀에서 매크로를 작성하는 프로그래밍 언어로, 엑셀의 기능을 확장하고 자동화하는 데 사용됩니다. 챗GPT를 활용하여 VBA 코드를 작성하는 방법은 다음과 같을 수 있습니다.

1. **VBA 문법 및 기능 설명:** VBA는 프로그래밍 언어로 문법과 기능이 복잡할 수 있습니다. 챗GPT에게 VBA 문법과 기능에 대한 질문을 하고, 챗GPT가 해당 내용을 설명하고 예시 코드를 제공할 수 있습니다. 예를 들어, "VBA에서 변수를 선언하는 방법을 알려주세요"라는 질문에 대해, 챗GPT가 변수 선언에 대한 설명과 예시 코드를 제공할 수 있습니다.
2. **VBA 코드 예시 제공:** VBA 코드를 작성하려는 사용자가 특정 작업에 대한 예시 코드가 필요한 경우, 챗GPT에게 해당 작업에 대한 설명을 하고, 챗GPT가 해당 작업을 수행하는 VBA 코드 예시를 제공할 수 있습니다. 예를 들어, "VBA를 사용하여 데이터를 정렬하는 방법을 알려주세요"라는 질문에 대해, 챗GPT가 데이터 정렬을 위한 VBA 코드 예시를 제공할 수 있습니다.
3. **VBA 디버깅 및 오류 해결:** VBA 코드를 작성하다가 오류가 발생하는 경우, 챗GPT에게 해당 오류에 대한 질문을 하고, 챗GPT가 디버깅과 오류 해결에 대한 조언과 지침을 제공할 수 있습니다. 예를 들어, "VBA 코드에서 '오브젝트 변수를 찾을 수 없습니다' 오류가 발생했는데 어떻게 해결해야 하나요?"라는 질문에 대해, 챗GPT가 해당 오류의 원인과 해결 방법을 설명할 수 있습니다.
4. **VBA 기능 확장과 자동화 아이디어 제공:** VBA는 엑셀의 기능을 확장하고 자동화하는 데 사용됩니다. 사용자가 특정 작업을 자동화하거나 엑셀의 기능을 확장하는 아이디어가 필요한 경우, 챗GPT에게 해당 요구사항을 설명하고, 챗GPT가 VBA를 활용한 기능 확장 및 자동화 아이디어를 제공할 수 있습니다.

위와 같이 챗GPT를 활용하여 VBA 코드 작성과 디버깅, 예시 코드 제공, 기능 확장 및 자동화 아이디어 제공 등 다양한 방법으로 VBA 작성에 도움을 받을 수 있습니다. 챗GPT는 다양한 VBA 관련 질문에 대한 답변을 제공하고, VBA 코드 작성, 디버깅, 예시 코드 제공, 기능 확장 및 자동화 아이디어 제공 등 다양한 측면에서 도움을 줄 수 있습니다.

또한 챗GPT는 최신 VBA 트렌드와 엑셀의 다양한 기능에 대한 지식을 갖고 있어, 엑셀 업무에 대한 효과적인 VBA 코드 작성을 도와줄 수 있습니다. 예를 들어, 다음과 같은 질문에 대한 도움을 받을 수 있습니다.

"VBA를 사용하여 특정 조건에 따라 데이터를 필터링하는 방법은?"

"VBA를 사용하여 셀에 데이터를 입력하는 방법은?"

"VBA를 사용하여 차트를 생성하고 서식을 설정하는 방법은?"

"VBA를 사용하여 파일을 열고 저장하는 방법은?"

"VBA를 사용하여 데이터를 정리하고 계산하는 방법은?"

챗GPT는 이러한 질문에 대해 관련된 VBA 함수 및 문법에 대한 설명, 예시 코드 제공, 오류 해결 조언, 기능 확장 및 자동화 아이디어 등을 제공하여 엑셀 업무에 VBA를 활용하는 데 도움을 줄 수 있습니다. 다양한 VBA 관련 질문을 통해 챗GPT와의 대화를 통해 효율적으로 VBA 코드를 작성하고 엑셀 업무를 자동화 하는 데 활용할 수 있습니다. 하지만 챗GPT가 생성한 코드는 항상 검토하고 테스트하여 정확성을 확인하는 것이 중요하며, 보안 및 개인정보 보호에 대한 주의를 기울여야 합니다

7.3 엑셀 VBA를 활용한 업무자동화 실전 예제

챗GPT를 활용하여 엑셀에서 가장 많은 도움을 받을 수 있는 것은 앞서 이야기 한 엑셀 수식 생성과 더불어 엑셀 VBA 생성이다. 엑셀 VBA 업무에 대한 자세한 설명을 요청하면 VBA코드를 자동으로 생성할 수 있다. 따라서 업무 프로세스를 잘 정리하여 엑셀 VBA를 작성하면 업무 효율화에 많은 도움을 받을 수 있다. 다음과 같은 단계로 엑셀 매크로 업무자동화를 구현해 볼 수 있다.

1단계: 필요 정보수집

챗GPT를 사용하여 엑셀 VBA를 만들려면 먼지 지동화하려는 작업에 대한 정보를 수집해야 한다. 여기에는 작업 설명, 작업 입력과 출력, 필요한 추가 정보가 포함된다. 이 정보가 있으면 작업에 대한 프롬프트 명령어 설명을 만들 수 있다.

2단계: 프롬프트 명령어 만들기

필요한 정보를 수집하면 이를 사용하여 작업에 대한 프롬프트 명령어를 만

들 수 있다. 여기에는 입력, 출력, 필요한 추가 정보를 포함해 작업에 대한 자세한 설명이 포함되어야 한다. 이 설명은 사람이 이해할 수 있는 방식으로 작성해야 챗GPT가 해석할 수 있다.

◎ **3단계: GPT를 사용한 코드 생성**

작업에 대한 프롬프트 설명을 생성한 후 챗GPT를 사용하여 코드를 생성할 수 있다. 챗GPT는 사용자의 설명을 받아 엑셀 VBA에서 사용할 수 있는 코드를 생성한다. 그런 후 이 코드를 복사하여 엑셀 VBA에 붙여 넣을 수 있다.

◎ **4단계: 테스트 및 디버깅**

코드를 생성하여 엑셀 VBA에 복사한 후에는 테스트하여 예상대로 작동하는지 확인해 본다. 예상대로 작동하지 않으면 챗GPT를 사용하여 추가 코드를 생성하고 디버깅할 수 있다.

VBA 예제의 단순화를 위해 다음과 같이 단순화한 예제를 활용해 보기로 한다. 챗GPT를 사용하여 엑셀용 VBA 코드를 생성하는 방법을 예제로 삼았다. 먼저 챗GPT에 평균 40, 표준 편차 15의 데이터로 시트를 채울 코드를 생성하도록 요청하는 프롬프트를 작성한다. "데이터의 평균이 40이고 표준 편차가 15인 수치 데이터로 엑셀시트의 40개 열과 2000개 행을 채우는 VBA 코드를 작성해줘."라는 명령어로 아래와 같은 VBA코드가 작성된다.

> 데이터의 평균이 40이고 표준 편차가 15인 수치 데이터로 엑셀시트의 40개 열과 2000개 행을 채우는 VBA 코드를 작성해줘.

 아래는 엑셀 VBA 코드 예시입니다.

```
Sub FillData()
    Dim rng As Range
    Dim row As Long
    Dim col As Long
```

```
    Dim data As Double
    
    Set rng = Range("A1")
    
    For row = 1 To 2000
        For col = 1 To 40
            data = WorksheetFunction.NormInv(Rnd(), 40, 15)
            rng.Offset(row - 1, col - 1).Value = data
        Next col
    Next row
End Sub
```

이 코드는 40개의 열과 2000개의 행을 채우기 위해 루프를 사용합니다. 내부 루프에서는 NormInv 함수를 사용하여 평균이 40이고 표준 편차가 15인 정규 분포에서 무작위 샘플을 생성합니다. 그런 다음 생성된 값을 엑셀 시트의 셀에 입력합니다. 이 코드는 범위 A1에서 시작하여 행 및 열 오프셋을 사용하여 셀의 위치를 지정합니다. 루프가 완료되면 셀에는 평균이 40이고 표준 편차가 15인 정규 분포에서 생성된 무작위 값이 채워집니다.

VBA코드를 새 엑셀 파일을 열고 〈Alt〉+〈F11〉 키를 눌러 개발자 모드로 들어가 VBA 편집기에 위의 코드를 붙여넣고 저장한다(엑셀 메뉴에서는 [메뉴] → [개발도구] → [Visual Basic] → [삽입] → [모듈]이다). 저장한 이후 개발도구에서 매크로 이름 FillData( )를 클릭하면 열 40개, 행 2000개에 대해 평균이 40이고 표준 편차가 15인 수치 데이터가 엑셀에 채워진 결과를 확인할 수 있다.

실제 업무에서 챗GPT를 사용하여 VBA 업무 자동화에 활용한다면 VBA코딩에 익숙하지 않은 사람들이 엑셀 자동화를 더 쉽게 활용할 수 있다.

가장 빠르게 **데이터 분석** 전문가가 되는
마법의 **챗GPT** 활용법

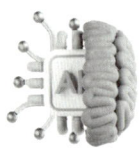

DAY 3

챗GPT를 통해
코딩 치트코드 특강
뛰어들자

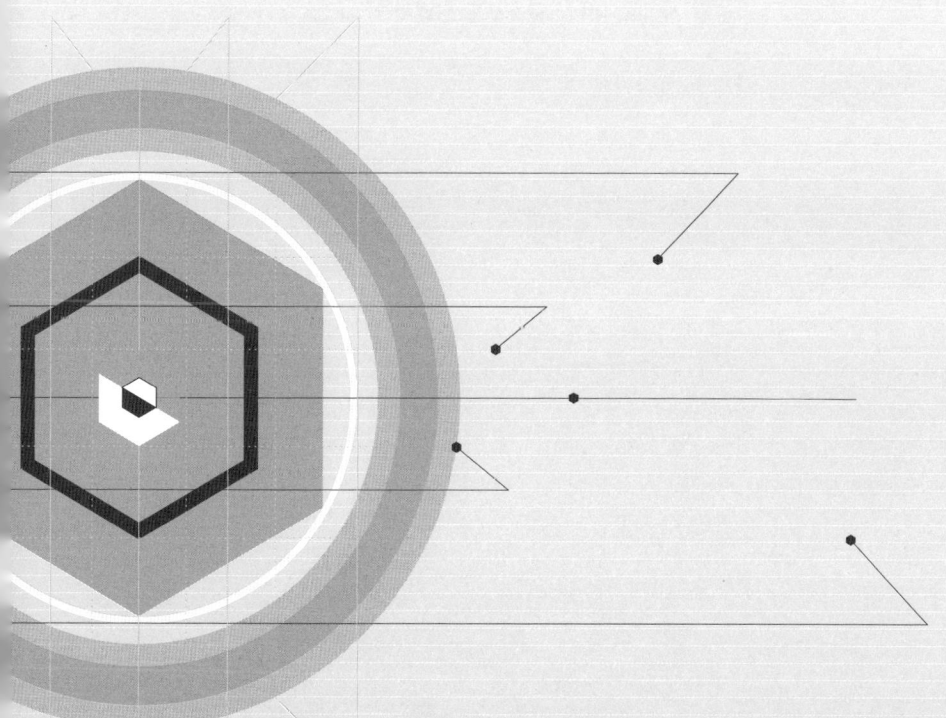

챗GPT의 개발은 인터넷의 발명만큼이나 인류사에 중대한 사건이다.

- 빌 게이츠, 마이크로소프트 창업자 -

01 챗GPT의 등장은 '프로그래밍의 종말'을 뜻하는가

프로그래밍은 쓸모없어질 것입니다. 저는 '프로그램 작성'이라는 기존의 개념이 멸종할 것이라고 생각하며, 실제로 매우 특수한 응용프로그램을 제외한 대부분의 소프트웨어는 우리가 알고 있는 것처럼 프로그래밍이 아닌 학습된 AI 시스템으로 대체될 것입니다. '간단한' 프로그램이 필요한 상황(모든 것이 GPU 클러스터에서 실행되는 수천억 개의 파라미터 모델을 필요로 하는 것은 아니기 때문에)에서는 이러한 프로그램이 수작업으로 코딩되는 것이 아니라 AI에 의해 생성될 것입니다.

저는 이 아이디어가 미친 생각이라고 생각하지 않습니다. 전기공학이라는 (상대적으로) 원시적인 동굴에서 나온 컴퓨터 과학의 초기 개척자들은 미래의 모든 컴퓨터 과학자가 소프트웨어를 이해하기 위해서는 반도체, 이진 연산, 마이크로프로세서 설계에 대한 깊은 이해가 있어야 한다고 굳게 믿었습니다. 하지만 오늘날에 와서는 소프트웨어를 작성하는 사람의 99%가 트랜지스터 설계의 기초가 되는 물리학은 말할 것도 없고 CPU가 실제로 어떻게 작동하는지도 거의 모른다는 데 기꺼이 돈을 걸고 싶습니다. 더 나아가, 미래의 컴퓨터 과학자들은 '소프트웨어'에 대한 고전적인 정의에서 너무 멀리 떨어져 있어서 링크된 목록을 뒤집거나 퀵소트(Quick Sort)를 구현하는 데 어려움을 겪게 될 것이라고 믿습니다(저도 퀵소트를 직접 구현해본 기억이 잘 나지 않습니다).

코파일럿(CoPilot)과 같은 AI 코딩 어시스턴트는 제가 설명하는 것의 표면만 긁어모은 것에 불과합니다. 물론, 미래의 모든 프로그램은 궁극적으로 AI에 의해 작성될 것이며, 인간은 기껏해야 감독 역할로 강등될 것이 분명해 보입니다. 이 예측을 의심하는 사람은 이미지 생성과 같은 AI 콘텐츠 생성의 다른 측면에서 매우 빠른 진전이 이루어지고 있는 것만 봐도 알 수 있습니다.

불과 15개월 후에 발표된 DALL·E v1과 DALL·E v2의 품질과 복잡성 차이는 놀라울 정도로 큽니다. 지난 몇 년 동안 AI 분야에서 일하면서 배운 것이 있다면, 점점 더 커지는 AI 모델의 힘을 과소평가하기 쉽다는 것입니다. 불과 몇 달 전만 해도 공상과학 소설처럼 보였던 일들이 빠르게 현실이 되고 있습니다. 따라서 저는 단순히 프로그래머를 대체하는 깃허브의 코파일럿 같은 것을 말하는 것이 아닙니다. 저는 프로그램 작성의 전체 개념을 학습 모델로 대체하는 것에 대해 이야기하고 있습니다.

앞으로 CS 학생들은 바이너리 트리에 노드를 추가하는 방법이나 C++로 코딩하는 방법과 같은 평범한 기술을 배울 필요가 없을 것입니다. 공대생에게 슬라이드 룰 사용법을 가르치는 것처럼 이런 종류의 교육은 구식이 될 것입니다."

위 글은 매트 웹시(Matt Welsh)의 〈프로그래밍의 종말〉이란 글의 일부다. 앞의 글처럼 챗GPT는 인공지능 분야에서 혁신적인 발전을 이루었지만, 이것이 프로그래밍의 종말을 뜻하지는 않는다. 챗GPT는 사람과 기계 간의 의사소통을 간소화하고 편리하게 만들어주지만, 여전히 인간의 개입과 전문가의 지식과 경험에 의존하는 부분이 있다. 또한 챗GPT가 대화를 통해 적절한 응답을 생성하더라도, 이것이 항상 정확하거나 완벽한 것은 아니다. 챗GPT는 입력된 데이터를 기반으로 패턴을 파악하고 응답을 생성하는데, 이러한 데이터의 편향

〈프로그래밍의 종말(The End of Programming)〉, 매트 웹시(Matt Welsh), 출처: https://cacm.acm.org/magazines/2023/1/267976-the-end-of-programming/fulltext

성 등이 올바르지 않은 응답을 생성할 수 있다. 따라서 챗GPT가 프로그래밍의 종말을 뜻하지는 않지만, 기존의 프로그래밍 방식과 함께 사용하여 더욱 정확하고 유용한 결과물을 만들어내는 데 활용될 수 있다.

02 챗GPT를 코딩에 활용하는 방법

챗GPT를 활용하면 특정한 요구사항을 가지고 있는 소프트웨어 시스템을 구축하기 위한 코드를 자동으로 생성할 수 있다. 챗GPT를 통해 생성된 코드는 기본적인 구조와 기능을 갖추고 있어, 개발자가 추가적으로 코드를 수정하거나 개선하여 최종적으로 원하는 소프트웨어를 구축할 수 있다. 또한 복잡한 문제를 해결하는 데도 도움을 줄 수 있다.

예를 들어, 특정한 문제를 해결하기 위해서는 다양한 알고리즘과 데이터 구조를 활용해야 할 경우가 많은데, 챗GPT를 활용하면 이러한 알고리즘과 데이터 구조를 쉽게 이해하고 활용할 수 있다. 그리고 데이터 분석 및 머신러닝 연구에도 활용하여 데이터를 분석하면 새로운 인사이트를 발견하고 이를 토대로 더욱 정확한 예측 모델을 만들어낼 수 있다.

미지막으로, 문서 생성 작업에도 활용할 수 있는데, 특정한 주제에 대한 요약 문서나 리포트를 자동으로 생성할 수 있고 이메일을 작성하거나 자동으로 채팅을 처리하는 기능도 구현할 수 있다.

- **챗GPT를 활용한 코드 생성**   챗GPT는 다양한 프로그래밍 언어에 대한 코드를 생성할 수 있다. 상용구 코드를 빠르게 생성하여 초안으로 삼아 프로젝트 활용에 참조물로 활용한다.

- **문제해결을 위한 챗GPT 활용** 챗GPT는 제안 및 솔루션을 제공하여 코드 문제를 해결하는 데 도움을 줄 수 있다.
- **연구를 위한 챗GPT 사용** 챗GPT는 새로운 기술과 프로그래밍 개념을 연구하고 배우는 데 도움을 준다.
- **챗GPT를 활용한 문서 생성** 챗GPT는 주석 및 설명을 포함한 코드에 대해 기술 문서를 생성할 수 있다.

앞서도 설명했듯이 챗GPT를 활용하여 원하는 답을 얻을 것이라고 기대하는 것은 적절하지 않다. 또한 챗GPT를 활용하여 복잡한 코딩 질문에 대한 정확한 답변을 기대하는 것도 적절하지 않다. 챗GPT는 코딩 분야에서도 많은 질문에 대해 답변을 제공할 수 있지만 개발자나 데이터 과학자와 같은 전문가에 비해 제공할 수 있는 답변의 범위와 정확도는 한계가 있다.

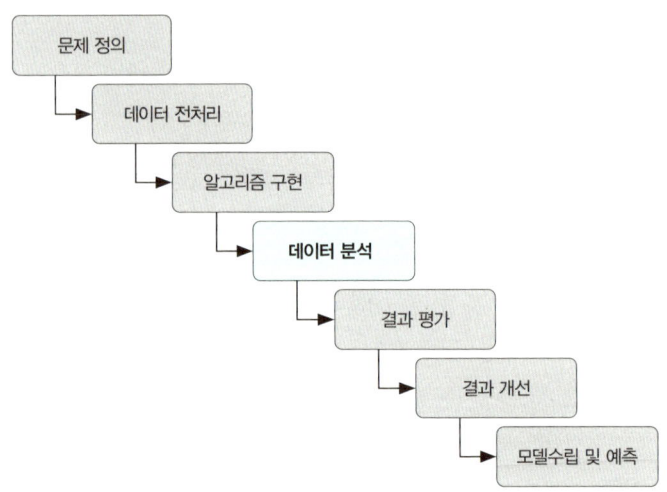

[그림 3-1] 데이터 분석 절차

따라서 챗GPT를 활용하더라도 전문가의 조언과 도움을 받아 개발 과정을 진행해야 한다. 또한 코드 생성을 위해 챗GPT를 사용할 때에는 철저한 검토와 테스트가 필요하다. 챗GPT를 활용하여 생성된 코드는 개발자가 직접 작성한 코드와 같은 수준의 품질과 안정성을 보장할 수 없기 때문이다.

- 첫 번째 질문에서 원하는 답을 얻을 것이라고 기대하지 말자.
- 복잡한 코딩 질문에 대한 정확한 답변을 챗GPT에 의존하지 말자.
- 개발자와 데이터 과학자를 대신하여 챗GPT를 활용하지 말자.
- 철저한 검토와 테스트 없이 챗GPT를 사용하여 코드를 생성하지 말자.

챗GPT는 개발자와 데이터 과학자에게 강력한 도구를 제공해준다. 하지만 한계를 이해하고 올바르게 사용하는 것이 중요하다. 입력 프롬프트를 정확하게 입력하고 모델과 계속 대화하며 생성된 코드를 철저히 검토하고 테스트함으로써 챗GPT의 효율성를 극대화하고 개발 기술을 한 단계 끌어 올릴 수 있다.

데이터 분석 절차는 문제 정의, 데이터 전처리, 알고리즘 구현, 데이터 분석, 결과 평가, 결과 개선, 모델수립 및 예측으로 나눌 수 있고 이 모든 과정에서 챗GPT가 사용될 수 있다. [그림 3-1]은 이러한 데이터 분석 절차를 폭포수와 같은 형태로 보여준 것이다.

03 챗GPT는 어떻게 프로그래밍을 할 수 있는 코딩 기능을 갖추게 되었나*

챗GPT를 이해하는 핵심 단어 중 하나인 InstructGPT를 통해 어떻게 챗GPT가 언어를 잘 이해하고 응답할 수 있는 기능을 갖추게 되었는지 앞에서 설명하였다. 오픈AI의 또다른 숨겨진 강력한 모델인 Codex 모델도 있는데, Codex는 대규모 코드 및 자연어 데이터 셋에 대해 학습된 언어 모델로, 자연어 입력을 기반으로 코드를 생성할 수 있는 오픈AI의 언어 모델이다.

Codex는 제공된 자연어 입력을 분석한 다음 원하는 작업을 수행할 수 있는 코드를 생성하게 된다. 이는 자연어 입력 뒤에 있는 의미를 추론하는 데 사용하는 방대한 코드 및 자연어 데이터베이스를 활용하여 수행하게 된다. 예를 들어, Codex에 "블랙-숄즈 옵션가격결정 모델 파이썬 코드를 생성해줘."를 요청하면 해당 입력을 분석하여 함수를 생성하는 코드를 만들게 된다. 이를 통해 데이터 과학자 및 개발자는 데이터 전처리, 데이터 분석, 웹 개발과 같은 작업에 코드를 생성할 수 있다.

물론, 여러 번의 시행착오도 필요한데 점차 정확한 코드를 생성하게 되면 개발 및 분석 프로세스의 속도를 높이고 처음부터 코드를 작성하는 데 드는 시간과 비용을 줄일 수 있다. 소프트웨어 개발과 데이터 분석 외에도 Codex는 금융, 의료, 교육 분야에서도 응용프로그램을 가지고 있어 재무분석, 의학연구 등 실습을 위한 코드를 생성하는 데 사용할 수 있다.

---

* 〈코드로 훈련된 대규모 언어 모델 평가(Evaluating Large Language Models Trained on Code)〉를 참고하자(https://arxiv.org/abs/2107.03374). 또한 오픈AI의 코덱스 API 홈페이지(https://openai.com/blog/openai-codex)도 참고하기 바란다.

Codex를 통해 코딩할 수 있는 프로그래밍 언어 중 파이썬은 오픈AI와 협업하는 마이크로소프트의 깃허브(Github)를 통해 학습되어 파이썬 코딩이 가장 잘 된다고 알려져 있다. 뿐만 아니라, 자바스크립트(JavaScript), Go, 펄(Perl), PHP, 루비(Ruby), 스위프트(Swift), 타입스크립트(TypeScript), SQL, 셸(Shell)을 포함한 12개 이상의 다양한 프로그래밍 언어로 코드를 생성할 수 있다.

코딩을 넘어 챗GPT 4는 이미지를 생성할 수 있는 DALL·E 2와 같은 모델이 장착되어 점차 하나의 기능만 수행하는 언어 모델이 아니라 이미지 등 다양한 것을 생성해 줄 수 있는 멀티모달 형태로 진화하고 있다고 할 수 있다.

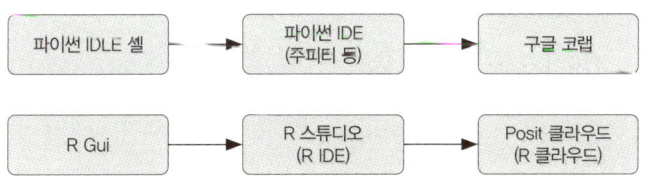

[그림 3-2] 파이썬과 R 언어 사용자 환경에 따른 발전 단계

04 파이썬과 R 언어
: 데이터 분석을 위한 오픈소스 언어의 활용 방안

파이썬은 현재 매우 인기 있는 프로그래밍 언어 중 하나이며, 이러한 다양한 개발환경은 파이썬을 배우고 사용하는 개발자들에게 매우 유용하다.

첫째로, 파이썬 IDLE 셸(Shell)은 파이썬 프로그래밍을 시작하는 초보자에게 매우 적합하다. IDLE는 파이썬 개발환경을 제공하며, 쉽게 사용할 수 있다. 이것은 간단한 파이썬 코드를 실행하고 디버그하기에 좋은 선택이다.

둘째로, 파이썬 주피터(Jupyter)는 데이터과학 및 인공지능 분야에서 매우 인기있는 환경이다. 주피터는 주피터 노트북(Jupyter Notebook)으로 알려져 있으며, 브라우저에서 코드, 텍스트, 이미지, 그래프 및 기타 요소를 조합하여 문서를 만들 수 있다. 이것은 데이터과학 작업을 수행하거나, 머신러닝 및 딥러닝 모델을 개발하거나, 수학적 모델링을 수행하는 데 유용하다.

셋째로, 구글 코랩(colab)은 주피터 노트북과 유사한 온라인 개발환경이다. 구글 코랩은 클라우드에서 파이썬 코드를 실행할 수 있으므로, 사용자는 자신의 로컬 컴퓨터에 파이썬 개발환경을 설치할 필요가 없다. 이것은 공유 및 협업에 적합하며, 머신러닝 모델과 같은 대규모 작업에 유용하다. 이와 유사하게 R 언어도 R Gui, R의 통합개발환경인 R 스튜디오(RStudio), 마지막으로 R 클라우드(RCloud)가 이름이 바뀐 Posit 클라우드(Posit Cloud)가 제공되고 있어 목적에 따라 활용하면 좋을 것으로 생각된다. 저자는 주로 파이썬은 구글 코랩으로, R은 Posit 클라우드를 사용하여 분석을 하고 있다.* 점차 설치 없이 어떤 환경에서도 접속하여 분석할 수 있는 클라우드형 오픈소스 언어가 인기를 얻고 있는 형태다.

4.1 데이터과학 코딩과 학습은 챗GPT로 DIY하자

챗GPT는 다양한 프로그래밍 언어에 대한 지식과 문법을 학습하였다. 이에 따라 파이썬, R, MATLAB, SAS, C, 비주얼 베이직, 자바, 자바스크립트, PHP, 루비, 스위프트, 코틀린, 러스트, Go, 타입스크립트, 스칼라, 줄리아, 코볼, 포트란, 리스프 등 다양한 프로그래밍 언어를 이해하고 코드를 생성할 수 있다 (실제로는 파이썬이 학습이 가장 많이 되어 있다).

이는 사용자가 원하는 언어로 코드를 작성하고 실행하는 데 있어서 도움이 될 수 있다. 또한 챗GPT가 학습한 다양한 언어를 활용하여 다양한 분야에서의 코딩 작업을 지원할 수 있다. 요즘 데이터 분석과 인공지능 기술은 굉장히 중요한 역할을 하고 있다. 하지만 대부분의 학생이나 일반인들은 이러한 기술에 대한 이해도가 떨어지고, 고가의 교육비를 지불하기도 어렵다. 그러나 이제는 챗GPT를 이용하여 데이터과학 교육을 DIY** 할 수 있다. 다음은 DIY로 데이터과학 교육을 하기 위해 먼저 알아두어야 할 내용이다.

- 데이터 분석에 대한 기본 개념을 이해해야 한다. 챗GPT를 이용하여 데이터 분석이란 무엇인지에 대한 이해, 데이터를 수집하고 정제하는 방법, 그리고 데이터 시각화 및 분석에 대한 기본적인 지식을 학습할 수 있다.

---

* Posit 클라우드를 사용하면 설치나 복잡한 구성 없이 브라우저에서 바로 Posit의 강력한 데이터과학 도구 세트에 액세스할 수 있다. https://posit.cloud/를 참고하라.
** Do It Yourself의 머리글자로 "스스로 해보자"라는 의미다.

- 인공지능 기술을 이해하는 것이 매우 중요하다. 챗GPT를 이용하여 머신러닝, 딥러닝, 자연어 처리 및 컴퓨터 비전 등의 기술에 대한 이해도를 높일 수 있다.
- 프로그래밍 언어의 기초를 익힌다. 챗GPT를 이용하여 파이썬이나 R 같은 데이터 분석에 많이 사용되는 프로그래밍 언어의 기초 문법과 라이브러리를 학습할 수 있다.

무엇보다도 중요한 것은 챗GPT를 이용하여 다양한 데이터과학 프로젝트를 진행하며 학습해야 한다는 것이다. 예를 들어, 주가 예측, 고객 이탈 예측, 감성 분석 등 다양한 분야에서 데이터를 수집하고 분석하는 프로젝트를 진행하면 실력이 늘게 된다. 챗GPT를 이용하여 데이터 분석 및 인공지능 기술을 DIY로 학습하는 것은 이제 보편화되리라 생각된다.

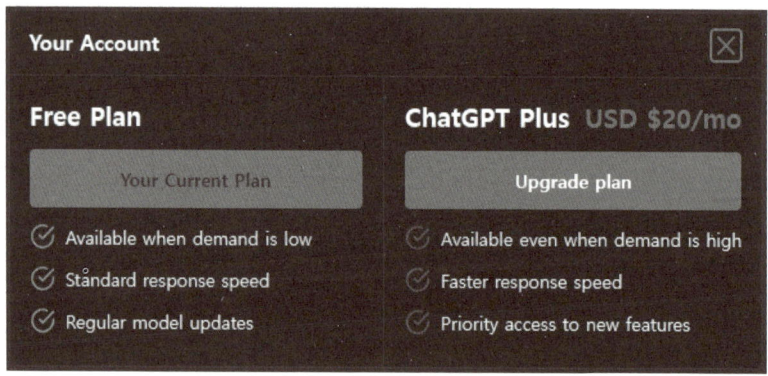

[그림 3-3] 유료 챗GPT+를 위한 업그레이드 화면(월 구독료: 20달러)

4.2 월 20달러로 학습과 업무역량을 증강시키자

챗GPT는 업무 자동화 및 학습 역량 증강에 매우 유용한 도구다. 이를 이용하여 월 20달러를 지불하고, 업무 효율성을 향상시키고 학습 역량을 증강시킬 수 있다. 챗GPT는 업무에서 발생하는 다양한 문제를 해결하고, 정보 검색 및 요약, 이메일 작성, 회의록 작성 등 다양한 업무에 활용할 수 있다. 또한 인공지능의 발전에 따라 지속적으로 학습하며, 사용자의 요구에 따라 더욱 정교한 업무 자동화를 제공할 수 있다. 무엇보다도 챗GPT를 이용하여 데이터과학 분야에서의 학습 역량을 증강시킬 수 있다.

챗GPT는 머신러닝 및 자연어 처리 분야에서 많은 데이터를 활용하여 학습하고 있으며, 이를 이용해 데이터 분석, 예측 모델링에 활용할 수 있다. 무료로도 현재 사용할 수 있지만 월 20달러를 지불하여 유료 챗GPT를 이용하면, 속도와 기능이 좀 더 업그레이드된 도구로 업무 자동화와 학습 역량 증강에 도움을 받을 수 있다. 또한 인공지능의 발전에 따라 지속적으로 발전하는 챗GPT를 이용하여, 더욱 높은 수준의 업무 자동화 및 학습 역량 증강을 이룰 수 있다([그림 3-3] 참고).

05 구글 코랩으로 파이썬을 마스터하자

파이썬은 현재 가장 인기 있는 프로그래밍 언어 중 하나다. 파이썬의 다양한 라이브러리와 모듈, 그리고 쉬운 문법을 사용할 수 있는 장점이 있기 때문이다. 파이썬을 배우려면 시간과 노력이 필요하다. 이를 위해 코랩(Colab)을 활용하여 파이썬을 마스터하는 것을 추천한다. 코랩은 구글에서 제공하는 클라우드

[그림 3-4] 구글 코랩의 시작 페이지

[그림 3-5] 구글 코랩 코드 실행: 새 노트(메뉴: [파일] → [새 노트])

기반의 주피터 노트북이다. 이는 파이썬을 배우는 데 가장 일반적인 도구 중 하나이며, 파이썬을 사용하는 데이터 분석가나 과학자들도 자주 사용한다.

코랩은 웹 브라우저에서 실행되기 때문에 별도의 파이썬 설치나 설정이 필요하지 않아 사용이 간편하다는 장점이 있다. 파이썬을 배우기 위해 코랩을 사용하면 몇 가지 이점이 생긴다.

- 코랩은 무료로 제공되는 서비스라 다른 비용을 들이지 않고도 파이썬을 배울 수 있다.
- 코랩은 구글의 강력한 클라우드 인프라를 활용하기 때문에 빠른 속도와 안정성을 자랑한다.
- 코랩은 다양한 라이브러리와 모듈을 미리 설치해 놓았기 때문에 따로 설치나 설정을 할 필요가 없다(일부 외부 라이브러리는 설치가 필요하다).

파이썬을 배우기 위해 코랩을 사용하려면 먼저, 구글 계정이 있어야 하며 코랩 웹 사이트에 접속하여 새 노트북을 만들어야 한다. 그러면 노트북을 이용해서 코드를 작성하고 실행할 수 있다. 코랩은 자동 완성 기능이나 코드 색상 구분 등의 다양한 기능을 제공하여 쉽게 파이썬을 배울 수 있도록 도와준다. 또한 코랩을 활용하여 파이썬을 배우는 것은 온라인 커뮤니티를 통해 다른 사용자들과 정보를 공유하고, 질문과 답변을 주고받는 것이 가능하다.

06 챗GPT를 활용한 파이썬 교육

파이썬은 데이터 분석, 인공지능, 웹 개발 등 다양한 분야에서 널리 사용되는 프로그래밍 언어다. 파이썬을 배우고 싶다면, 온라인 코스, 책, 동영상 등 다양한 학습 자료를 활용할 수 있다. 그러나 자신에게 맞는 학습 방법을 찾는 것은 쉽지 않다.

이때 챗GPT를 활용하여 개인 파이썬 학습을 진행하는 것은 매우 효과적인 방법이다. 챗GPT를 활용하여 파이썬 학습에 관련된 질문을 챗GPT에게 물어보면 학습에 도움이 될 정보를 얻을 수 있다. 예를 들어, 파이썬에서 데이터 분석을 위해 사용되는 라이브러리인 판다스(pandas)를 학습하고 싶다면, "파이썬 pandas 사용법을 알려줘."와 같은 질문을 챗GPT에게 요청하면, 챗GPT는 pandas를 사용하는 방법에 대한 자세한 설명과 함께 예제 코드를 제공한다.

이렇게 챗GPT를 활용하여 개인 학습에 필요한 정보를 얻으면, 별도의 검색이나 책을 찾아보지 않아도 된다. 심지어 파이썬 입문서나 딥러닝 입문서, 머신러닝 입문서를 챗GPT가 대체할 것으로 전망된다. 또한 챗GPT를 사용하여 파이썬 코드 작성에 대한 질문에 답변을 받을 수도 있다. 예를 들어, "파이썬에서 리스트를 정렬하는 방법을 알려줘."와 같은 질문을 챗GPT에게 해보면, 리스트를 정렬하는 코드와 함께 설명을 받을 수 있다.

챗GPT를 활용하여 개인 파이썬 학습에 필요한 정보를 얻는 것은 물론, 챗GPT가 생성한 코드를 참고하여 학습하는 것도 가능하다. 다만, 예제 형태로 생성된 코드는 정확한 코드를 제공하고 있으나 본인에게 필요한 맞춤형 코드에 대한 생성은 정확한지 보장할 수는 없기 때문에 반드시 코드를 검증하고 리뷰하는 것이 중요하다.

〈챗GPT로 배우는 점프 투 파이썬〉, 파이썬 입문서를 유명한 〈점프 투 파이썬〉 저자가 자신의 책 목차를 가지고 챗GPT를 활용해 실험적으로 챗GPT가 저술한 책이다. 이 책을 통해 상세한 책 목차만 있으면 프로그래밍 입문서를 챗GPT로 만들 수 있다는 것을 알 수 있다. https://wikidocs.net/book/9291를 참고하자.

- **개념 질문과 답변** 챗GPT는 파이썬 관련 질문에 답변하고 자세한 설명을 제공할 수 있다. "파이썬에서 함수란 무엇인가?"와 같은 질문을 할수도 있고, "파이썬에서 조건문과 반복문을 어떻게 만들 수 있는가?"라는 질문도 할 수 있다.

- **예제 코드 요청** 챗GPT는 파이썬 개념과 구문을 보여주는 예제 코드를 제공해 준다. "파이썬에서 딕셔너리를 어떻게 만드는지 예제 코드를 알려줘."와 같은 예제 코드를 요청할 수 있다. "파이썬에서 반복문 예제를 알려줘."라는 질의에 대해 예제 코드를 응답받을 수 있다.

- **튜토리얼 요청** 챗GPT는 파이썬을 배우는 데 도움이 되는 튜토리얼과 리소스를 추천받을 수 있다. "초보자에게 좋은 파이썬 자습서를 추천해줘." 또는 "파이썬을 배우기 위한 온라인 리소스를 알려줘."와 같은 질의에 대해 추천 목록을 보여준다. 현재 자습서의 경우 챗GPT가 영어로 학습되어 외국 서적을 보여주고 있으며, 향후 한글 학습이 충분히 되면 한글로 된 서적에 대해서도 참고 서적을 제공해주리라 생각된다.

> 파이썬를 공부하기 위한 방법을 알려줘.

1. **파이썬 문법 학습:** 파이썬 공식 문서나 온라인 강의를 참고하여 파이썬의 기본 문법을 학습해보세요. 이를 통해 변수, 조건문, 반복문, 함수, 클래스 등을 이해할 수 있습니다.

2. **문제해결 연습:** 파이썬으로 문제를 해결하는 연습을 해보세요. 예를 들어, 프로그래밍 챌린지 사이트인 HackerRank나 LeetCode에서 파이썬 문제를 풀어볼 수 있습니다.

3. **프로젝트 진행:** 파이썬을 활용하여 작은 프로젝트를 진행해보세요. 예를 들어, 간단한 웹 스크래퍼를 만들거나, 데이터베이스를 연동하는 응용프로그램을 만들어 볼 수 있습니다.

4. **오픈소스 참여:** 오픈소스 프로젝트에 참여하여 파이썬을 더욱 심도 있게 학습해보세요. 예를 들어, Github에서 파이썬으로 작성된 프로젝트를 찾아 기여할 수 있습니다.

5. **커뮤니티 참여:** 파이썬 개발자들이 모이는 커뮤니티에 참여하여 다른 개발자들과 정보를 공유하고 지식을 확장해보세요. 예를 들어, 파이썬 사용자 모임 (Python User Group)에서 지역 모임에 참여할 수 있습니다.
6. **책이나 블로그 독서:** 파이썬을 다루는 책이나 블로그를 독서하여 파이썬 개발에 대한 깊이 있는 이해를 높일 수 있습니다. 예를 들어, "Learning Python"이나 "Python for Data Analysis" 등의 책을 추천합니다.

파이썬을 공부하는 방법과 더불어 파이썬 데이터 분석 학습순서에 대해서도 질의해 볼 수 있다. 예상하고 있듯이 넘파이(Numpy), 판다스(Pandas)에 대한 라이브러리, 시각화 라이브러리, 전처리, 통계학습, 머신러닝, 딥러닝, 프로젝트 실습에 대한 가이드를 제공받을 수 있다.

 파이썬 데이터 분석 학습 순서를 알려줘.

1. **파이썬 기본 문법 학습:** 파이썬 데이터 분석을 위해서는 파이썬 기본 문법을 이해하는 것이 필수적입니다. 이를 위해 파이썬 기초 문법을 먼저 학습하시고, 파이썬 기초 문법을 활용하여 간단한 데이터 처리를 진행해보세요.
2. **NumPy, Pandas 학습:** 데이터 분석에 가장 기본이 되는 라이브러리인 NumPy와 Pandas를 학습합니다. NumPy는 배열 연산에 최적화된 라이브러리이며, Pandas는 데이터 분석에 최적화된 라이브러리입니다.
3. **데이터 시각화 학습:** 데이터를 시각적으로 표현하는 능력은 데이터 분석에서 매우 중요합니다. 이를 위해 Matplotlib나 Seaborn 같은 라이브러리를 사용하여 데이터 시각화 기초를 학습합니다.
4. **데이터 전처리 학습:** 실제 데이터는 분석하기에 앞서 전처리가 필요합니다. 이를 위해 데이터를 정제하고, 결측치 처리 및 이상치 처리, 데이터 변환 등을 학습합니다.
5. **통계 분석 학습:** 통계 분석은 데이터 분석의 핵심 요소 중 하나입니다. 이를 위해 기초적인 통계 이론과 통계 패키지인 Scipy를 학습합니다.
6. **머신러닝 학습:** 데이터 분석에서 머신러닝 기술은 중요한 역할을 합니다. 이를 위해 Scikit-learn 패키지를 활용하여 머신러닝 기초를 학습합니다.
7. **딥러닝 학습:** 최근에는 딥러닝 기술이 대세입니다. 이를 위해 Keras나

TensorFlow 같은 딥러닝 프레임워크를 학습합니다.

8. **프로젝트 실습:** 위에서 학습한 내용들을 활용하여 실제 프로젝트를 진행해보세요. 예를 들어, 주가 예측 모델 개발, 고객 이탈 예측 모델 개발 등의 프로젝트를 진행할 수 있습니다.

이 외에도 다음과 같이 중요한 개념 학습을 위해 챗GPT에게 질의 예제를 20가지 혹은 그 이상에 대해 질의하고 해당 질의와 함께 "파이썬 예제 코드를 알려줘."라고 하면 중요한 예제 코드를 알려준다. 각 코드를 개별적으로 사용하는 주피터 노트북 혹은 코랩 등을 활용하여 코드 실행을 확인하면서 학습이 가능하다.

파이썬 코딩 학습을 위해 사용할 수 있는 챗GPT 질의 예제 10가지만 알려줘.

1. 파이썬에서 변수를 정의하는 방법은 무엇인가요?
2. 파이썬에서 리스트와 튜플의 차이점은 무엇인가요?
3. 파이썬에서 딕셔너리란 무엇인가요?
4. 파이썬에서 반복문을 사용하는 방법에는 어떤 것이 있나요?
5. 파이썬에서 함수를 정의하는 방법은 무엇인가요?
6. 파이썬에서 클래스를 정의하는 방법은 무엇인가요?
7. 파이썬에서 모듈을 import하는 방법은 무엇인가요?
8. 파이썬에서 예외 처리는 어떻게 하는 건가요?
9. 파이썬에서 파일을 읽고 쓰는 방법은 무엇인가요?
10. 파이썬에서 정규식을 사용하는 방법은 무엇인가요?

아래는 파이썬에서 가장 많이 사용되는 데이터 분석 라이브러리인 넘파이(Numpy)와 판다스(Pandas)에 대한 질의사항이다. 넘파이는 수치형 파이썬(Numerical Python)의 머리글자로, 다차원 배열과 행렬 연산에 대한 라이브러리다. 넘파이를 이용하여 배열 연산 및 데이터 처리를 할 수 있으며, 선형대수와 푸리에 변환 등의 과학적인 연산을 지원한다.

 Numpy 라이브러리를 사용해 파이썬 데이터 분석을 수행하는 예제를 알려줘.

 다음은 numpy 라이브러리를 사용하여 파이썬 데이터 분석을 수행하는 간단한 예제입니다. 이 예제는 numpy를 사용하여 배열을 생성하고, 배열의 요소를 연산하는 것입니다.

```
# numpy 라이브러리를 import합니다.
import numpy as np
# 1부터 9까지의 정수로 이루어진 3x3 배열을 생성합니다.
my_array = np.array([[1, 2, 3], [4, 5, 6], [7, 8, 9]])
# 배열의 요소를 출력합니다.
print(my_array)
# 배열의 요소를 연산합니다.
result_array = my_array * 2
# 결과를 출력합니다.
print(result_array)
```

이 예제에서는 먼저 numpy 라이브러리를 import하고, np.array( ) 함수를 사용하여 1부터 9까지의 정수로 이루어진 3x3 배열을 생성합니다. 이후, 생성된 배열의 요소를 출력하고, 배열의 모든 요소를 2배로 증가시키는 연산을 수행합니다. 이를 위해 * 연산자를 사용합니다.

결과적으로 생성된 배열과, 배열의 요소를 2배로 증가시킨 결과를 출력할 수 있습니다. 이와 같은 방식으로 numpy 라이브러리를 사용하여 다양한 데이터 분석을 수행할 수 있습니다.

다음은 데이터 처리 등에서 가장 중요한 라이브러리 중 하나인 판다스에 대해서 요청해본 질의다. 판다스(Pandas)는 Panel Data System을 줄인 말로, 구조화된 데이터를 처리하고 분석하기 위한 라이브러리다. 표 형태의 데이터를 다루는 데에 강점이 있으며, 넘파이의 배열 연산을 활용하여 데이터를 처리한다는 특징이 있다. 또한 데이터 처리 작업에서 자주 사용되는 다양한 함수와 메서드를 제공하고, 데이터를 다루기 위한 다양한 형태의 자료구조를 지원하고 있다.

 Pandas 라이브러리를 사용해서 파이썬 데이터 분석을 수행하는 예제를 알려줘.

 다음은 pandas 라이브러리를 사용하여 파이썬 데이터 분석을 수행하는 간단한 예제입니다. 이 예제는 실제 구글 플레이 스토어에서 다운로드한 앱 데이터를 분석하여 가장 인기 있는 앱 카테고리를 찾는 것입니다.

```
# pandas 라이브러리와 구글 플레이 스토어 데이터를 불러옵니다.
import pandas as pd

play_store_data = pd.read_csv("googleplaystore.csv")

# 데이터 확인
print(play_store_data.head())
# 카테고리별 앱 수를 계산합니다.
app_counts_by_category = play_store_data.
groupby(['Category']).size().reset_index(name='Counts')
# 앱 수가 가장 많은 카테고리를 찾습니다.
most_popular_category = app_counts_by_category[app_counts_by_
category['Counts'] == app_counts_by_category['Counts'].max()]
# 결과 출력
print(most_popular_category)
```

이 예제에서는 먼저 pandas 라이브러리를 import하고, 구글 플레이 스토어에서 다운로드한 데이터를 불러옵니다. 이후, groupby 함수를 사용하여 각 카테고리별로 몇 개의 앱이 있는지 계산하고, 이 중에서 가장 많은 앱을 가진 카테고리를 찾습니다. 이를 위해 reset_index 함수를 사용하여 카테고리별 앱 수를 계산한 후, max 함수를 사용하여 가장 많은 앱을 가진 카테고리를 찾습니다.

결과적으로 가장 많은 앱을 가진 카테고리를 출력할 수 있습니다. 이와 같은 방식으로 pandas 라이브러리를 사용하여 다양한 데이터 분석을 수행할 수 있습니다.

다음으로 중요한 함수(function)에 대해 알아보자. 파이썬 함수는 입력값을 받아 출력값을 반환하는 코드 블록이라 할 수 있다. 함수는 한 번 정의된 후에는 재사용할 수 있으며, 코드의 재사용성과 유지보수성을 높이는 데 중요한 역할을 한다. 파이썬에서 함수는 def 키워드를 사용하여 정의하며, 함수명, 입력 파라미터, 반환값 등을 지정할 수 있다. 또한 함수 내부에서는 조건문, 반복문, 연산자 등을 사용하여 원하는 로직을 구현할 수 있다.

 파이썬 함수를 사용하는 예제를 알려줘.

 다음은 파이썬 함수를 사용한 예제입니다.

예제 1: 더하기 함수

```
def add_numbers(a, b):
    sum = a + b
    return sum

result = add_numbers(2, 3)
print(result)   # 출력 결과: 5
```

예제 2: 문자열 길이 계산 함수

```
def string_length(string):
    length = len(string)
    return length

result = string_length("Hello, World!")
print(result)   # 출력 결과: 13
```

예제 3: 리스트 합계 계산 함수

```python
def list_sum(numbers):
    total = 0
    for num in numbers:
        total += num
    return total

result = list_sum([1, 2, 3, 4, 5])
print(result)  # 출력 결과: 15
```

예제 4: 리스트에서 최대값 찾기 함수

```python
def find_max(numbers):
    max_num = numbers[0]
    for num in numbers:
        if num > max_num:
            max_num = num
    return max_num

result = find_max([1, 3, 5, 2, 4])
print(result)  # 출력 결과: 5
```

예제 5: 파일에서 문자열 읽기 함수

```python
def read_file(filename):
    with open(filename, 'r') as file:
        content = file.read()
    return content

result = read_file('example.txt')
print(result)  # 파일 내용을 출력
```

이러한 함수들은 파이썬에서 사용되는 다양한 데이터 타입을 다루는 방법과 데이터 처리 방법 등을 보여주는 예제입니다. 이러한 함수들을 이용하여 다양한 프로그램을 작성할 수 있습니다.

6.1 데이터과학을 위한 통계학습

챗GPT를 활용하여 통계학습에 활용할 수 있다. 데이터과학에서 통계는 데이터 분석과 모델링에 필수적인 핵심 개념이다. 통계는 데이터를 요약하고 해석하는 데 사용되며, 통계 모델링은 데이터로부터 유의미한 정보를 추출하고 예측하는 데 사용된다. 통계는 '기술 통계'와 '추론 통계'로 나눌 수 있다.

- **기술 통계** 데이터를 요약하고 그래프나 표를 생성하는 방법에 대한 이론을 다룬다.
- **추론 통계** 표본 데이터를 사용하여 모집단의 특성을 추정하고 통계적 유의성을 검정하는 방법을 다룬다.

데이터과학에서 통계는 다양한 분석 방법과 모델링 기법을 제공한다. 예를 들어, 회귀분석은 종속 변수와 독립 변수 간의 관계를 모델링하고 예측하는 데 사용되며, 군집분석(Clustering Analysis)은 유사한 데이터 포인트를 그룹화하고 유의미한 패턴을 찾는 데 사용된다. 또한 가설 검정과 t 검정(t-test) 같은 통계적 검정 방법을 사용하여 결과의 통계적 유의성을 평가하고, 표본 크기, 분포 등의 통계적 특성을 고려하여 모델을 튜닝하고 성능을 개선할 수 있다. 데이터과학에서 통계는 데이터 분석과 모델링이 핵심 개념이므로, 챗GPT를 활용하면 빠르게 통계학습을 습득할 수 있다.

> 파이썬 통계학습을 위한 방법을 알려줘.

파이썬은 통계학습에 유용한 다양한 라이브러리를 지원하고 있어 통계학습을 쉽게 구현할 수 있습니다. 아래는 파이썬 통계학습을 위한 방법입니다.

1. NumPy와 SciPy를 이용한 통계 계산
NumPy와 SciPy는 과학 계산용 라이브러리로, 통계 계산에 필요한 다양한 함수를 제공합니다. NumPy는 배열을 다루는 라이브러리로, SciPy는 NumPy를 기반으로한 과학 계산용 라이브러리입니다. 이 라이브러리를 이용하여 평균, 분산, 표준편차 등의 통계 계산을 쉽게 할 수 있습니다.

2. Pandas를 이용한 데이터 처리

Pandas는 데이터 처리를 위한 라이브러리입니다. Pandas를 이용하여 데이터를 불러오고 처리하는 과정을 간단하게 할 수 있습니다. 또한 데이터를 쉽게 시각화할 수 있는 기능도 제공합니다.

3. Scikit-learn을 이용한 머신러닝

Scikit-learn은 머신러닝 라이브러리로, 다양한 머신러닝 모델을 제공합니다. Scikit-learn을 이용하여 회귀분석, 분류, 군집화 등의 통계학습을 쉽게 구현할 수 있습니다.

4. Matplotlib을 이용한 시각화

Matplotlib은 데이터 시각화 라이브러리로, 다양한 그래프를 그릴 수 있습니다. Matplotlib을 이용하여 데이터의 분포, 상관관계 등을 쉽게 시각화할 수 있습니다.

5. Jupyter Notebook을 이용한 코드 작성

Jupyter Notebook은 코드와 결과를 동시에 보여주는 인터랙티브한 개발환경입니다. Jupyter Notebook을 이용하여 코드를 작성하면서 결과를 바로 확인할 수 있습니다. 또한 Markdown을 이용하여 문서화할 수 있어 코드와 문서를 한 곳에서 관리할 수 있습니다.

파이썬 통계학습에 가장 중요한 것은 데이터 분석 및 전처리 기술이다. 통계학에서는 데이터를 기반으로 통계적 분석을 수행하므로, 데이터 분석과 전처리 기술이 없으면 정확한 결과를 도출할 수 없다. 파이썬 통계학습을 시작하려면 데이터를 다루는 기초적인 파이썬 문법과 함께 데이터를 분석하고 전처리하는 방법을 익혀야 한다. 또한 파이썬에서 사용되는 다양한 통계 분석 라이브러리인 넘파이(NumPy), 판다스(Pandas), 맷플로립(Matplotlib), 사이킷런(Scikit-learn) 등에 대한 이해와 활용 능력도 필요하다.

> 파이썬 통계학습을 위한 순서를 알려줘.

 파이썬 통계학습을 공부하는 순서는 다음과 같습니다.

1. 파이썬 기초

파이썬은 통계학습을 위한 다양한 라이브러리를 지원하고 있지만, 먼저 파이썬 언어 자체를 이해해야 합니다. 변수, 함수, 조건문, 반복문 등 파이썬의 기본 문법을 학습합니다.

2. NumPy와 SciPy

NumPy와 SciPy는 파이썬에서 과학 계산을 위해 많이 사용되는 라이브러리입니다. 배열, 행렬 연산, 통계 분석 등 다양한 기능을 제공합니다.

3. Pandas

Pandas는 데이터 처리를 위한 라이브러리로, 데이터를 불러오고 처리하는 기능을 제공합니다. CSV, Excel, SQL 등 다양한 데이터 소스에서 데이터를 읽고 처리하는 방법을 학습합니다.

4. 데이터 시각화

Matplotlib과 Seaborn은 파이썬에서 데이터 시각화를 위해 많이 사용되는 라이브러리입니다. 각종 그래프, 히스토그램, 박스플롯 등을 그려 데이터를 시각화합니다.

5. Scikit-learn

Scikit-learn은 파이썬에서 머신러닝을 위한 라이브러리로, 다양한 머신러닝 모델을 제공합니다. 회귀분석, 분류, 군집화 등의 통계학습 방법을 학습합니다.

6. 통계학 이론

통계학 이론을 이해하면 통계학습을 더욱 깊이 이해할 수 있습니다. 평균, 분산, 표준편차, 상관관계 등의 통계학 개념을 학습합니다.

7. Jupyter Notebook

Jupyter Notebook은 파이썬 코드와 문서를 함께 작성할 수 있는 개발환경입니다. Jupyter Notebook을 이용하여 파이썬 코드와 통계학 이론을 함께 작성하고 결과를 확인합니다.

파이썬 통계학습을 위해 여러 내용을 질의해 볼 수 있다. 예를 들어, 파이썬 통계학습에 필요한 10가지 개념, 20가지 개념을 질의하면 확률, 분포, 모수와 통계량, 가설검정, 회귀분석, 표준화, 상관분석, 분산분석, 비모수 검정, 시계열분석 등 중요한 개념에 대한 답변을 들을 수 있다. 아래는 파이썬 통계학습을 위해 사용할 수 있는 10가지 프롬프트 예제를 챗GPT에 질의한 결과다.

> 파이썬 통계학습을 위해 사용할 수 있는 챗GPT 질의 예제 10가지만 알려줘.

> 파이썬 통계학습을 위해 사용할 수 있는 챗GPT 질의 예제 10가지는 다음과 같습니다.
>
> 1. 정규분포의 누적분포함수 값을 계산하는 방법은 무엇인가요?
> 2. 이항분포와 포아송 분포의 차이점은 무엇인가요?
> 3. 카이제곱 검정은 무엇인가요? 어떤 상황에서 사용되나요?
> 4. T-검정과 Z-검정의 차이점은 무엇인가요?
> 5. 피어슨 상관계수란 무엇인가요? 어떤 상황에서 사용되나요?
> 6. 로지스틱 회귀 모델이란 무엇인가요? 어떤 상황에서 사용되나요?
> 7. 베이즈 정리란 무엇인가요? 어떤 상황에서 사용되나요?
> 8. 다중선형 회귀분석이란 무엇인가요? 어떤 상황에서 사용되나요?
> 9. k-최근접 이웃 알고리즘이란 무엇인가요? 어떤 상황에서 사용되나요?
> 10. 교차검증이란 무엇인가요? 어떤 상황에서 사용되나요?

6.2 파이썬을 활용한 통계 실습

챗GPT를 통한 통계실습이 가능하다. "t-test의 개념을 설명하고 예제를 알려줘." 등과 같은 개념학습을 먼저 시행한다. 그리고 코드실습을 위한 질의인 "t-test 검증을 위한 데이터를 생성하고 코드 및 결과해석에 대해 알려줘."와 같은 파이썬 코드를 요청하는 프롬프트 명령어를 입력하여 본인이 주로 사용하는 주피터 노트북이나 코랩 노트북에 해당 코드를 복사하여 결과를 확인해 볼 수 있다.

> 파이썬을 이용해 t-test를 검증하기 위한 데이터를 생성해주고 t-test를 실시하고 그 결과를 해석해줘.

t-test를 검증하기 위한 데이터를 생성하고, 파이썬을 이용하여 t-test를 실시해 보도록 하겠습니다. 우선, 두 개의 독립적인 집단을 생성합니다. 예를 들어, 특정 제품을 A공장에서 제조한 제품과 B공장에서 제조한 제품의 평균 수명의 차이를 검증하기 위해, 두 공장에서 각각 20개의 제품을 추출하여 각 집단에 대한 데이터를 생성해보겠습니다. A공장에서 제조한 제품의 수명 데이터는 다음과 같습니다.

A공장에서 제조한 제품의 수명 데이터는 다음과 같습니다.

```
a = [64, 58, 68, 66, 70, 69, 65, 59, 70, 68, 62, 72, 67, 63,
64, 66, 70, 63, 68, 62]
```

B공장에서 제조한 제품의 수명 데이터는 다음과 같습니다.

```
b = [73, 77, 75, 72, 79, 76, 71, 78, 73, 74, 76, 80, 75, 78,
76, 72, 77, 74, 79, 75]
```

이제, 이 데이터를 이용하여 t-test를 실시합니다. 먼저, 두 집단의 분산이 같은지 여부를 확인하기 위해 등분산 검정을 수행합니다. 등분산 검정 결과, 두 집단의 분산이 서로 같다는 가정을 만족합니다. 그리고 t-test를 실시합니다. 이를 위해서는 scipy.stats 라이브러리를 사용합니다.

```
from scipy import stats
```

```
t, p = stats.ttest_ind(a, b)
print("t = ", t, ", p-value = ", p)
```
----

t-test 결과, 두 집단 간의 평균 차이는 통계적으로 유의하다는 결론을 얻을 수 있습니다. 즉, A공장에서 제조한 제품의 평균 수명과 B공장에서 제조한 제품의 평균 수명이 유의미하게 차이가 있다는 것을 의미합니다. 따라서 이 회사에서는 두 공장의 제품 수명이 서로 다르다는 것을 인지하고, 이에 대한 대책을 마련해야 할 것입니다.

이와 같은 형태로 데이터의 기본 통계량을 계산하는 평균, 분산, 표준편차, 중앙값, 최빈값, 통계적 가설검증, 신뢰구간, 상관관계분석, 회귀분석, t-검정, 분산분석, 카이제곱 검정(Chi-Square Test), 군집분석(Clustering Analysis), 주성분 분석, 로지스틱 회귀분석 등 다양한 통계방법에 대한 개념, 예제, 파이썬 예제 코드 등을 요청하고 해당 코드를 구글 코랩에 실행하여 결과를 확인하는 방법을 통해 다양한 통계분석 실습을 해 볼 수 있다.

07 챗GPT를 활용한 머신러닝 교육

챗GPT를 통한 머신러닝 교육 활용도 가능하다. 파이썬은 데이터과학 분야에서 가장 널리 사용되는 프로그래밍 언어 중 하나다. 그리고 머신러닝은 데이터과학 분야에서 가장 중요한 기술이므로, 파이썬을 사용하여 머신러닝 모델을 구축하는 것이 가능하다.

파이썬에서 머신러닝을 구현하는 데 사용되는 주요 라이브러리는 넘파이, 판다스, 사이킷런(Scikit-learn), 텐서플로우(TensorFlow), 케라스(Keras), 맷플로립(Matplotlib)이며, 머신러닝에서 가장 중요한 개념은 지도학습, 비지도학습, 분류, 회귀, 피처 엔지니어링, 교차검증, 모델 선택 및 평가, 하이퍼 파라미터 튜닝, 앙상블 학습, 딥러닝, 신경망 자연어 처리, 텍스트 분석, 컴퓨터 비전과 같은 개념이다. 이러한 개념들을 파이썬을 활용하여 구현하고 데이터를 분석하고 모델을 개발하는 등의 작업을 수행할 수 있다.

파이썬을 이용하면 머신러닝 분야에서 효율적인 작업을 수행할 수 있으며, 다양한 데이터과학 분야에서 유용한 도구로 사용된다. 챗GPT의 교육은 앞에서 설명했듯이 ① 머신러닝 개념설명 요청, ② 예제 코드 요청, ③ 튜토리얼 요청 등의 질의로 학습할 수 있다. 한편, 실전에서는 챗GPT를 활용하여 실전 머신러닝 모델 개발에 있어 다음과 같은 도움을 받을 수 있다.

- **데이터 준비** 데이터 셋 전처리 및 구성과 같은 데이터 준비 작업을 지원하여 프로세스를 효율적으로 만들 수 있다.
- **피처 엔지니어링** 데이터를 기반으로 머신러닝 모델에 대한 피처를 제안하여 모델의 정확도를 개선하는 데 활용할 수 있다.
- **하이퍼 파라미터 조정** 모델 설정을 조정하여 성능을 개선하는 것과 관련된 하이퍼 파라미터 조정을 지원받을 수 있다.
- **모델 선택** 데이터를 기반으로 특정 작업에 가장 적합한 머신러닝 모델을 제안받아 모델 선택에 도움을 받을 수 있다.

머신러닝 모델 개발에 챗GPT를 사용하면 시간과 비용을 절약할 수 있다. 다만, 시간과 비용을 대체해도 사람의 전문성까지 대체할 수는 없으리라 보인다. 아울러, 챗GPT를 통해 얻은 결과를 작업에 사용하기 전에 여러 검증이 필요하다는 것은 모두가 아는 부분이라 생각된다.

파이썬 머신러닝 학습을 위한 방법을 알려줘.

 파이썬 머신러닝 학습을 위한 방법은 다음과 같습니다.
1. **파이썬 기초 학습:** 머신러닝을 위해서는 파이썬 기초가 필요합니다. 따라서 파이썬 문법과 기본 라이브러리(numpy, pandas 등) 학습이 필요합니다.
2. **수학 기초 학습:** 머신러닝은 수학적 기초를 필요로 합니다. 선형 대수학, 통계학, 미적분 등의 수학적 개념을 학습하면 머신러닝 학습에 도움이 됩니다.
3. **머신러닝 이론 학습:** 머신러닝의 개념, 분류, 회귀, 군집화, 차원 축소 등의 이론적 개념을 학습합니다.
4. **실습:** 학습한 이론을 실제로 적용하는 실습을 진행합니다. 캐글과 같은 대회나 예제 데이터를 사용하여 머신러닝 모델을 만들고 결과를 분석합니다.
5. **프로젝트:** 실제로 머신러닝 기술을 활용하여 프로젝트를 진행합니다. 예를 들어, 이미지 분류, 자연어 처리, 추천 시스템 등의 프로젝트를 진행할 수 있습니다.
6. **계속 학습:** 머신러닝 기술은 빠르게 변화합니다. 따라서 새로운 논문과 기술에 대한 학습을 지속적으로 진행해야 합니다.

이러한 방법으로 파이썬 머신러닝 학습을 시작할 수 있습니다. 추가적으로, scikit-learn, tensorflow, pytorch 등의 라이브러리를 사용하여 머신러닝 모델을 구현하고 분석할 수 있습니다. 또한 다양한 커뮤니티와 코칭 플랫폼에서 학습을 지원받을 수 있습니다.

파이썬 머신러닝에 필요한 중요한 개념 10가지, 혹은 20가지만 알려달라는 질의를 해 볼 수 있으며, 주로 데이터 전처리, 교차검증, 모델선택, 하이퍼 파라미터 튜닝, 회귀분석, 분류, 군집분석, 딥러닝, 자연어 처리, 강화학습에 대한 간략한 답변을 얻을 수 있다.

아래와 같이 파이썬 머신러닝 코딩학습에 사용할 수 있는 챗GPT 질의 20가지를 얻을 수 있으며 각 질문에 대한 파이썬 예제를 알려달라는 질의를 하면 가장 간략한 예제 코드를 얻을 수 있다.

파이썬 머신러닝 코딩학습에 사용할 수 있는 챗GPT 질의 예제 20가지만 알려줘.

1. 텐서플로우에서 텐서란 무엇인가요?
2. NumPy에서 배열을 다루는 방법은 무엇인가요?
3. Pandas에서 데이터프레임을 다루는 방법은 무엇인가요?
4. Matplotlib을 사용하여 그래프를 그리는 방법은 무엇인가요?
5. Scikit-learn에서 SVM이란 무엇인가요?
6. K-means 군집분석이란 무엇인가요?
7. K-NN 알고리즘이란 무엇인가요?
8. 로지스틱 회귀분석이란 무엇인가요?
9. 랜덤 포레스트 알고리즘이란 무엇인가요?
10. 딥러닝에서 신경망이란 무엇인가요?
11. CNN이란 무엇인가요?
12. RNN이란 무엇인가요?
13. 텐서플로우에서 케라스 API를 사용하는 방법은 무엇인가요?
14. 경사 하강법이란 무엇인가요?
15. 파이썬에서 파일을 읽고 쓰는 방법은 무엇인가요?
16. Pandas에서 결측치를 다루는 방법은 무엇인가요?
17. Matplotlib에서 서브플롯을 다루는 방법은 무엇인가요?
18. Scikit-learn에서 교차 검증이란 무엇인가요?
19. Keras에서 콜백 함수를 사용하는 방법은 무엇인가요?
20. PyTorch에서 자동 미분이란 무엇인가요?

머신러닝 분석 예제는 다양한 분야에서 다양한 목적으로 활용된다. 그중에서도 대표적인 것은 다음과 같다.

- **분류(Classification)** 스팸 메일 필터링, 영화 장르 분류, 의료 진단 등
- **회귀(Regression)** 부동산 가격 예측, 주가 예측, 매출 예측 등

- **군집(Clustering)** 고객 세분화, 이미지 분류, 뉴스 분류 등
- **차원 축소(Dimensionality Reduction)** 시각화, 데이터 압축 등
- **강화학습(Reinforcement Learning)** 게임, 자율주행 자동차 등

이 외에도 다양한 분야에서 머신러닝 분석이 활용되고 있다.

> 의사결정트리 회귀 알고리즘에 대한 파이썬 예제 코드를 보여주고 예제를 설명해줘.

의사 결정 트리 회귀(Decision Tree Regression)는 의사 결정 트리를 기반으로 하여 회귀분석을 수행하는 알고리즘입니다. 이 알고리즘은 데이터를 분할하는 기준인 분할 기준(splitting criterion)을 사용하여 데이터를 분할하고, 각 분할 영역에서의 종속 변수(y)값의 평균(mean)을 예측값으로 사용합니다.

파이썬에서 의사 결정 트리 회귀를 구현하기 위해서는 사이킷런 패키지의 DecisionTreeRegressor 클래스를 사용할 수 있습니다. 이 클래스를 사용하여 의사 결정 트리 회귀 모델을 만들고, fit( ) 메소드를 사용하여 모델을 학습시킬 수 있습니다. 그리고 predict( ) 메소드를 사용하여 새로운 데이터의 예측값을 구할 수 있습니다.

아래는 scikit-learn 패키지를 사용한 의사 결정 트리 회귀의 예제 코드입니다. 이 예제는 보스턴 주택 가격 데이터셋(Boston Housing Dataset)을 사용하여 집값을 예측하는 문제를 해결하는 코드입니다.

```python
from sklearn.datasets import load_boston
from sklearn.tree import DecisionTreeRegressor
from sklearn.model_selection import train_test_split
from sklearn.metrics import mean_squared_error

# 보스턴 주택 가격 데이터셋 로드
boston = load_boston()

# 데이터셋을 학습 데이터와 테스트 데이터로 분할
X_train, X_test, y_train, y_test = train_test_split(boston.data, boston.target, random_state=0)
```

```
# 의사 결정 트리 회귀 모델 생성 및 학습
model = DecisionTreeRegressor(random_state=0)
model.fit(X_train, y_train)

# 학습 데이터와 테스트 데이터에서 예측값 계산
train_pred = model.predict(X_train)
test_pred = model.predict(X_test)

# 예측값과 실제값의 평균 제곱 오차 계산
train_mse = mean_squared_error(y_train, train_pred)
test_mse = mean_squared_error(y_test, test_pred)

print("Train MSE:", train_mse)
print("Test MSE:", test_mse)
```

위 코드에서, load_boston( ) 함수를 사용하여 보스턴 주택 가격 데이터셋을 로드하고, train_test_split( ) 함수를 사용하여 데이터셋을 학습 데이터와 테스트 데이터로 분할합니다. 그리고 DecisionTreeRegressor 클래스를 사용하여 의사 결정 트리 회귀 모델을 생성하고, fit( ) 메소드를 사용하여 모델을 학습합니다.

학습된 모델을 사용하여 학습 데이터와 테스트 데이터에서 예측값을 계산하고, mean_squared_error( ) 함수를 사용하여 예측값과 실제값의 평균 제곱 오차 (MSE)를 계산합니다. 다음으로, train_test_split( ) 함수를 사용하여 데이터셋을 학습용 데이터와 테스트용 데이터로 분리합니다.

```
from sklearn.model_selection import train_test_split
X_train, X_test, y_train, y_test = train_test_split(X, y,
test_size=0.2, random_state=42)
```

이제 DecisionTreeRegressor 클래스를 사용하여 모델을 학습합니다.

```
from sklearn.tree import DecisionTreeRegressor
# 모델 객체 생성
model = DecisionTreeRegressor(random_state=42)
# 모델 학습
```

```
model.fit(X_train, y_train)
```

이제 모델을 학습했으므로, 테스트 데이터를 사용하여 예측을 수행하고 결과를 평가할 수 있습니다.

```
from sklearn.metrics import r2_score
# 예측 수행
y_pred = model.predict(X_test)
# 평가 지표 출력
print("R-squared: {:.2f}".format(r2_score(y_test, y_pred)))
```

위 코드에서 r2_score( ) 함수는 R-squared 지표를 계산하여 모델의 예측 성능을 평가합니다. R-squared 값은 0과 1 사이의 값을 가지며, 1에 가까울수록 좋은 모델입니다. 따라서 위의 코드에서 출력된 R-squared 값이 높을수록 모델의 예측 성능이 좋다고 할 수 있습니다. 이상으로 의사결정트리 회귀 알고리즘에 대한 파이썬 예제 코드와 그에 대한 설명을 마치겠습니다.

앞서 살펴보았듯이 의사결정트리는 분류(Classification)와 회귀(Regression) 모두 가능한 지도학습모델 중 하나다. 의사결정트리는 목표변수가 이산형인 경우의 분류트리(Classification Tree)와 목표변수가 연속형인 경우의 회귀트리(Regression Tree)로 구분된다.

08 챗GPT를 활용한 R 프로그래밍 학습

R은 데이터 분석과 시각화에 유용한 언어이며, 데이터과학 분야에서 많이 사용된다. R은 데이터 처리와 시각화를 간편하게 수행할 수 있도록 다양한 패키

지와 함수를 제공하며, 통계 분석을 위한 함수도 포함한다. 챗GPT를 활용하여 R 학습을 참조하는 것은 R의 기초 문법, 데이터 구조, 함수 사용법, 패키지 활용 등을 학습하는 데 도움이 된다.

R 학습을 위해서는 R 스튜디오와 같은 개발환경을 설치하고, R 데이터 분석의 핵심 개념을 이해하며, 실제 데이터를 다루며 문제를 해결하는 연습이 중요하다. 챗GPT를 활용하여 R 학습을 보조하면 더욱 효율적으로 학습할 수 있다.

다음은 챗GPT에게 물어본 학습 순서와 5주간의 학습 계획서에 대한 답변이다.

 R 언어를 활용한 데이터 분석 학습 순서를 알려줘.

 R 언어를 활용한 데이터 분석 학습을 위한 일반적인 순서는 다음과 같습니다.

1. **R 언어 기초 학습:** R 언어의 기본 문법과 구조, 변수, 데이터 구조, 함수, 제어문 등 R 언어의 기초 개념을 학습합니다.
2. **데이터 입출력:** R 언어를 이용하여 데이터를 불러오고 저장하는 방법, 데이터를 편집하고 정리하는 방법 등을 학습합니다.
3. **데이터 탐색:** 데이터를 이해하기 위한 다양한 방법에 대해 학습합니다. 이 중에는 요약 통계, 그래프 그리기, 데이터 시각화, 결측치 처리, 이상치 탐지 등이 포함됩니다.
4. **데이터 전처리:** 데이터를 분석하기 전에 데이터 전처리 과정이 필요합니다. 이 과정에서는 데이터 정제, 변환, 결측치 처리, 이상치 처리, 스케일링 등의 방법을 학습합니다.
5. **데이터 분석:** 데이터를 분석하기 위한 다양한 방법을 학습합니다. 이 중에는 회귀분석, 분류, 군집화, 시계열 분석 등이 포함됩니다.
6. **머신러닝:** R 언어에서 머신러닝을 적용하는 방법을 학습합니다. 이 중에는 지도학습과 비지도학습, 교차 검증, 하이퍼 파라미터 조정 등이 포함됩니다.
7. **실습:** 이론적인 학습을 통해 배운 내용을 실제 데이터 분석에 적용하는 실습을 진행합니다.

8. **프로젝트:** 데이터 분석 프로젝트를 통해 배운 내용을 적용하고 결과를 제시합니다.

이러한 학습 순서를 따르면서 데이터 분석 능력을 기르고, 실제 데이터에 대한 이해력을 높일 수 있습니다.

> R 공부를 위한 5주간의 계획서를 작성해줘.

안녕하세요! R 공부를 위한 5주간의 계획서입니다.

1주차: R 언어 기초 개념 학습
R Studio 사용법 익히기
데이터 타입, 변수, 연산자 등 기초 개념 습득
기본 함수 활용 연습

2주차: 벡터, 행렬, 배열 등 자료 구조 학습
데이터 구조에 대한 이해와 기본 연산 방법 학습
제어문, 반복문 등 제어 구조 학습

3주차: 데이터 분석 기초 이론 학습
데이터 처리 및 정제 방법 학습
데이터 시각화 기초 학습

4주차: R 패키지 이용한 데이터 분석 및 시각화 연습
ggplot2 패키지를 이용한 데이터 시각화 학습
dplyr, tidyr 등의 패키지를 이용한 데이터 처리 방법 학습

5주차: 실제 데이터 분석 프로젝트 수행
프로젝트를 위한 데이터 수집, 처리, 분석, 시각화 과정 학습

R Markdown 활용 방법 학습

이상입니다! 이러한 계획서를 기반으로 R 공부를 시작하시면 좋을 것 같습니다. 좋은 결과 얻으시길 바랍니다.

챗GPT를 이용하여 R 관련 예제 코드나 문제해결 방법 등을 학습할 수 있다. R 학습을 위해서는 R 스튜디오와 같은 개발환경을 설치하고 R 언어를 학습하는 것이 좋다. 그리고 R 데이터 분석의 핵심 개념들을 이해하고, 실제 데이터를 다루면서 문제를 해결하는 연습을 하는 것이 중요하다. 챗GPT를 활용하여 R 학습을 보조하면 더욱 효율적으로 학습할 수 있다.

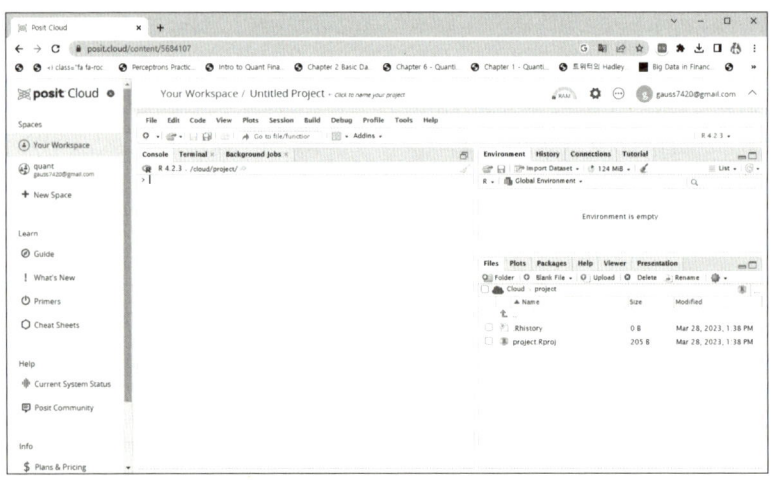

[그림 3-6] Posit 클라우드 시작 페이지(R 스튜디오의 클라우드 버전, 출처: https://posit.cloud/)

09 챗GPT를 활용한 SQL 학습

개인적으로 데이터 분석과 관련하여 취업준비생 특강과 회사 내 신입 직원들에게 파이썬, R 언어, 엑셀 VBA, SQL은 필수로 학습할 것을 추천하고 있다.

SQL(Structured Query Language)은 데이터베이스와 관련된 질의 언어이며, 데이터베이스 관리와 분석에 필수 기술이다. 데이터과학을 위해서는 데이터를 추출하고 처리하는 것이 필수인데 이를 위한 SQL은 꼭 필요하다. SQL은 데이터베이스에서 데이터 조회, 추가, 삭제, 수정하는 등의 작업을 수행하는 언어이기 때문이다.

챗GPT를 활용하면 SQL 학습에 도움을 받을 수 있다. 우선적으로, SQL의 기본적인 개념과 문법을 학습해야 한다 실제로는 데이터의 조회에 해당하는 SELECT문이 가장 많이 이용되며, 그 외에도 SELECT, FROM, WHERE, GROUP BY, ORDER BY 등의 키워드를 사용하여 데이터를 필터링하고 정렬하는 등의 작업을 수행할 수 있다.

챗GPT를 이용하면 다음과 같은 도움을 받을 수 있다.

- 챗GPT에게 SQL 문법 관련 질문을 입력하여 답변을 받을 수 있다.
- 챗GPT를 이용하여 SQL 문법 학습용 예제를 생성하고, 이를 통해 실제 데이터베이스에서 작업을 수행해볼 수 있다.
- SQL 데이터베이스 관련 레퍼런스와 문서를 추천받아 해당 자료를 참고하여 학습할 수 있다.

이제 챗GPT를 활용한 좀 더 자세한 SQL 학습방법을 살펴보자.

1. **SQL 주요 개념 질문**

   챗GPT는 SQL 관련 질문에 즉각적인 답변을 제공받을 수 있다. 기본 SQL 구문에서 복잡한 쿼리에 이르기까지 질의하면서 응답받을 수 있다.

2. **SQL쿼리 작성과 연습**

   챗GPT는 연습할 SQL 쿼리를 생성할 수 있다. 샘플 데이터베이스를 제공하고 데이터 필터링이나 테이블 조인(JOIN)과 같은 특정 작업에 대한 쿼리 생성을 요청할 수 있다.

3. **SQL쿼리 디버깅**

   자신의 SQL 쿼리를 챗GPT에 제출하고 피드백을 요청할 수 있다. 쿼리 개선 요청이나 최적화와 같은 효율적인 대안을 제공받을 수 있다. 즉, 챗GPT는 쿼리 성능 최적화, 구문 오류 수정, 잠재적 문제에 대한 효율적인 대안을 제공받을 수 있어 SQL코드 문제해결을 지원할 수 있다.

4. **챗GPT 응답에서 학습**

   챗GPT 응답을 통해 SQL 학습도구로 활용할 수 있다. SQL에 대한 SQL 설명 요청과 같이 특정 쿼리가 작동하는 이유와 해당 결과의 의미를 통해 SQL을 더 깊이 이해할 수 있다.

5. **SQL 관련 주제 탐색**

   챗GPT는 데이터베이스 설계, 데이터 모델링, 최적화 기술과 같은 SQL 관련 주제에 대한 정보를 제공받을 수 있다. 새로운 주제를 통해 SQL지식과 기술을 빠르게 습득할 수 있다.

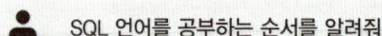

SQL 언어를 공부하는 순서를 알려줘.

SQL(Structured Query Language)은 관계형 데이터베이스 관리 시스템(RDBMS)에서 사용되는 언어입니다. SQL을 공부하는 순서는 다음과 같을 수 있습니다.

1. **기본 문법 이해하기:** SELECT, FROM, WHERE, GROUP BY, HAVING, ORDER BY 등의 SQL 기본 문법을 이해합니다.
2. **데이터베이스 및 테이블 생성하기:** 데이터베이스를 생성하고, 테이블을 생성하고, 데이터를 입력하고, 수정하고, 삭제하는 방법을 익힙니다.
3. **데이터 검색하기:** 특정 데이터를 검색하기 위해 SELECT 문법을 사용하며, WHERE 문법을 사용하여 조건을 지정할 수 있습니다.
4. **데이터 정렬하기:** ORDER BY 문법을 사용하여 데이터를 정렬할 수 있습니다.
5. **데이터 필터링하기:** WHERE 문법을 사용하여 조건을 지정하여 특정 데이터를 필터링할 수 있습니다.
6. **데이터 그룹화 및 집계하기:** GROUP BY 문법과 집계 함수(COUNT, SUM, AVG, MAX, MIN 등)를 사용하여 데이터를 그룹화하고 집계할 수 있습니다.
7. **조인하기:** 두 개 이상의 테이블을 연결하여 데이터를 검색하고 분석하는 방법을 익힙니다.
8. **서브쿼리 사용하기:** SELECT문 안에 또 다른 SELECT문을 사용하여 데이터를 검색하고 분석하는 방법을 익힙니다.
9. **인덱스 사용하기:** 데이터 검색 속도를 높이기 위해 인덱스를 생성하고 사용하는 방법을 익힙니다.
10. **데이터베이스 보안 관리하기:** 데이터베이스 접근 권한, 데이터 암호화 등의 보안 관리를 익힙니다.

위의 순서는 개인적인 의견일 수 있으며, 필요에 따라서 학습 순서를 조정할 수 있습니다.

SQL과 관련된 학습 튜터의 역할을 수행할 수 있다. 공부하는 순서와 더불어 5주간의 계획서 작성을 통해 가장 중요하게 학습해야 하는 학습 범위와 단계별 학습 순서를 알 수 있다. 개별 학습서가 나오면 각 학습 계획에 대한 중심 개념 질의와 해당 SQL 코드를 요청하여 단계별로 빠르게 SQL 학습에 도움을 받을 수 있다.

> SQL을 공부하기 위한 5주간의 계획서를 작성해줘.

 다음은 5주간의 SQL 학습 계획서입니다.

1주차: 기본 문법 학습
- SQL 개요 및 기본 문법 학습
- 데이터베이스 및 테이블 생성, 삭제, 수정 등의 기본 문법 학습
- SELECT 문법 학습 및 예제 실습

2주차: 데이터 조회 및 검색
- WHERE 조건절, LIKE, IN, BETWEEN 등의 문법 학습
- DISTINCT, ORDER BY, LIMIT 등의 문법 학습
- 데이터 조회 및 검색 예제 실습

3주차: 데이터 그룹화 및 집계
- GROUP BY, HAVING, COUNT, SUM, AVG, MIN, MAX 등의 문법 학습
- 데이터 그룹화 및 집계 예제 실습

4주차: 조인과 서브쿼리
- INNER JOIN, OUTER JOIN, SELF JOIN 등의 문법 학습
- 서브쿼리 개념 및 문법 학습
- 조인과 서브쿼리 예제 실습

5주차: 데이터 수정, 삭제, 및 관리
- 데이터 수정, 삭제, 추가, 업데이트 등의 문법 학습
- INDEX, VIEW, TRIGGER 등의 데이터 관리 기능 학습
- 데이터 수정, 삭제, 및 관리 예제 실습

위와 같은 계획으로 5주 동안 SQL 공부를 진행하면서, 기본적인 문법부터 데이

터 조회, 그룹화, 조인, 서브쿼리, 데이터 관리 등의 학습을 진행할 수 있습니다. 또한 예제 실습을 통해 실제 데이터베이스에서 SQL을 어떻게 활용하는지에 대한 경험도 쌓을 수 있습니다

9.1 오라클에서처럼 SQL 실습하기

SQL 문법 관련 코드를 생성하여 코드를 응답받았을 경우 실습을 위해 SQLite 나 SQL Developer 등과 같은 SQL 프로그램을 설치하여 실습을 해야 한다. 그러나 챗GPT에서는 데이터베이스에 해당하는 테이블을 생성하고 실제 테이블을 챗GPT에 입력하므로써 테이블을 생성하고 해당 테이블에 관한 SQL쿼리 코드를 요청하고 해당 코드를 실행하면 실제 데이터를 조회하는 것과 같은 표를 제공 받을 수 있다.

아래는 테이블을 생성하고 실제 조회된 결과를 보여주는 예제다.

> 테이블 예제를 하나 생성하고, 예제에 맞춰 데이터 조회에서 가장 많이 사용하는 select문을 from절, where절, order절을 사용하는 방법을 알려줘.

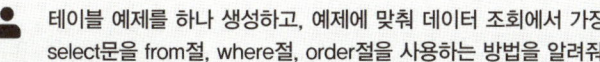

먼저 예제를 위해 간단한 테이블을 생성해보겠습니다.

```
CREATE TABLE students (
  id INT PRIMARY KEY,
  name VARCHAR(50),
  major VARCHAR(50),
  grade FLOAT,
  age INT
);

INSERT INTO students (id, name, major, grade, age) VALUES
  (1, 'Alice', 'Computer Science', 3.7, 21),
  (2, 'Bob', 'Mathematics', 3.2, 23),
  (3, 'Charlie', 'Physics', 3.9, 20),
```

```
(4, 'Dave', 'Chemistry', 2.8, 22),
(5, 'Eve', 'Biology', 3.5, 19);
```

위의 예제에서는 학생들의 정보를 저장하는 students 테이블을 생성하였습니다. 이제 이 테이블을 이용하여 데이터 조회에서 가장 많이 사용하는 select문을 각 절을 사용하여 예제를 작성해보겠습니다.

1. SELCET…FROM절 사용 예제

```
SELECT *
FROM students;
```

위의 예제에서는 FROM절을 사용하여 students 테이블에서 모든 열과 행을 선택합니다.

2. WHERE절 사용 예제

```
SELECT *
FROM students
WHERE age > 20;
```

위의 예제에서는 WHERE절을 사용하여 age가 20보다 큰 학생들의 정보를 선택합니다.

3. ORDER절 사용 예제

```
SELECT *
FROM students
ORDER BY grade DESC;
```

위의 예제에서는 ORDER BY절을 사용하여 grade열을 내림차순으로 정렬합니다. 각각의 예제에서는 SELECT절을 사용하여 모든 열을 선택합니다. 이는 예제에서 간단히 데이터를 확인하기 위함이며, 실제로는 보통 필요한 열만 선택합니다. 또한 SELECT절에 * 대신에 선택할 열의 이름을 지정할 수 있습니다. 예를 들어 SELECT name, major와 같이 사용합니다.

id	name	major	grade	age
1	Alice	Computer Science	3.7	21
2	Bob	Mathematics	3.2	23
3	Charlie	Physics	3.9	20
4	Dave	Chemistry	2.8	22
5	Eve	Biology	3.5	19

[그림 3-7] 실제 쿼리 조회 결과(SELECT…FROM절)

앞서 생성한 예제 테이블을 바탕으로 데이터 조회에서 가장 많이 사용하는 SELECT문의 예제를 보여준다. 위의 예제에서는 학생들의 이름과 성적을 출력한다. 한편, WHERE절에서 SQL 쿼리는 나이가 20살보다 많은 학생의 모든 정보를 조회하는 쿼리다. 결과는 다음과 같다. 나이가 20살보다 많은 학생의 정보만 조회했기 때문에 Eve의 정보는 조회되지 않았다.

id	name	major	grade	age
1	Alice	Computer Science	3.7	21
2	Bob	Mathematics	3.2	23
3	Charlie	Physics	3.9	20
4	Dave	Chemistry	2.8	22

[그림 3-8] 실제 쿼리 조회 결과(WHERE절 사용 예제)

한편, ORDER BY절에서는 정렬 조건을 지정한다. SQL문은 student 테이블에서 모든 열을 선택하고, grade열을 내림차순으로 정렬하여 출력하는 쿼리다. 모든 학생 정보를 보여주되, 그중에서 높은 성적 순부터 보여준다. ORDER BY절은 SELECT문에서 결과 순서를 조정하는 데 사용된다. DESC 키워드는 내림차순 정렬을 의미하고, ASC를 사용하면 오름차순 정렬이 된다.

id	name	major	grade	age
3	Charlie	Physics	3.9	20
1	Alice	Computer Science	3.7	21
5	Eve	Biology	3.5	19
2	Bob	Mathematics	3.2	23
4	Dave	Chemistry	2.8	22

[그림 3-9] 실제 쿼리 조회 결과(ORDER절 사용 예제)

 SQL의 Case 표현식에 대한 간단한 예제를 알려줘.

 SQL의 CASE 표현식은 조건에 따라 결과를 다르게 출력하는 데에 사용됩니다. 간단한 예제를 통해 설명해보겠습니다. 예를 들어, 학생들의 성적에 따라 학점을 부여하는 경우를 생각해보겠습니다. 성적이 4.5 이상이면 A+, 4.0 이상 4.5 미만이면 A, 3.5 이상 4.0 미만이면 B+ 등과 같이 부여할 수 있습니다. 이를 CASE 표현식을 이용하여 구현하면 다음과 같습니다.

```
SELECT name, grade,
  CASE
    WHEN grade >= 4.5 THEN 'A+'
    WHEN grade >= 4.0 THEN 'A'
    WHEN grade >= 3.5 THEN 'B+'
    WHEN grade >= 3.0 THEN 'B'
    ELSE 'C'
  END AS grade_point
FROM students;
```

위의 예제에서는 CASE 표현식을 사용하여 grade열에 따라 grade_point열의 값을 부여합니다. WHEN절에서는 각 조건을 지정하고, 조건이 만족될 때 실행될 결과 값을 지정합니다. ELSE절은 위의 모든 조건이 만족되지 않을 때 실행될 결과 값을 지정합니다. 위의 예제에서는 학생의 이름, 성적, 학점을 출력합니다. 이때 AS 키워드를 사용하여 CASE 표현식으로 생성한 grade_point열의 이름을 지정합니다. CASE 표현식은 복잡한 조건문에도 적용할 수 있으며, 여러 개의 WHEN절을 추가하여 필요한 만큼 조건을 지정할 수 있습니다.

아울러, "SQL에서 가장 중요한 내용을 학습할 수 있는 문제를 4지선다로 출제해줘." 또는 "SQL문 예제를 제공하고 SQL 코딩 테스트를 할 수 있는 문제를 5가지 출제해줘." 등 다양하게 질의하고 학습할 수 있다. "가장 많이 사용하는 SQL문을 보여주고 예제를 알려줘." "SQL의 주요 함수에 대한 예제를 알려줘." "SQL의 연산자에 대한 예제를 알려줘."와 같은 프롬프트 명령어를 활용해 볼 수 있다.

아래는 추가적인 학습을 위해 "SQL에서 가장 중요한 내용을 학습할 수 있는 질의문 10가지만 알려줘."라는 프롬프트 명령어를 질의하여 응답받은 내용이다. 각 질문에 대한 개념을 이해하고 나면 해당 코드 요청과 함께 코딩 테스트를 위해 4지선다 및 정답, 해설을 요청하면 문제와 함께 정답, 해설이 제공된다.

 SQL에서 가장 중요한 내용을 학습할 수 있는 질의문 10가지만 알려줘.

1. SELECT문을 사용하여 테이블에서 데이터를 선택하고 필터링하는 방법을 설명해주세요.
2. WHERE절을 사용하여 조건을 지정하여 행을 필터링하는 방법을 설명해주세요.
3. JOIN을 사용하여 여러 테이블을 조인하는 방법을 설명해주세요.
4. GROUP BY절을 사용하여 그룹별 집계를 수행하는 방법을 설명해주세요.
5. HAVING절을 사용하여 그룹 조건을 지정하여 그룹별 집계를 필터링하는 방법을 설명해주세요.
6. ORDER BY절을 사용하여 결과를 정렬하는 방법을 설명해주세요.
7. 서브쿼리를 사용하여 하위 쿼리의 결과를 기반으로 상위 쿼리를 실행하는 방법을 설명해주세요.
8. 집계 함수와 GROUP BY를 사용하여 복잡한 집계를 수행하는 방법을 설명해주세요.
9. 여러 조건을 연결하는 AND 및 OR 연산자를 사용하여 행을 필터링하는 방법

을 설명해주세요.

10. NULL 값과 관련된 문제를 다루는 방법을 설명해주세요.

9.2 SQL 실전 활용법

앞서 챗GPT를 사용하여 SQL 예제를 생성하고 학습하는 방법에 대해 알아보았다. 이제 엑셀 데이터 사용 예제로 SQL을 만들고 해당 내용을 챗GPT 프롬프트에 복사하여 SQL 실전 쿼리를 생성하는 것에 대해 알아보고자 한다.

아래와 같이 엑셀로 주식명, 주식ID, 시가, 고가, 저가, 종가 데이터 예제를 만들어 보았다.

	A	B	C	D	E	F
1	Stock Name	Stock ID	open	high	low	close
2	Samsung Elec	005930	63800	65200	63800	65000
3	SK Hynix	000660	87900	89400	86000	89100
4	NAVER	035420	193000	195400	192900	193400
5	KAKAO	035720	58600	59200	58100	58600
6	ALTEOGEN	196170	49550	51000	48500	50700
7	OLIX	226950	23500	23600	22350	22650

[그림 3-10] 주식 엑셀 데이터셋(주식명, 주식ID, 시가, 고가, 저가, 종가)

[그림 3-10]과 같이 주식 엑셀 데이터셋을 만들어서 해당 내용을 다음과 같이 챗GPT 질의창에 프롬프트 명령어(테이블명 지정)와 함께 해당 데이터를 복사 붙여 SQL코드 쿼리를 생성해 보았다.

> 다음 자료는 테이블 이름이 stock인 테이터의 컬럼자료이다. 이 데이터에서 close가 50000 이하인 주식을 뽑아주는 SQL 코드를 작성해줘.
>
> | Stock Name | Stock ID | open | high | low | close |
> |---|---|---|---|---|---|
> | Samsung Elec | 005930 | 63800 | 65200 | 63800 | 65000 |
> | SK Hynix | 000660 | 87900 | 89400 | 86000 | 89100 |

NAVER	035420	193000	195400	192900	193400
KAKAO	035720	58600	59200	58100	58600
ALTEOGEN	196170	49550	51000	48500	50700
OLIX	226950	23500	23600	22350	22650

 다음은 close가 50000 이하인 주식을 뽑는 SQL 코드입니다.

```
SELECT * FROM stock
WHERE close <= 50000;
```

이상과 같이 주식 데이터셋을 활용하여 해당 테이터에서 종가(close)가 50000 이하인 SQL 쿼리문이 생성된다는 것을 볼 수 있다. 한편 조금 더 복잡한 쿼리문도 생성해 볼 수 있다.

 이 데이터에서 Stock Name이 S와 A로 시작되는 종목을 조회하는 SQL 코드를 작성해줘.

 다음은 Stock Name이 S 또는 A로 시작하는 종목을 조회하는 SQL 코드입니다.

```
SELECT * FROM stock
WHERE Stock Name LIKE 'S%' OR Stock Name LIKE 'A%';
```

이상과 같이 간단한 종가가 50000 이하인 SQL 쿼리문과 주식명(Stock Name)이 S와 A로 시작되는 데이터베이스를 조회하는 쿼리문이 각각 생성된다. 이후에 이 자료를 조회하기 위해 다음과 같이 활용하여 SQL실습을 해 보자. 앞의 테이블 데이터를 활용하여 테이블을 표로 생성해보는 예제다.

🙍 다음 자료는 테이블 이름이 stock인 테이터야. 이 테이블을 표로 보여줘.

Stock Name	Stock ID	open	high	low	close
Samsung Elec	005930	63800	65200	63800	65000
SK Hynix	000660	87900	89400	86000	89100
NAVER	035420	193000	195400	192900	193400
KAKAO	035720	58600	59200	58100	58600
ALTEOGEN	196170	49550	51000	48500	50700
OLIX	226950	23500	23600	22350	22650

이렇게 프롬프트 명령어를 붙이면 이 자료가 표 형태로 생성되게 된다. 이때 위에서 생성된 SELECT * FROM stock WHERE close <= 50000;이라는 쿼리문을 조회하면 다음과 같은 데이터베이스를 챗GPT 화면에서 구현할 수 있다.

Stock Name	Stock ID	open	high	low	close
OLIX	226950	235000	236000	22350	22650

[그림 3-11] SQL 쿼리 조회 화면(close가 50000 이하인 주식 종목)

앞서 두 번째 요청자료인 주식명이 S와 A로 시작되는 종목에 대한 SQL 쿼리문을 질의창에 붙이고 실행하면 다음과 같이 S와 A로 시작되는 주식 종목에 대한 데이터베이스가 조회된다. 이외에도 다양한 쿼리에 대한 질의를 해보면서 생성된 코드를 다시 챗GPT에게 질의하여 해당 데이터베이스를 조회하면서 학습할 수 있다.

Stock Name	Stock ID	open	high	low	close
Samsung Elec	005930	63800	65200	63800	65000
SK Hynix	000660	87900	89400	86000	89100
ALTEOGEN	196170	49550	51000	48500	50700

[그림 3-12] SQL 쿼리 조회 화면(주식명이 S와 A로 시작하는 주식 종목)

10 챗GPT를 활용한 파이썬 기초 활용법

아래는 기본적인 파이썬 활용에 대한 분석 예제를 보여준다. 외부 엑셀 데이터를 활용하여 프롬프트 명령어와 해당 데이터를 복사해서 붙인 후 간단한 계산식과 파이썬 코드 생성법을 제시한 것이다.

> 다음 데이터중 어떤 제품의 이윤이 가장 높은가?
> (상품명, 단위당 비용, 단위당 가격, 판매량)
>
> 상품 A, 5, 10, 100
>
> 상품 B, 7, 12, 150
>
> 상품 C, 10, 18, 80
>
> 상품 D, 3, 8, 200
>
> 상품 E, 9, 15, 120

> 각 제품의 이윤은 다음과 같이 계산할 수 있습니다.
>
> ---
>
> 이윤 = 판매량 x (단위당 가격 - 단위당 비용)
>
> ---
>
> 따라서 각 제품의 이윤을 계산하면 다음과 같습니다.
>
> 상품 A: 100 x (10 - 5) = 500
>
> 상품 B: 150 x (12 - 7) = 750
>
> 상품 C: 80 x (18 - 10) = 640
>
> 상품 D: 200 x (8 - 3) = 1000
>
> 상품 E: 120 x (15 - 9) = 720
>
> 따라서 이 중 이윤이 가장 높은 제품은 상품 D입니다.

한편, 엑셀 데이터를 통해 기본적인 파이썬 그래프를 그리는 코드를 아래와 같이 생성할 수도 있다.

> **다음 데이터를 선 그래프로 그려주는 파이썬 코드를 작성해줘.**
>
> (상품명, 단위당 비용, 단위당 가격, 판매량)
>
> 상품 A, 5, 10, 100
>
> 상품 B, 7, 12, 150
>
> 상품 C, 10, 18, 80
>
> 상품 D, 3, 8, 200
>
> 상품 E, 9, 15, 120

 다음은 주어진 데이터를 Pandas와 Matplotlib 라이브러리를 사용하여 선 그래프로 그리는 파이썬 코드입니다.

```
import pandas as pd
import matplotlib.pyplot as plt

# 데이터 프레임 생성
df = pd.DataFrame({
    'Product': ['A', 'B', 'C', 'D', 'E'],
    'Unit Cost': [5, 7, 10, 3, 9],
    'Unit Price': [10, 12, 18, 8, 15],
    'Sales Volume': [100, 150, 80, 200, 120]
})

# 제품별 이윤 계산
df['Profit'] = df['Unit Price'] - df['Unit Cost']

# 제품별 이윤에 대한 선 그래프 그리기
plt.plot(df['Product'], df['Profit'])

# 그래프 제목 설정
plt.title('Profit by Product')
```

```
# x축과 y축 레이블 설정
plt.xlabel('Product')
plt.ylabel('Profit')

# 그래프 보여주기
plt.show()
```

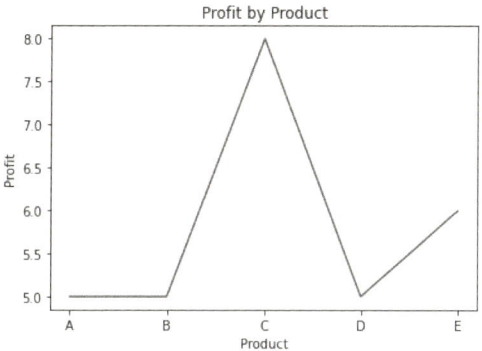

[그림 3-13] 구글 코랩에서 실행한 결과: 제품별 수익 그래프

기본적인 파이썬 그래프가 잘 그려진 것을 확인할 수 있다. 이처럼 간단하게 엑셀에 있는 내용들을 챗GPT에 붙여 넣고 지시 명령어를 주면 다양하게 분석한 내용과 파이썬 코드를 제공 받을 수 있다.

가장 빠르게 **데이터 분석** 전문가가 되는
마법의 **챗GPT** 활용법

DAY 4

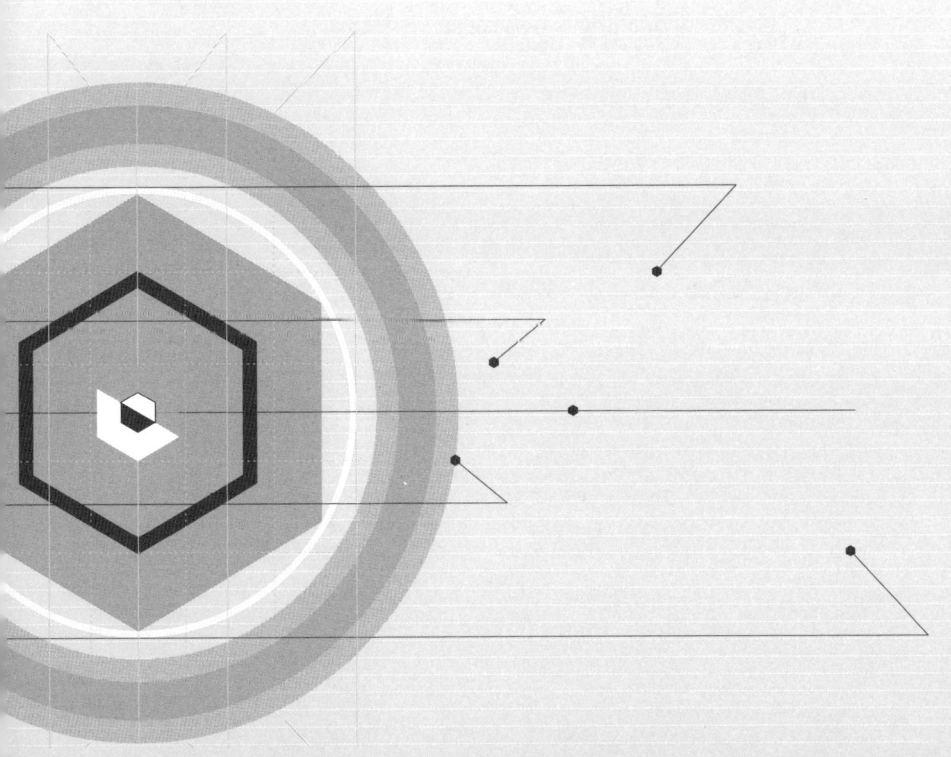

인공지능(AI)이 아이폰 모멘트(iPhone moment)를 눈앞에 두고 있다.

- 뱅크오브아메리카(Bank of America) 투자보고서 -

챗GPT를 활용하여 코드 작성, 데이터 전처리, 코드 자동완성, 코드 설명, 코드 변환, 코드 최적화, 코드 디버깅, 단위 테스트, 코딩 문제풀이, 감성분석, 기술문서 작성에 활용할 수 있다.

이러한 코딩과 관련된 챗GPT의 활용법을 잘 익히면, 코드 작성에서 코드 디버깅과 최적화까지 다양하게 사용하여 생산성을 높일 수 있다. 이제 챗GPT를 사용한 코딩 실전 활용법에 대해 알아보자.

01 코드 작성

챗GPT는 자연어 처리와 딥러닝 기술을 활용하여 코드 생성(Code Generation)에도 활용된다. 이를 통해, 프로그래머들은 자연어로 코드를 작성하는 것과 같은 간편한 방법으로 코드를 생성할 수 있다. 예를 들어, 챗GPT는 자연어로 작성된 요구사항을 이해하고, 이를 기반으로 해당 요구사항을 충족하는 코드를 자동으로 생성할 수 있다. 이를 통해 개발자들은 코드 작성에 소요되는 시간과 노력을 줄일 수 있다.

또한 챗GPT는 코드 작성에 필요한 언어의 문법과 구문을 이해하고, 이를 자동으로 적용하여 올바른 코드를 생성할 수 있다. 예를 들어, 데이터 분석에서는 챗GPT를 활용하여 데이터 전처리나 모델링을 위한 코드를 자동으로 생성할 수 있으며, 소프트웨어 개발에서는 요구사항을 분석하여 코드를 자동으로 생성하거나, 기존 코드를 자동으로 최적화하는 등 다양한 방식으로 활용된다.

다만, 코드 생성 기술은 아직 완벽하지 않으며, 생성된 코드의 품질과 안정성은 여전히 개선이 필요하다. 챗GPT를 활용하여 코드를 생성할 때에는 생성된 코드를 꼭 검토하고, 문제가 발견되면 직접 수정해야 한다.

> 로또 번호를 생성할 수 있는 파이썬 코드를 알려줘.

로또 번호를 생성하는 파이썬 코드는 다음과 같습니다.

```
import random

# 1부터 45까지의 숫자 중에서 6개를 무작위로 선택합니다.
lotto = random.sample(range(1, 46), 6)

# 결과를 출력합니다.
print("이번 주 로또 번호는 다음과 같습니다.")
print(lotto)
```

위 코드는 무작위 수를 보여주는 random 모듈의 sample( ) 함수를 사용하여 1부터 45까지의 숫자 중에서 6개를 무작위로 선택합니다. 이렇게 선택된 번호들은 리스트 형태로 저장되어 있으며, print( ) 함수를 사용하여 결과를 출력합니다.

주의사항: 이 코드를 실행해도 실제 로또 번호와 일치하지 않을 가능성이 매우 높습니다. 로또 번호는 정해진 알고리즘에 따라 매주 공식적으로 발표되며, 이 코드에서 생성된 번호는 그 알고리즘과 무관합니다. 따라서 이 코드를 사용하여 실제 로또 게임에 참여하는 것은 권장하지 않습니다.

실제 코랩(Colab)에서 위의 파이썬 코드를 복사하여 실행해 보면 다음과 같은 결과를 보여준다.

> 이번 주 로또 번호는 다음과 같습니다.
> [35, 17, 32, 26, 41, 22]

02 데이터 전처리

챗GPT는 데이터 전처리(Data Preprocessing)에도 활용될 수 있다. 데이터 전처리는 데이터 분석 및 머신러닝 작업을 수행하기 전에 데이터를 정제하는 과정이다. 이를 통해 데이터의 품질을 향상시켜 분석 결과를 더욱 정확하게 만들 수 있다.

챗GPT를 활용하여 데이터 전처리를 수행하는 방법 중 하나는 챗GPT를 사용하여 불완전하거나 잘못된 데이터를 찾아내고, 자동으로 수정하는 것이다. 데이터 전처리의 예로는 중복값 제거, 결측값 보정, 데이터 연계 및 통합, 노이즈 제거, 데이터 구조 변경, 데이터 벡터화 등이 있다.

또한 챗GPT를 사용하여 데이터를 자동으로 분류하고, 적절한 데이터 형식으로 변환하는 작업도 가능하다. 데이터의 내용을 분석하고, 적절한 처리를 수행하여 데이터를 더욱 유용하게 만들 수 있다.

	A	B	C	D
1	ID	Name	E-mail	Phone
2	1	Hong Gil-dong	gil-dong.hong@example.com	(555) 555-1234
3	2	Kim Chul-soo	chul-soo.kim@example.com	555-555-5678
4	3	Park Young-hee	young-hee.park@example.com	(555) 555-7890
5	4	Lee Soo-min	soo-min.lee@example.com	5555552345
6	5	Choi Young-ho	young-ho.choi@example.com	555.555.6789

[그림 4-1] 고객 데이터 셋(샘플 예제)

> 고객 정보가 포함된 데이터셋이야. 전화번호가 일관성이 없어. 파이썬 판다스로 엑셀을 불러와서 전화번호를 일관성있게 수정하고 다시 저장할 수 있는 파이썬 코드를 알려줘.
>
> ID   Name   E-mail   Phone
>
> 1   Hong Gil-dong   gil-dong.hong@example.com   (555) 555-1234

2	Kim Chul-soo	chul-soo.kim@example.com	555-555-5678
3	Park Young-hee	young-hee.park@example.com	(555) 555-7890
4	Lee Soo-min	soo-min.lee@example.com	5555552345
5	Choi Young-ho	young-ho.choi@example.com	555.555.6789

 다음은 엑셀 파일을 불러와서 전화번호를 수정하고 다시 저장하는 파이썬 코드입니다.

```python
import pandas as pd
import re

# 엑셀 파일을 불러옵니다.
df = pd.read_excel('customer_info.xlsx')

# 전화번호를 정규표현식으로 수정하는 함수를 정의합니다.
def clean_phone(phone):
    # 괄호와 대시를 제거합니다.
    phone = re.sub(r'[()-]', '', phone)
    # 숫자가 아닌 문자를 제거합니다.
    phone = re.sub(r'\D', '', phone)
    # 전화번호를 ###-###-#### 형식으로 포맷합니다.
    return f'{phone[:3]}-{phone[3:6]}-{phone[6:]}'

# 전화번호 열에 clean_phone 함수를 적용합니다.
df['전화번호'] = df['전화번호'].apply(clean_phone)

# 수정된 데이터를 새로운 엑셀 파일로 저장합니다.
df.to_excel('customer_info_cleaned.xlsx', index=False)
```

이 코드에서는 pandas를 사용하여 엑셀 파일을 불러오고, clean_phone 함수를 정의하여 전화번호를 수정합니다. re.sub 함수를 사용하여 괄호와 대시를 제거하고, '₩D' 정규식을 사용하여 숫자가 아닌 문자를 제거합니다. 그리고 전화번호를 ###-###-#### 형식으로 포맷합니다. apply 함수를 사용하여 모든 전화번호에 clean_phone 함수를 적용합니다. 마지막으로 수정된 데이터를 to_excel

함수를 사용하여 새로운 엑셀 파일로 저장합니다. index=False 옵션을 사용하여 인덱스를 엑셀 파일에 저장하지 않도록 설정합니다.

A	B	C	D
ID	Name	E-mail	Phone
1	Hong Gil-dong	gil-dong.hong@example.com	555-555-1234
2	Kim Chul-soo	chul-soo.kim@example.com	555-555-5678
3	Park Young-hee	young-hee.park@example.com	555-555-7890
4	Lee Soo-min	soo-min.lee@example.com	555-555-2345
5	Choi Young-ho	young-ho.choi@example.com	555-555-6789

[그림 4-2] 정리된 고객 데이터 셋(전화번호 정리)

위 사례는 데이터 전처리를 할 수 있는 예제로 제시한 것이며 사용자가 다양한 전처리 방법에 대해 업무를 구상하여 챗GPT에게 명령을 내리는 작업이 필요하다. 전처리를 빠르고 정확하게 할 수 있다면 분석에 걸리는 시간을 효과적으로 단축할 수 있다.

03 코드 자동완성

챗GPT는 코드 완성 및 보완(Code Completion)에도 활용된다. 프로그래밍을 하다보면 코드 작성 중에 변수명, 함수명 등을 잘못 입력하거나, 메서드나 함수의 파라미터를 정확히 기억하지 못하는 경우가 많다. 이때 챗GPT는 프로그래머의 의도를 파악하여 코드 작성을 보완할 수 있다. 예를 들어, 함수를 작성하는 도중에 함수의 파라미터를 기억하지 못해 어떤 값을 입력해야 할지 모르는 경우, 사용자가 작성 중인 함수와 관련된 파라미터, 혹은 유사한 기능을 수행하는 함수의 파라미터를 예측하여 보완할 수 있다.

이러한 챗GPT의 코드 보완 기능은 프로그래머들이 코드 작성에 소비하는 시간을 줄여주고, 작성한 코드의 정확도와 효율성을 높여줄 수 있다. 또한 코드 보완 기능을 통해 초보 개발자들이 더욱 빠르게 프로그래밍을 익힐 수 있고, 전문 개발자들은 더욱 효율적으로 코드를 작성할 수 있다.

```python
import pandas as pd
import pandas_datareader.data as web
import matplotlib.pyplot as plt

# 데이터 다운로드
symbol = 'AAPL'
data = web.DataReader(symbol, 'yahoo', '2019-01-01', '2021-03-01')

# 이동평균 계산
___ = data['Close'].rolling(window=20).mean()
___ = data['Close'].rolling(window=50).mean()

# 볼린저밴드 계산
deviation = ___
sma = ___
upper_band = ___
lower_band = ___

# 시각화
fig, ax = plt.subplots(figsize=(15, 9))

ax.plot(data['Close'], label='Close')
ax.plot(sma, label='SMA')
ax.plot(upper_band, label='Upper band')
ax.plot(lower_band, label='Lower band')

ax.legend()
plt.show()
```

코드의 함수나 완성되지 않은 코드가 있을 때 챗GPT를 사용하여 코드 완성 및 보완(Completion) 기능을 수행해 볼 수 있다. 위와 같이 코드가 미완성되어 있을 때를 가정하고 아래와 같은 프롬프트 명령어를 수행하여 코드완성을 진행해 보았다.

 다음 코드를 보완해줘. "위의 코드를 복사한 후 삽입"

```
import pandas as pd
import pandas_datareader.data as web
import matplotlib.pyplot as plt

# 데이터 다운로드
symbol = 'AAPL'
data = web.DataReader(symbol, 'yahoo', '2019-01-01', '2021-03-01')

# 이동평균 계산
sma_20 = data['Close'].rolling(window=20).mean()
sma_50 = data['Close'].rolling(window=50).mean()

# 볼린저밴드 계산
deviation = data['Close'].rolling(window=20).std()
sma = data['Close'].rolling(window=20).mean()
upper_band = sma + 2 * deviation
lower_band = sma - 2 * deviation

# 시각화
fig, ax = plt.subplots(figsize=(15, 9))

ax.plot(data['Close'], label='Close')
ax.plot(sma_20, label='SMA 20')
ax.plot(sma_50, label='SMA 50')
ax.plot(upper_band, label='Upper band')
ax.plot(lower_band, label='Lower band')
```

```
ax.legend()
plt.show()
```

이동평균을 계산하는 부분에서, ___를 sma_20와 sma_50로 대체하였고, 볼린저밴드 계산 부분에서는 표준편차 계산을 위한 deviation 변수를 추가하였고, sma 변수를 계산하는 부분에서도 deviation 변수와 마찬가지로 window 값을 20으로 설정하여 20일 이동평균을 계산하도록 하였습니다. 마지막으로, plot 함수에 표시할 라벨도 수정하여 각각의 그래프를 구분하기 쉽도록 하였습니다.

04 코드 설명

챗GPT를 활용하여 코드의 작은 조각을 뜻하는 코드 스니펫(Code Snippet)에 대해 코드 설명 또는 분석을 요청할 수 있다. 물론 챗GPT에 전체 코드를 복사하여 코드를 설명해 달라고 할 수 있으나 챗GPT에 입력할 수 있는 문자 및 코드가 제한되어 있다.* 비교적 필요한 코드에 대해 다음 코드 삽입에 해당하는 부분에 복사 붙여 넣기를 한다음에 〈Enter〉를 실행하면 아래와 같이 코드 설명을 해주는 코딩 과외교사로 활용할 수 있다.

아울러, 책을 작성하는 사람에게는 해당 코드를 붙여 넣어 코드를 설명하는 부분을 참조하여 책을 쓸 수 있다. 해당 언어에 대해 다음 파이썬 코드 혹은 R 코드를 설명해 달라고 해 줄 수 있으나 챗GPT는 코드를 보고 해당 코드가 어떤 언어인지 인지하여 결과를 보여준다. 다음과 같이 실행해보자.

※ 프롬프트 명령어: 다음 코드를 설명해 주세요. [코드 복사 삽입]

---

* 챗GPT 4로 넘어가면서 텍스트는 5000자로 늘어나는 등 대폭 증가하였다.

다음 코드를 설명해 주세요.

```
%matplotlib inline

import matplotlib.pyplot as plt
KRW_USD.plot(color='darkblue')
plt.ylabel('KRW/USD').
```

 위 코드는 파이썬에서 Matplotlib 라이브러리를 사용하여 KRW/USD 환율 데이터를 시각화하는 코드입니다.

%matplotlib inline: 이는 Jupyter Notebook에서 Matplotlib의 출력을 인라인으로 표시하도록 지정하는 매직 명령어입니다.

import matplotlib.pyplot as plt: 이는 Matplotlib 라이브러리를 import하고 plt라는 앨리어스(alias)를 만들어서 사용할 수 있도록 합니다.

KRW_USD.plot(color='darkblue'): KRW_USD 데이터를 Matplotlib의 plot( ) 메서드를 사용하여 시각화합니다. color 파라미터를 사용하여 선의 색상을 darkblue로 지정합니다.

plt.ylabel('KRW/USD') : y축의 레이블을 'KRW/USD'로 지정합니다.

따라서 위 코드를 실행하면, KRW/USD 환율 데이터가 Matplotlib을 사용하여 선 그래프로 시각화되며, y축 레이블이 'KRW/USD'로 지정됩니다. 결과는 Jupyter Notebook에서 인라인으로 표시됩니다.

당연한 말이지만 다시 "영어로 설명해줘"라는 프롬프트(지시어)를 입력하고 요청하면 다음과 같이 영어로 작성된 코드 설명이 생성된다. 위의 한글과 영어에 대해 어떤 방식으로 영어로 번역되는지 확인해보는 학습 멘토로도 활용할 수 있다. "영어로 설명해줘."에 대한 결과는 다음과 같다.

영어로 설명해줘.

The given code is a Python code for visualizing the KRW/USD exchange rate data using the Matplotlib library. It includes the following components:

%matplotlib inline: A magic command that specifies the output of Matplotlib to be displayed inline in Jupyter Notebook.

import matplotlib.pyplot as plt: Importing the Matplotlib library and creating an alias 'plt' for convenience.

KRW_USD.plot(color='darkblue'): Visualizing the KRW/USD data using the plot( ) method of Matplotlib with the color parameter set to 'darkblue'.

plt.ylabel('KRW/USD'): Setting the y-axis label to 'KRW/USD'.

Therefore, when executed, the given code generates a line graph of the KRW/USD exchange rate data using Matplotlib, with the y-axis label set to 'KRW/USD'. The resulting plot is displayed inline in Jupyter Notebook.

다음과 같이 SQL 코드에 대한 설명을 들을 수도 있다. 해당 SQL 코드 혹은 SQL 문제 등을 활용하여 "다음 SQL 코드를 설명해줘." 이후에 |SQL 코드 복사 삽입|을 통해 SQL 코드 설명을 들을 수 있다.

다음 SQL 코드를 설명해줘.

```
select * from stock_data
where name = '현대차'
and tdate between '20100301' and '20100331';
```

이 SQL 코드는 "stock_data" 테이블에서 "name"이 "현대차"이고 "tdate"가 '20100301'에서 '20100331' 사이인 모든 데이터를 선택하는 쿼리입니다. 즉, 이 쿼리는 "stock_data" 테이블에서 "현대차"의 주식 가격 데이터를 2010년 3월 1일부터 3월 31일까지 조회하는 것입니다. "select * from" 절은 모든 열(column)

을 선택하라는 의미이며, "where" 절은 조건을 지정하는 절입니다. "name = '현대차'"는 "name" 열이 "현대차"와 일치하는 데이터만 선택하라는 의미이고, "tdate between '20100301' and '20100331'"은 "tdate" 열이 '20100301'부터 '20100331'까지의 범위에 속하는 데이터만 선택하라는 의미입니다.

따라서 이 SQL 쿼리의 결과는 "name"이 "현대차"이고 "tdate"가 2010년 3월 1일부터 3월 31일까지인 모든 주식 가격 데이터를 반환합니다.

R 코드에 대해서도 설명을 부탁할 수 있다. 아래는 quantmod 패키지를 불러와서 환율 그래프와 자기상관(ACF) 및 편자기상관(PACF)를 보는 코드다. 코드에 대해 상세하게 응답을 받을 수 있어 코딩 멘토로 활용할 수 있다.

아울러, R 코딩 관련 책을 쓰는 사람이라면 챗GPT를 활용해서 코드 해설 부분을 빠르게 작성할 수 있어 활용도가 높다고 할 수 있다.

> 다음 R 코드를 설명해줘.
> ```
> install.packages("quantmod") #패키지 설치
> library(quantmod) #패키지 로딩
>   getFX("USD/KRW", from = "2018-10-20", to =  "2019-04-10")
> plot(USDKRW)
> acf(USDKRW)
> pacf(USDKRW)
> ```

이 R 코드는 "quantmod" 패키지를 사용하여 "USD/KRW" 환율 데이터를 다운로드하고, 이를 시각화하며, 자기 상관 함수(acf)와 부분 자기 상관 함수(pacf)를 계산하여 시각화하는 예제입니다.

- **install.packages("quantmod")**: "quantmod" 패키지를 설치하는 명령어입니다.
- **library(quantmod)**: 설치한 "quantmod" 패키지를 로드합니다.
- **getFX("USD/KRW", from = "2018-10-20", to = "2019-04-10")**: "USD/KRW" 환율 데이터를 다운로드합니다. "from"과 "to" 인수로 지정된 기간에

해당하는 환율 데이터를 다운로드합니다. 이 데이터는 "USDKRW" 변수에 할당됩니다.
- **plot(USDKRW)**: "USDKRW" 변수에 저장된 환율 데이터를 시각화합니다.
- **acf(USDKRW)**: "USDKRW" 변수에 저장된 환율 데이터의 자기 상관 함수(acf)를 계산하여 시각화합니다.
- **pacf(USDKRW)**: "USDKRW" 변수에 저장된 환율 데이터의 부분 자기 상관 함수(pacf)를 계산하여 시각화합니다.

따라서 이 R 코드는 "quantmod" 패키지를 사용하여 "USD/KRW" 환율 데이터를 시각화하며, 자기 상관 함수와 부분 자기 상관 함수를 계산하여 시각화하는 예제입니다.

 ## 코드 변환

챗GPT는 코드 전환(Code Conversion) 혹은 번역(Code Translation) 작업에 활용될 수 있다. R 언어를 파이썬 언어로 변환하는 것 역시 그 중 하나다. R 언어와 파이썬 언어는 모두 데이터 분석 및 머신러닝 분야에서 많이 사용되는 프로그래밍 언어다. 그러나 이 두 언어는 문법이나 표현 방법에서 차이가 있기 때문에 R 언어로 작성된 코드를 파이썬으로 전환해야 할 때가 있다.

챗GPT는 대규모 자연어 처리 능력을 가지고 있어 R 언어로 작성된 코드를 파이썬 언어로 변환하는 데도 활용될 수 있다. 자연어 처리 능력을 활용하여 R 언어 코드를 파이썬 코드로 변환하는 데 필요한 문법 및 표현 방법을 자동으로 파악하고 변환할 수 있다.

실제 저자가 코드변환을 다양한 프로그래밍 언어로 시험해본 결과 챗GPT 코딩에서 가장 잘하는 분야가 코드 변환이라고 생각되었다. 하지만 시험해보지 못한 언어에서 코드 변환 작업이 모두 자동화되지 않을 수 있다. 또한 변환 대상 코드의 복잡도나 구조에 따라서 결과물이 제대로 도출되지 않을 수도 있기 때문에 코드 변환 작업 시 챗GPT를 포함하여 다양한 도구와 기술을 활용하여 최종 결과물을 리뷰하고 품질을 높이는 것이 중요하다.

다음 R 코드를 파이썬 코드로 변환해줘.

```r
BlackScholes <- function(S, K, r, T, sig, type){
  if(type=="C"){
  d1 <- (log(S/K) + (r + sig^2/2)*T) / (sig*sqrt(T))
  d2 <- d1 - sig*sqrt(T)
  value <- S*pnorm(d1) - K*exp(-r*T)*pnorm(d2)
  return(value)}
  if(type=="P"){
  d1 <- (log(S/K) + (r + sig^2/2)*T) / (sig*sqrt(T))
  d2 <- d1 - sig*sqrt(T)
  value <-  (K*exp(-r*T)*pnorm(-d2) - S*pnorm(-d1))
  return(value)}
}
```

 아래는 파이썬으로 변환한 코드입니다.

```python
from scipy.stats import norm

def BlackScholes(S, K, r, T, sig, type):
  if type == "C":
      d1 = (np.log(S/K) + (r + sig**2/2)*T) / (sig*np.sqrt(T))
      d2 = d1 - sig*np.sqrt(T)

      value = S*norm.cdf(d1) - K*np.exp(-r*T)*norm.cdf(d2)
      return value

  if type == "P":
      d1 = (np.log(S/K) + (r + sig**2/2)*T) / (sig*np.sqrt(T))
      d2 = d1 - sig*np.sqrt(T)
```

```
    value = K*np.exp(-r*T)*norm.cdf(-d2) - S*norm.cdf(-d1)
    return value
```

주요 차이점:

- R의 pnorm 함수는 파이썬에서는 scipy.stats의 norm.cdf 함수로 대체됩니다.
- log 함수는 numpy 라이브러리의 np.log 함수를 사용합니다.
- 제곱 연산자는 파이썬에서는 **를 사용합니다.

챗GPT는 다음과 같이 파이썬 코드를 R 코드로도 변환이 가능하다. 파이썬, R뿐만 아니라 매트랩, C++, 자바스크립트, 비주얼베이직 등 다양한 언어로 코드 변환 작업을 시행해볼 수 있다.

> 다음 파이썬 코드를 R 코드로 변환해줘.
> ```
> import numpy as np
> import matplotlib.pyplot as plt
>
> T = 1 # 잔존만기
> N = 1000 # 총 time step 수
> dt = T / N
> w = np.random.randn(N) # 표준정규분포를 따르는 난수생성
> dz = w * np.sqrt(dt) # 식(1.5)
>
> z = np.concatenate(([0], np.cumsum(dz)))
>
> plt.plot(z)
> plt.xlabel('time')
> plt.ylabel('z')
> plt.show()
> ```

아래는 R로 변환한 코드입니다.

```
library(ggplot2)

T <- 1 # 잔존만기
N <- 1000 # 총 time step 수
dt <- T / N
w <- rnorm(N) # 표준정규분포를 따르는 난수 생성
dz <- w * sqrt(dt) # 식(1.5)

z <- c(0, cumsum(dz))

ggplot(data.frame(z = z, time = seq(0, T, length.out = N+1)),
aes(x = time, y = z)) +
geom_line() +
xlab('time') +
ylab('z')
```

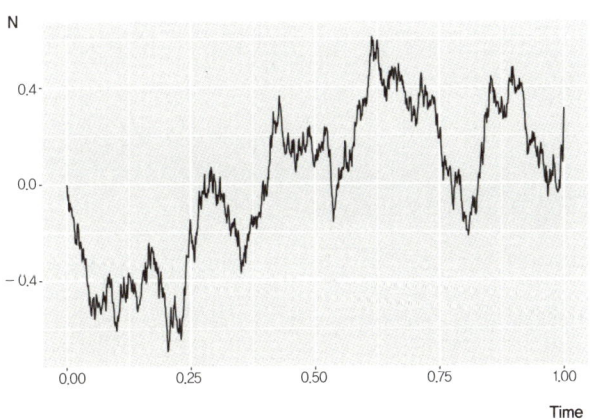

[그림 4-3] 위너 과정 그래프: Posit 클라우드로 실행(R 스튜디오도 동일)

[그림 4-3]은 위 코드를 R의 클라우드 버전인 Posit 클라우드에서 실행한 화면이다. 주가를 모델링하기 위해 사용되는 위너 과정에 대한 그래프가 표시되는 것을 알 수 있다.

06 코드 최적화

챗GPT는 소프트웨어 개발과 관련된 다양한 작업에 활용될 수 있다. 그 중 하나는 코드 최적화(Code Optimization)다. 코드 최적화란 주어진 코드의 성능을 향상시키기 위해 코드를 수정하는 과정을 의미한다. 코드 최적화를 통해 프로그램의 실행 속도를 개선하고 메모리 사용량을 줄일 수 있다.

챗GPT를 활용하여 코드 최적화에 이용하는 방법은 챗GPT를 사용하여 코드의 불필요한 부분을 식별하고 제거하는 것이다. 예를 들어, 챗GPT를 사용하여 중복 코드를 찾고 함수화하여 코드를 간결하게 만들거나, 변수를 사용하여 중복 코드를 제거하거나, 반복문과 조건문을 최적화하여 프로그램의 실행 속도를 향상시킬 수 있다.

챗GPT를 사용하여 코드를 최적화하는 또 다른 방법은 적절한 알고리즘과 데이터 구조를 선택하는 것이다. 알고리즘과 데이터 구조를 분석하고 성능 향상에 가장 효과적인 것을 선택하여 코드를 개선할 수 있다. 코드의 가독성을 개선하여 유지보수성을 향상시킬 수 있다. 코드를 읽기 쉽게 만들고, 주석을 추가하여 코드의 의도를 명확하게 표현할 수도 있다. 무엇보다도 코드를 테스트하고 디버깅하는 것도 중요하며, 코드를 분석하고 문제가 발생한 부분을 식별하여 수정하는 것이 중요하다.

다음 코드를 코드 최적화를 실행해줘.

```
from scipy.stats import norm

def BlackScholes(S, K, r, T, sig, type):
    if type == "C":
        d1 = (np.log(S/K) + (r + sig**2/2)*T) / (sig*np.sqrt(T))
        d2 = d1 - sig*np.sqrt(T)

        value = S*norm.cdf(d1) - K*np.exp(-r*T)*norm.cdf(d2)
        return value

    if type == "P":
        d1 = (np.log(S/K) + (r + sig**2/2)*T) / (sig*np.sqrt(T))
        d2 = d1 - sig*np.sqrt(T)

        value = K*np.exp(-r*T)*norm.cdf(-d2) - S*norm.cdf(-d1)
        return value
```

이 코드에서 가장 큰 최적화 문제는 불필요한 코드의 반복입니다. if문 안에 있는 두 개의 조건 분기문에서 거의 동일한 계산이 반복됩니다. 이러한 계산은 계산 비용이 높을 수 있으므로 최소화하는 것이 좋습니다. 코드를 최적화하기 위한 몇 가지 방법을 제안하겠습니다.

1. 로그, 제곱근 및 지수 함수 계산 최적화

로그, 제곱근 및 지수 함수와 같은 특정 계산은 매우 느릴 수 있습니다. 이러한 계산을 최소화하려면 가능한 경우 미리 계산하고 계산된 값을 재사용할 수 있도록 합니다. 예를 들어, 계산 sig*np.sqrt(T)은 반복해서 실행됩니다. 이러한 계산이 반복되지 않도록 sqrt_T = np.sqrt(T)를 사용하여 값을 한 번 계산하고 재사용합니다.

2. 정규분포 계산 최적화

scipy.stats.norm.cdf( ) 함수는 매우 느릴 수 있습니다. 그러나 해당 함수에서는 배열을 처리할 수 있도록 하므로 계산을 한 번에 수행할 수 있습니다. 따라서 d1과 d2 값을 한 번에 계산하고, 그 값을 기반으로 norm.cdf( ) 함수를 한 번에 계산할 수 있습니다. 이렇게 하면 함수 호출 횟수가 줄어들어 더 빠른 실행이 가능합니다.

아래는 수정된 코드입니다.

```python
from scipy.stats import norm
import numpy as np

def BlackScholes(S, K, r, T, sig, type):
    sqrt_T = np.sqrt(T)
    d1 = (np.log(S/K) + (r + sig**2/2)*T) / (sig*sqrt_T)
    d2 = d1 - sig*sqrt_T
    if type == "C":
        CDF_d1 = norm.cdf(d1)
        CDF_d2 = norm.cdf(d2)
        value = S*CDF_d1 - K*np.exp(-r*T)*CDF_d2
        return value

    if type == "P":
        CDF_neg_d1 = norm.cdf(-d1)
        CDF_neg_d2 = norm.cdf(-d2)
        value = K*np.exp(-r*T)*CDF_neg_d2 - S*CDF_neg_d1
        return value
```

이렇게 코드를 수정하면 반복 계산을 줄이고 계산 속도를 높일 수 있습니다.

07 코드 디버깅

챗GPT는 코드 디버깅 분야에서도 활용할 수 있다. 코드 디버깅을 할 수 있다는 것은 코드 생성만큼이나 중요하다. 코드 디버깅은 프로그래밍에서 가장 중요한 과정 중 하나로, 오류를 수정하고 프로그램을 개선하기 위해 필수적인 작업이다. 챗GPT는 이러한 코드 디버깅 작업에서도 도움을 받을 수 있다.

챗GPT는 입력된 코드를 이해하고, 코드의 문제점을 파악하여 적절한 수정 제안을 제공할 수 있다. 챗GPT는 기존에 많은 예제 코드를 학습하여 코드 구문과 구조를 파악할 수 있도록 미리 학습되어 있어 코드 디버깅 분야에서도 유용하게 활용될 수 있으며, 개발자들이 코드 오류 수정을 더욱 쉽게 할 수 있도록 도와줄 수 있다.

아래는 자바스크립트에 대한 코드 오류 디버깅 사례다. 일반적으로 "다음 코드가 오류가 발생했어. 코드 디버깅을 해줘."와 같은 명령어로 디버깅을 시행할 수 있다.

> 다음 CAGR 계산 함수에 대해 작업 중인데 코드에서 잘못된 답이 나와. 오류가 무엇인지 알려줘. 여기 코드가 있어.
>
> ```
> function calculateCAGR(startValue, endValue, years)
> {
>     const cagr = (Math.pow(endValue / startValue) - 1) * 100;
>     return cagr.toFixed(2);
> }
> ```

> 주어진 코드에서 CAGR을 계산하는 방법은 오류가 있습니다. CAGR은 시작 값과 끝 값 간의 기간 동안의 연평균 복리 이자율을 나타내는 것이므로, 단순히 끝 값과 시작 값의 비율을 계산하는 것만으로는 올바른 CAGR 값을 얻을 수 없습니다. 따라서 CAGR을 계산하기 위해서는 다음 공식을 사용해야 합니다.

```
CAGR = (endValue / startValue) ^ (1 / years) - 1
```

아래는 수정된 코드입니다.

```
function calculateCAGR(startValue, endValue, years) {
  const cagr = Math.pow(endValue / startValue, 1 / years) - 1;
  return (cagr * 100).toFixed(2);
}
```

위 코드에서는 Math.pow 함수를 사용하여 CAGR 값을 계산합니다. 계산 결과를 100을 곱하여 백분율로 변환하고, toFixed 함수를 사용하여 소수점 이하 두 자리까지 반올림합니다.

따라서 위의 코드를 사용하면 올바른 CAGR 값을 계산할 수 있습니다.

08 단위 테스트

챗GPT는 소프트웨어 개발과 관련된 다양한 작업에 활용될 수 있다. 그중 하나는 단위 테스트(Unit Test)에 이용하는 것이다. 단위 테스트는 소프트웨어 개발에서 매우 중요한 요소로, 소프트웨어의 각 기능이 제대로 작동하는지 확인하는 과정이다. 이를 통해 버그를 식별하고, 소프트웨어의 품질을 향상시킬 수 있다.

단위 테스트를 수행하는 방법 중 하나는, 단위 테스트 케이스를 자동으로 생성하는 것이다. 소프트웨어 명세서(Specification)를 분석하고, 자동으로 단위 테스트 케이스를 생성하여 테스트를 수행할 수 있다. 또한 단위 테스트 케이스를 분석하고, 적절한 수정을 가하는 것도 방법이다. 테스트 케이스의 중복을 제거하고, 실행 시간을 줄이는 최적화 작업을 수행할 수 있으며, 단위 테스트를 수행하는 것은 소프트웨어 개발에서 매우 중요한 요소가 될 것으로 전망된다. 이를 통해 소프트웨어의 품질을 향상시키고, 버그를 식별하여 조기에 수정할 수 있다.

아래는 옵션가격결정 모델로 유명한 BlackScholes 함수에 대한 단위 테스트 요청 및 결과다.

> 다음 파이썬 코드의 BlackScholes 함수에 대한 단위 테스트를 해줘.
>
> ```
> from scipy.stats import norm
>
> def BlackScholes(S, K, r, T, sig, type):
>     if type == "C":
>         d1 = (np.log(S/K) + (r + sig**2/2)*T) / (sig*np.sqrt(T))
>         d2 = d1 - sig*np.sqrt(T)
>
>         value = S*norm.cdf(d1) - K*np.exp(-r*T)*norm.cdf(d2)
>         return value
>
>     if type == "P":
>         d1 = (np.log(S/K) + (r + sig**2/2)*T) / (sig*np.sqrt(T))
>         d2 = d1 - sig*np.sqrt(T)
>
>         value = K*np.exp(-r*T)*norm.cdf(-d2) - S*norm.cdf(-d1)
>         return value
> ```

> 단위 테스트는 코드의 각 함수 또는 메서드를 개별적으로 테스트하여 각 입력값과 기대되는 출력값이 예상대로 작동하는지 확인하는 것입니다. 먼저 코드에서 사용된 모든 모듈을 가져와야 합니다. 여기서는 numpy와 scipy.stats.norm이 사

용되었습니다. 이를 위해 테스트 코드의 맨 위에 다음과 같은 import문을 추가합니다.

```
import numpy as np
from scipy.stats import norm
```

그런 다음, 단위 테스트를 작성합니다. 테스트 코드는 BlackScholes 함수를 호출하고, 예상되는 출력 값과 반환된 값이 일치하는지 확인합니다. 각 호출에서는 함수에 입력 인수를 전달하고 반환 된 출력 값을 검사합니다. 예를 들어, 일부 단위 테스트 코드는 다음과 같습니다.

```
import numpy as np
from scipy.stats import norm

def test_BlackScholes_call():
    S = 100
    K = 110
    r = 0.05
    T = 1
    sig = 0.2
    expected = 2.628528126549352
    result = BlackScholes(S, K, r, T, sig, "C")
    assert np.isclose(result, expected)

def test_BlackScholes_put():
    S = 100
    K = 110
    r = 0.05
    T = 1
    sig = 0.2
    expected = 11.576576958637022
    result = BlackScholes(S, K, r, T, sig, "P")
    assert np.isclose(result, expected)
```

이 코드에서는 BlackScholes 함수를 호출하여 얻은 결과가 expected 변수에 저장된 값과 np.isclose 함수를 사용하여 거의 동일한지 확인합니다. "거의 동일한"이라는 것은 일부 수치적 노이즈로 인해 값이 완전히 같지는 않을 수 있지만, 두 값이 매우 가깝다는 것을 의미합니다.

09 코딩 테스트 실전 문제 풀이 및 문제 출제

챗GPT는 실전 코딩 테스트 문제 정답과 해설에 활용할 수 있다. 챗GPT를 활용하여 다양한 프로그래밍 언어와 라이브러리에 대한 코딩 테스트 문제를 쉽게 출제하고, 정답과 해설을 제공받을 수 있다. 특히, 코딩 테스트 문제의 설명이나 해설을 자연스럽게 제공한다. 코딩 테스트 문제집 없이도 코딩 테스트에 대한 이해도를 높일 수 있고, 문제해결 능력을 향상시킬 수 있다.

또한 기존의 문제에 대한 해결 방법에 대한 요청, 코드 테스트 작성에 대한 요청, 4지선다에 대한 요청 모든 다양한 문제를 요청하고 정답, 해설을 요청하여 본인의 실력을 테스트할 수 있다.

다음 파이썬 코딩 테스트의 정답과 해설을 알려줘. 다음 Numpy 배열을 생성하는 코드는 무엇인가?

[[1, 2, 3],

[4, 5, 6]]

a) np.array([1, 2, 3], [4, 5, 6])

b) np.array([[1, 2, 3], [4, 5, 6]])

c) np.zeros((2, 3))

d) np.ones((2, 3))

정답은 b) np.array([[1, 2, 3], [4, 5, 6]]) 입니다.

해설:

np.array( ) 함수를 사용하여 Numpy 배열을 생성할 수 있습니다. 이때 배열의 요소들은 대괄호 안에 적습니다. 이 문제에서는 2행 3열의 2차원 배열을 생성해야 하므로, 요소로 [1, 2, 3]과 [4, 5, 6]을 갖는 리스트를 대괄호 안에 적어줍니다. 따라서 정답은 b) np.array([[1, 2, 3], [4, 5, 6]])입니다.

챗GPT를 사용하면 자동으로 다양한 난이도의 문제를 출제할 수 있으며, 사용자가 풀이 과정에서 어려움을 겪을 경우에도 도움을 받을 수 있다. 또한 챗GPT를 활용하여 테스트 참가자의 풀이 결과를 분석하고, 결과를 피드백으로 활용할 수 있다.

 Numpy를 활용하여 코딩할 수 있는 테스트 예제 문제와 해설을 알려줘.

 Numpy는 파이썬에서 대규모 다차원 배열을 처리하는 데 유용한 라이브러리입니다. Numpy를 활용하여 다양한 계산과 데이터 처리를 할 수 있습니다. 아래는 Numpy를 활용한 예제 문제와 해설입니다.

예제 문제

다음과 같은 행렬 A와 B가 있다.

A = [[1, 2, 3], [4, 5, 6], [7, 8, 9]]

B = [[9, 8, 7], [6, 5, 4], [3, 2, 1]]

1. A와 B의 요소별 합을 계산하시오.
2. A와 B의 행렬곱을 계산하시오.
3. A의 전치행렬을 계산하시오.
4. A의 역행렬을 계산하시오.

해설

우선 Numpy를 사용하기 위해 다음과 같이 라이브러리를 임포트합니다.

··· 이하 생략 ···

각 분야별로 코딩 테스트 문제를 요청하면 다음과 같이 코딩 계산을 위한 문제와 해설이 제공된다. 본 문제에서는 A와 B의 요소별 합, 행렬곱, 전치행렬, 역행렬에 대한 문제가 출제되고 각 문제별로 정답과 해설이 제공된다.

> 👤 Numpy의 코딩 퀴즈 문제를 4지선다형으로 출제해주고 정답을 설명해줘.

> 🤖 Numpy 배열의 모든 원소를 0으로 초기화하는 함수는?
> a. np.zeros
> b. np.ones
> c. np.empty
> d. np.full
>
> **정답:** a. np.zeros
>
> **설명:** np.zeros 함수는 인자로 받은 shape에 해당하는 크기의 Numpy 배열을 생성하고, 모든 원소를 0으로 초기화합니다. 예를 들어, np.zeros((3, 4))를 실행하면 3행 4열의 모든 원소가 0인 2차원 배열이 생성됩니다.

4지선다형으로 공부하는 분야에 대해 질의하고 처음에 정답없는 문제 요청 후 문제를 푼 이후에 각 문제의 정답과 해설을 요청하여 학습하는 것이 좋은 방법이라 생각된다. 문제 개수도 10개, 20개로 지정하여 다양하게 학습할 수 있다.

10 감성분석: 긍정 및 부정을 통한 심리분석

감성분석은 텍스트 데이터를 분석하여 긍정적인 감정, 부정적인 감정 또는 중립적인 감정인지를 자동으로 판별하는 기술이다. 이를 통해 제품 리뷰, 소셜 미디어 글, 뉴스 기사 등 다양한 텍스트 데이터에서 사용자들의 감정을 파악하고, 이를 활용하여 마케팅, 고객 서비스, 정책 수립 등에 활용할 수 있다. 감성분석은 일반적으로 기계학습, 딥러닝, 자연어 처리 등의 기술이 사용된다. 이를 통해 문맥과 언어의 의미를 이해하여 감성분석을 수행한다.

[그림 4-4]와 같이 감성 데이터 수집된 텍스트 데이터에 긍정적인 단어나 문구를 포함하면 긍정적인 감정으로 분류하고, 부정적인 단어나 문구를 포함하면 부정적인 감정으로 분류할 수 있다.

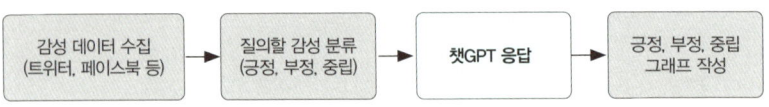

[그림 4-4] 챗GPT 감성분석 절차

실제 감성분석*은 데이터 스크래핑, 파싱, 형태소 분석, 감성사전 구축, 감성분석 예측과 같은 단계를 거치게 되지만 챗GPT를 사용한 분석에서는 "다음 데이터를 보고 긍정이면 1점, 부정이면 –1점, 중립이면 0점으로 계산하여 합산한 감성분석 결과를 알려줘."와 같은 간단한 프롬프트 명령어만으로 감성분석을 시행할 수 있다.

---

* 〈OO엔터테인먼트의 뉴스 감성분석〉, 홍창수 외 4명, 2017, https://brunch.co.kr/@gauss92tgrd/36을 참고하자.

아래 [그림 4-5]는 한국경영학회 빅데이터 레파지토리에서 제공되는 감성분석 연구를 위해 수집된 화장품 상품평 데이터 중 일부 자료다. 원자료의 감성은 긍정 및 부정으로 분류되어 있으나, 챗GPT를 통한 감성분석은 긍정, 부정, 중립으로 3단계로 분류하여 분석을 실시해보았다.

A	B	C
review	aspect term	aspect category
검은 피부엔 맞지 않네요... 뽀오얀 피부엔 괜찮아요... 색상 쪼금 어두워요	색상	색상
봄 신상 색상 너무 저렴하게 나와서 모두 구매했는데 다 이쁨	색상	색상
싸게 샀는데 ...색은 그렇다 치고 잘 번져요 엄청 건조하고 싼맛 그냥 색 느낌만 만족합니다	싼맛	가격
배송 3일이나 걸렸지만 저렴하게 구매해서 기분이 좋네요	배송	배송
페리페라 입소문 듣고 사용해본 적은 없는데 가격 저렴하게 샀어요 처음 사용해보는 거라 기대돼요	가격	가격

[그림 4-5] 화장품 상품평 데이터(출처: 한국경영학회 빅데이터 레파지토리 http://drbr.or.kr/)

> 다음 리뷰(review)를 보고 긍정이면 1점, 부정이면 -1점, 중립이면 0점으로 계산하여 합산한 감성분석 결과를 알려줘.
>
> review   aspect term   aspect category
>
> 검은 피부엔 맞지 않네요. 뽀오얀 피부엔 괜찮아요. 색상 쪼금 어두워요   색상   색상
>
> 봄 신상 색상 너무 저렴하게 나와서 모두 구매했는데 다 이쁨   색상   색상
>
> 싸게 샀는데, 색은 그렇다 치고 잘 번져요 엄청 건조하고 싼맛, 그냥 색 느낌만 만족합니다   싼맛   가격
>
> 배송 3일이나 걸렸지만 저렴하게 구매해서 기분이 좋네요   배송   배송
>
> 페리페라 입소문 듣고 사용해본 적은 없는데 가격 저렴하게 샀어요. 처음 사용해보는 거라 기대돼요.   가격   가격

1번 review: -1 (부정적인 감성)

2번 review: 1 (긍정적인 감성)

3번 review: -1 (부정적인 감성)

4번 review: 1 (긍정적인 감성)

5번 review: 1 (긍정적인 감성)

감성분석 결과: 1 (5개의 리뷰 중 2개의 리뷰가 부정적이고, 3개의 리뷰가 긍정적입니다. 따라서 총 감성 점수는 1점입니다.)

11 기술문서 작성

개발자의 기술문서는 다양한 형태와 종류가 있다. 일반적으로 개발자들이 작성하거나 사용하는 기술문서는 다음과 같다.

- API 문서(소프트웨어 응용프로그램의 인터페이스를 설명하는 문서)
- 코드 문서(소스코드에 대한 설명을 제공하는 문서)
- 설치 가이드(소프트웨어를 설치하는 방법에 대한 설명을 제공하는 문서)
- 사용자 매뉴얼(소프트웨어를 사용하는 방법에 대한 설명을 제공하는 문서)
- 개발자 가이드(소프트웨어 개발에 대한 가이드를 제공하는 문서)

챗GPT는 다양한 기술문서 작성에 활용될 수 있다. 가장 많이 도움을 받을 수 있는 부분은 코드에 대한 설명과 같은 개발자 가이드에 해당하는 문서 작성이다.

이밖에도 다양한 기술문서 작성에 활용하여 데이터과학 및 개발자 관점에서 챗GPT의 활용도를 높여 업무 생산성을 높일 수 있다. 아래는 개발자 가이드를 위한 함수 기술문서에 대해 지수가중평균방식 변동성(EWMA Volatility)에 대한 기술문서 작성을 요청해 본 결과다.

EWMA(Exponential Weighted Moving Average) 방식의 변동성은 변수에 대한 가중치를 시간에 따라 다르게 설정한다. 리스크 요인의 '지수가중 이동평균'을 활용해 분산을 측정하는 방식이다.

> 소프트웨어 개발자 관점에서 다음 EWMA_Vol 함수의 기술 문서를 작성해줘.
>
> ```
> import numpy as np
>
> def EWMA_Vol(price, lam):
>     x = np.diff(np.log(price), axis=0) # compute log returns
>     m, n = x.shape
>
>     vol = np.zeros(n)
>     for j in range(n):
>         k = np.arange(1, m+1)
>         h = np.arange(m, 0, -1)
>         vol[j] = np.sqrt((1-lam)*np.sum(lam**(k-1)*x[h-1, j]**2))
>
>     return vol
> ```

 EWMA_Vol 기술 문서

EWMA_Vol은 Exponentially Weighted Moving Average(지수 가중 이동 평균) 기술을 사용하여 금융시장에서 주가 등의 가격 변동성(Volatility)을 계산하는 함수입니다.

함수 인자

- **price:** 금융 상품의 가격 데이터로 이루어진 numpy 배열입니다. 가격은 시간 순서에 따라 정렬되어 있어야 하며, 최신 가격이 마지막에 위치해야 합니다.
- **lam:** EWMA에서 사용할 지수 가중 계수입니다. 값은 0과 1 사이의 실수이며, 일반적으로 0.94 정도의 값을 사용합니다.

함수 동작

1. 입력된 가격 데이터로부터 로그 수익률(log returns)을 계산합니다. 이를 위해 numpy의 diff( ) 함수를 사용하여 이전 가격과 현재 가격 간의 로그 차이를 계산합니다.
2. 계산된 로그 수익률을 이용하여 각 시점에서의 가격 변동성을 계산합니다. 변동성은 일종의 표준편차로, 가격이 얼마나 불안정하게 움직이는지를 나타내는 지표입니다.
3. EWMA 방법을 사용하여 변동성을 추정합니다. EWMA는 지수 가중 이동 평균을 계산하는 방법으로, 최근 데이터일수록 높은 가중치를 부여하고 예전 데이터일수록 낮은 가중치를 부여합니다. 이를 통해 변동성이 급격하게 변하는 상황에서도 빠르게 변화를 반영할 수 있습니다.
4. 최종적으로 계산된 변동성 값들이 담긴 numpy 배열을 반환합니다.

```
import numpy as np
from EWMA_Vol import EWMA_Vol

price_data = np.array([10, 11, 12, 10, 9, 8, 9, 10, 11, 12])
volatility = EWMA_Vol(price_data, lam=0.94)
print(volatility)
```

위 코드는 가상의 가격 데이터를 이용하여 EWMA_Vol 함수를 호출하고, 계산된 변동성 값을 출력하는 예시입니다. 출력 결과는 다음과 같습니다.

```
[ nan 0.10368531 0.1612527  0.21403284 0.27128753 0.33139416
 0.39008077 0.45186964 0.51105123 0.56901427]
```

위와 같이 기술문서가 잘 작성된다는 것을 확인해 볼 수 있다. EWMA_Vol에 대한 함수 설명부터, 함수 인자, 함수 동작에 관련된 기술문서가 생성되며, 이를 활용하여 다양한 데이터과학과 개발에 관한 기술보고서에 활용해 볼 수 있다.

DAY 5

챗GPT는 향후 고객서비스 개선부터 금융사기 방지, 신용모델 구축,
개인화된 상품 제공, 업무 자동화까지 다양한 금융영역에서 활용이 가능하다.

– 하나금융경영연구소 보고서 –

〈챗GPT로 달라질 금융권 미래〉, 김지현, 2023.4.10, 하나은행 하나금융경영연구소.
출처: https://bit.ly/43Zd1ze

Day 5에서는 저자의 전공 도메인 영역인 금융과 관련된 데이터 분석 활용 예제를 살펴보기로 한다. 금융 전공이 아닌 독자분들도 주식 분석과 관련된 것이므로 주가 데이터 활용에 많은 도움을 받을 수 있다고 생각된다.

간단한 주식 분석에서 전문 분석까지 챗GPT를 활용할 수 있다는 점에서 관심 있는 분들은 증권과 관련한 전공자 수준의 분석까지 접근이 가능하다고 생각된다. 다음과 같이 챗GPT를 활용하여 다양한 주식 분석에 활용할 수 있다.

1. 기본적 분석(Fundamental Analysis)

기본적 분석은 자산의 실제 가치를 분석하여 그에 기반하여 가격이 결정되는 것으로, 해당 기업의 재무제표, 산업 동향, 경영진 등을 분석하여 내재 가치를 추정한다. 내재 가치는 수익, 자산 및 성장 전망에 기반하여 예상되는 미래 현금흐름을 반영하는 기업의 실제 가치를 의미한다. 기본적 분석은 시장의 비효율성이나 외부 요인으로 인해 단기적으로는 자산 가치와 가격이 일치하지 않을 수 있지만, 장기적으로는 효율적인 시장 가설에 따라 가격이 내재 가치에 수렴한다고 가정한다.

기본적 분석을 위한 정형데이터뿐만 아니라 챗GPT를 사용하여 금융 뉴스 기사, 소셜 미디어 게시물, 기타 비정형데이터를 함께 활용하여 더 많은 정보를 추출할 수 있다. 이러한 정보 추출과 함께 분석을 함께 사용하여 투자 결정을 알릴 수 있다.

2. 기술적 분석(Technical Analysis)

챗GPT에게 모든 거래에 대해 원하는 기술적 지표나 전략을 코딩하도록 요청할 수 있으며 상당한 수준의 코드를 확보할 수 있다. 이러한 코드는 깃허브 (GitHub)에 많이 존재하고 있는 파이썬 투자전략을 학습했다는 것을 추론할 수 있으며, 다른 분야보다 금융데이터 분석과 관련하여 퀀트투자 전략과 관련된 코드가 가장 높은 수준의 완결성을 보인다고 할 수 있다.

다만, 코드를 제대로 작동시키기 위해서는 데이터 입출력과 관련된 라이브러리와 함께 일부 코드의 수정이 필요하며 앞서 제시된 여러 파이썬에 관한 언어에 익숙해져야 한다.

3. 감성분석(Sentiment Analysis)

챗GPT는 금융 뉴스 기사, 상품평, 소셜 미디어 게시물, 비정형데이터에 대한 감성 분석을 수행할 수 있다. 이것은 특정 주식이나 시장 추세에 대한 긍정적 또는 부정적 감정을 식별하는 데 사용할 수 있다. 감성분석의 사용 예제는 Day 4에서 다룬 예제를 참조하면 된다.

이제 주식 분석과 거래와 관련된 퀀트 분석, 퀀트투자, 자산관리, 재무분석, 매매시스템과 관련된 주제에 대해 다루어 보자.

01 챗GPT가 퀀트 트레이딩 책을 쓰다*

퀀트 트레이딩은 컴퓨터 알고리즘을 사용하여 수학적 모델을 만들고 이를 통해 주식, 선물, 옵션 등의 금융상품에 대한 거래를 하는 방법이다. 이는 주식시장에서 일어나는 다양한 움직임을 예측하고 이를 활용하여 투자 수익을 얻는 방법으로 최근에 국내의 많은 투자자가 활용하기 위해 많은 관심을 보이는 투자전략이다.

이와 관련하여 앞서 책을 기획하고 목차를 알려달라고 하면 해당 책의 목차를 알려주는 것을 살펴보았다. 프롬프트 명령어로 "퀀트 트레이딩에 관한 책을 기

---

* 이 책은 SSRN.COM에서 다운로드 받을 수 있다. 〈From Data to Trade: A Machine Learning Approach to Quantitative Trading〉을 출간한 후 〈퀀트 시장 해독하기: 트레이딩 머신러닝 가이드〉라는 책을 챗GPT를 이용해서 출간했다. https://bit.ly/3UVklaX를 참고하자.

획하고 있어. 퀀트 트레이딩 책의 목차를 알려줘."라고 하면 실제로 퀀트 트레이딩 소개, 데이터 전처리, 모델링, 백테스트와 포트폴리오 최적화, 실전 퀀트 트레이딩, 퀀트 트레이딩의 한계와 미래에 관한 상세한 세부 목차까지 챗GPT가 알려준다. 이와 비슷하게 퀀트 트레이딩 책을 한 권 기획한 책이 2023년 1월 5일에 SSRN(사회과학 및 인문학 관련 분야의 학술 연구를 신속하게 보급하는 것을 목적으로 만들어진 출판 전 논문 저장소)에 게시되었다.

게시된 책의 초록에는 다음과 같은 글로 책을 소개하고 있다.

> "머신러닝은 퀀트 트레이딩 분야에 혁명을 일으켰고, 트레이더는 대량의 데이터와 고급 모델링 기술을 활용하는 정교한 트레이딩 전략을 개발하고 구현할 수 있습니다. 이 책에서는 퀀트 트레이딩을 위한 머신러닝에 대한 포괄적인 개요를 제공합니다. 또한 금융 산업에서 머신러닝의 개념, 기술, 특성 공학, 모델 선택 및 백테스팅을 포함하여 퀀트 트레이딩을 위한 머신러닝의 주요 개념과 과제를 소개하는 것으로 시작합니다."

[그림 5-1] 챗GPT가 작성한 퀀트 트레이딩 서적

이 책은 앞서 책의 목차에 대해서 생성하고 각 목차에 나오는 세부 항목을 각각 물어보는 것과 같은 방식으로 챗GPT에 의해 생성시킨 글들을 통해 한 권의 책을 완성시킨 것이다. 심지어 이렇게 완성된 책은 아마존에서 20달러에 팔고 있다.

02 챗GPT는 퀀트 분석과 퀀트 트레이딩에도 활용할 수 있다

챗GPT는 퀀트 분석에서도 유용하게 활용될 수 있다. 챗GPT를 활용하여, 퀀트 분석에서 필요한 데이터 처리, 시계열 데이터 분석, 예측 모델링 등 다양한 분야에서 도움을 줄 수 있다. 금융시장에서 발생하는 다양한 변화와 움직임을

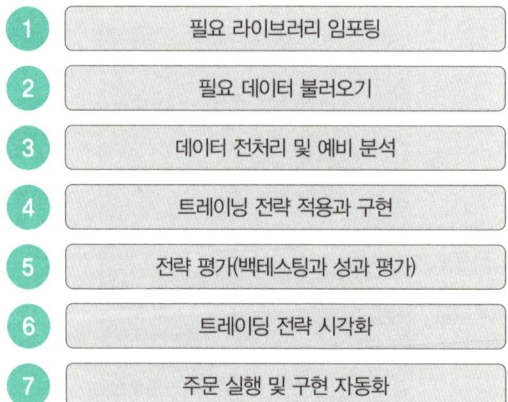

[그림 5-2] 파이썬 퀀트투자 분석 절차

이해하고, 이를 예측하기 위한 모델링을 수행할 수 있다. 챗GPT를 이용하여 과거의 시계열 데이터와 현재 시장 상황을 분석하고, 이를 기반으로 미래의 추세와 예상되는 수익률을 예측할 수 있다.

챗GPT는 기업 보고서, 뉴스 기사, SNS 등에서 발생하는 다양한 정보를 수집하고 분석하는 데도 유용하다. 이를 통해 기업의 재무상태, 경영전략 등을 이해하고, 기업의 주가 등을 예측할 수 있다. 아울러, 자산 관리 분야에서도 유용하게 활용될 수 있다. 투자 대상인 주식, 채권, 부동산 등의 분야에서 데이터를 수집하고 분석하고, 이를 바탕으로 투자 전략을 수립할 수 있다. 물론, 챗GPT를 이용하여 퀀트 분석을 수행할 때에는 데이터의 품질과 신뢰성, 모델링의 적절성 등을 항상 고려해야 한다.

또한 챗GPT는 금융 도메인에서 다양한 분석 및 예측 작업에 활용될 수 있다. 주식 가격 예측, 포트폴리오 최적화, 리스크 관리 등의 작업에 활용될 수 있다. 챗GPT는 금융데이터를 분석하고 이해하는 데도 유용하다. 금융데이터는 종종 복잡하고 다양한 변수를 포함하기 때문에 이러한 데이터를 분석하고 해석하는 것이 더욱 쉬워진다. 주식 가격 데이터를 분석하여 기업의 성장 가능성이 높은지, 기업의 리스크가 어떤 수준인지 등을 예측할 수 있다. 챗GPT를 활용하여 금융데이터를 수집하고 분석하는 작업을 자동화하면, 시간과 비용을 절약하고 더욱 정확하고 신속한 의사결정에 도움을 받을 수 있다.

2.1 퀀트투자란 무엇인가

퀀트투자는 인간의 주관적 판단을 대체하기 위해 고급 수학적 모델을 사용하고 컴퓨터 기술을 사용하여 방대한 과거 데이터에서 초과 수익률을 가져올 수 있는 다양하고 높은 확률 이벤트를 선택하여 전략을 수립하는 것을 말한다.

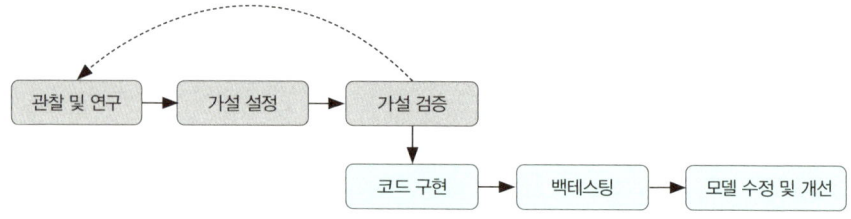

[그림 5-3] 퀀트투자의 기본 프로세스

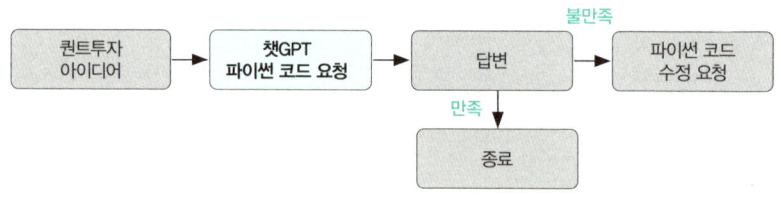

[그림 5-4] 챗GPT 파이썬 퀀트투자 활용법

이는 시장 변동성이 투자자 심리에 미치는 영향을 크게 줄이고 시장이 극도로 열광하거나 비관적일 때 비합리적인 투자 의사결정을 하는 것을 방지한다. 일반적인 거래는 거래자가 자신의 경험이나 선호도에 따라 투자결정을 내리는 것을 말하며, 퀀트투자는 데이터(시장 이력, 기본정보, 뉴스 정보 등)을 퀀트 모델(계량 모델)에 입력하고 컴퓨터와 통계적 기법을 사용하여 분석한다.

퀀트투자의 기본 프로세스는 [그림 5-3]과 같다. 대부분의 퀀트투자는 관찰 및 연구를 통해 투자 아이디어를 발견하고 그 아이디어(가설)를 설정한 후 검증하는 단계를 거치게 된다. 이를 위해 앞서 코드를 구현하고 백테스팅을 거치는 과정을 반복하게 된다. 백테스팅을 통해 입력변수를 조금씩 수정하여 모델을 개선하는 절차를 가진다. 퀀트투자 의사결정은 과거 데이터 분석을 기반으로 수학, 통계, 기타도구를 사용하여 효율적이고 신속하게 결정을 내리는 계량분석에 속한다. 계량분석은 컴퓨터의 강력한 컴퓨팅 능력을 사용하여 인간 사고의 매우 추상적인 부분을 계량화하고 이를 적용하고 있다.

[그림 5-4]는 거래 아이디어를 통해 수익성 있는 전략을 만들 수 있도록 챗GPT에 코드를 요청하고 코드를 실행하여 만족스러운 코드를 생성하도록 코드 수정 요청을 진행하는 절차를 보여주고 있다. 챗GPT에 퀀트와 관련된 개념과 전략을 요청하기 위해 퀀트와 관련된 투자전략 서적을 한두 권 정도 참조하면서 다양한 전략을 요청해 보며 자신만의 전략을 개발해 볼 수 있다.[*]

2.2 퀀트투자를 위한 금융데이터의 유형

앞서의 설명과 같이 금융데이터의 유형은 데이터의 일반 분류 기준으로 정형데이터와 비정형데이터로 구분할 수 있다. 일반적으로 금융권에서는 정형데이터가 사용되었고 점차 새로운 서비스를 위해 텍스트 또는 이미지 등의 비정형데이터가 사용되고 있는 실정이다. 금융 분야의 데이터는 주로 거래 시장 데이터와 공공정보, 뉴스정보, 공시정보, 소셜데이터(트위터, 페이스북) 등을 포함하고 있다. 거래시장 데이터는 앞서 설명한 정형데이터이며, 공공정보, 뉴스정보, 공시정보, 소셜데이터 등은 비정형데이터다.

2.3 퀀트투자를 위한 금융데이터 수집하기

금융데이터를 수집하는 방법에는 '엑셀 다운로드' 금융 라이브러리를 활용한

---

[*] 퀀트투자 입문서로는 〈퀀트의 정석〉(김성진, 로드북, 2023)과 〈퀀트투자 무작정 따라하기〉(강환국, 길벗, 2022)를, 파이썬 퀀트투자 입문서로는 〈파이썬을 이용한 퀀트투자 포트폴리오 만들기〉(이현열, 제이펍, 2023)를 추천한다.

API 활용법, 단말기나 홈페이지를 통한 엑셀 다운로드, 웹 크롤링 방법을 활용할 수 있다. 여기서는 엑셀 다운로드, 파이썬 금융 라이브러리, 웹 크롤링 방법에 대해 설명한다.

2.4 단말기 및 홈페이지를 통한 엑셀 다운로드

단말기(블룸버그, 체크, 마켓포인트 등) 및 홈페이지를 통한 엑셀 다운로드로 챗GPT에 활용할 수 있다. 실제로는 엑셀과 바로 연동하여 활용할 수 없고 다운받은 엑셀의 해당 화면의 데이터를 복사하여 해당 명령어와 함께 활용할 수 있다.

2.5 파이썬 금융 라이브러리

파이썬 금융 라이브러리는 다양하게 존재하고 있으나 챗GPT에서 잘 활용될 수 있는 판다스 데이터 리더(PandasDataReader), 와이 파이낸스(yfinance), 파이낸스 데이터 리더(FinanaceDataReader)를 소개하기로 한다. 일반적으로는 챗GPT에서 금융과 관련된 예제 코드의 라이브러리는 대체로 판다스 데이터 리더, 와이 파이낸스 라이브러리를 통해 보여주고 있으며, 국내에서 개발된 파이낸스 데이터 리더의 활용도가 높다는 점에서 파이낸스 데이터 리더를 프롬프트 명령어의 단어로 지정하여 질의하면 해당 코드가 생성되므로 파이낸스 데이터 리더의 활용을 통해 더 폭넓은 데이터에 대해 접근하는 방식을 추천한다.

아래는 파이썬 금융데이터 분석에서 유용한 패키지이며, 각각의 패키지에 대해 간단하게만 설명한다.

1. 판다스 데이터 리더 ←datareader

판다스 데이터 리더(PandasDataReader)는 판다스(Pandas)에서 제공하는 데이터 리더 라이브러리로, 다양한 데이터 소스에서 데이터를 불러올 수 있다. 판다스 데이터 리더를 사용하면 웹에서 데이터를 직접 다운받거나, 데이터 API를 사용하여 데이터를 가져올 수 있다.

판다스 데이터 리더를 사용하면 야후 파이낸스(Yahoo Finance), Federal Reserve Economic Data(FRED), World Bank, Quandl 등의 데이터 소스에서 데이터를 불러올 수 있다. 또한 사용자 정의 데이터 소스를 추가할 수도 있다.

다음은 판다스 데이터 리더를 사용하여 야후 파이낸스에서 삼성전자(005930.KS)의 주식 데이터를 불러오는 간단한 예시다.

```
!pip install pandas_datareader
import pandas_datareader as pdr

# 삼성전자(005930.KS)의 주식 데이터를 불러옵니다.
df = pdr.get_data_yahoo('005930.KS')

# 불러온 데이터의 상위 5개 행을 출력합니다.
print(df.head())
```

2. 와이 파이낸스

위 로고는 와이 파이낸스(yfinance) 라이브러리의 로고는 아니며 야후 파이낸스(Yahoo Finance)의 로고다. 와이 파이낸스는 파이썬에서 야후 파이낸스의 데이터를 받을 수 있는 API 패키지다. 즉, 와이 파이낸스는 야후 파이낸스의 주식 가격 데이터를 파이썬에서 쉽게 다룰 수 있도록 하는 라이브러리다.

와이 파이낸스를 사용하면 파이썬에서 야후 파이낸스에서 제공하는 주식 가격, 거래량, 기타 정보를 불러올 수 있다.

와이 파이낸스 라이브러리를 설치하고, 콘솔에서 다음 명령어를 입력하여 테슬라(Tesla, TSLA) 주가 데이터를 다운받는다. 이제 테슬라 데이터프레임에는 테슬라 주가 데이터가 저장되어 있다.

이를 시각화하기 위해 시각화 라이브러리인 맷플로립(matplotlib) 라이브러리를 사용하여 그래프를 그려본다. 아래 코드를 실행하면 테슬라 주가 그래프가 나타난다.

```
!pip install yfinance

import yfinance as yf

tickerSymbol = 'TSLA'
tickerData = yf.Ticker(tickerSymbol)
tesla = tickerData.history(period='max')

import matplotlib.pyplot as plt

plt.figure(figsize=(14, 8))
plt.plot(tesla['Close'])
plt.title('Tesla 주가')
plt.xlabel('날짜')
plt.ylabel('주가 ($)')
plt.show()
```

먼저 yf.Ticker() 함수를 사용하여 테슬라 Ticker 객체를 생성한다. Ticker 객체는 해당 주식의 정보와 가격 데이터를 포함하고 있다. 참고로 "yfinance에서 2015년 1월 1일부터 2023년 3월 31일까지 엔비디아 주가를 다운로드하고 그래프를 보여주는 파이썬 코드를 알려줘."라는 프롬프트 명령어를 실행해보기 바란다.

2022년 11월 30일 오픈AI의 챗GPT 공개 이후 최고의 수혜주인 엔비디아의 주가 상승모습을 볼 수 있다.

3. 파이낸스 데이터 리더 　FinanceDataReader

파이낸스 데이터 리더(FinanceDataReader)는 국내에서 개발된 금융데이터 전용패키지로 주식, 지수, 환율, 암호화폐 및 기타 금융데이터를 다운받고 처리하는 데 사용되는 라이브러리다. 파이낸스 데이터 리더를 사용하면 주요 금융데이터 제공업체에서 제공하는 데이터를 다운받고 쉽게 분석할 수 있다.*

> financedatareader 라이브러리를 이용해서 2015년 1월 1일부터 삼성전자를 다운받고 그래프를 그리는 파이썬 코드를 알려줘.

먼저 financedatareader 라이브러리와 matplotlib 라이브러리를 import합니다.

```
!pip install -U finance-datareader
import FinanceDataReader as fdr
import matplotlib.pyplot as plt
```

그런 다음 fdr.DataReader( ) 메서드를 사용하여 삼성전자 주식 데이터를 다운로드합니다.

이 메서드는 인수로 주식 종목 코드와 시작 날짜를 받습니다. 삼성전자의 종목 코드는 '005930'입니다.

```
start_date = '2015-01-01'
samsung = fdr.DataReader('005930', start_date)
```

마지막으로, samsung['Close']를 사용하여 종가 데이터만 추출하고, plt.plot( )을 사용하여 그래프를 그립니다.

---

* 자세한 사용법은 FinanceDataReader 사용자 안내서 홈페이지(https://financedata.github.io/posts/finance-data-reader-users-guide.html)를 참조하라. 구글 검색으로 FinanceDataReader를 검색해보자.

```
plt.plot(samsung['Close'])
plt.show()
```

전체 코드는 다음과 같습니다.

```
!pip install -U finance-datareader
import FinanceDataReader as fdr
import matplotlib.pyplot as plt

start_date = '2015-01-01'
samsung = fdr.DataReader('005930', start_date)

plt.plot(samsung['Close'])
plt.show()
```

이 코드를 실행하면 2015년 1월 1일부터 현재까지 삼성전자의 주식 종가 데이터를 다운로드하고, 이를 그래프로 시각화한 결과를 확인할 수 있습니다. fdr.DataReader( ) 함수를 사용하여 삼성전자(005930)의 주식 데이터를 불러옵니다.

이때 fdr 라이브러리는 KRX 데이터 소스에서 삼성전자의 주식 데이터를 가져옵니다. 이러한 패키지들은 모두 파이썬 데이터 분석에서 유용하게 사용되며, 각각의 특성을 파악하여 적절한 상황에서 적절한 패키지를 사용하는 것이 중요합니다.

구글 코랩을 활용하여 코드 실행 시 가장 많이 오류가 나는 것은 라이브러리 설치에 관한 것이다. 판다스(pandas), 넘파이(numpy) 등의 라이브러리는 기본으로 제공해주기 때문에 import [라이브러리]를 해주면 된다. 와이파이낸스, 판다스 데이터 리더, 파이낸스 데이터 리더와 같이 기본으로 제공되지 않는 라이브러리를 사용하고 싶을 때에는 라이브러리를 설치해주는 과정이 필요하다.

예를 들어, !pip install yfinance와 같이 라이브러리를 설치하고, import yfinance as yf와 같이 임포팅하여 사용하면 된다.

2.6 웹 크롤링

퀀트투자에서 데이터를 수신하는 방법 중에는 웹 크롤링이 많이 사용된다. 실제 블룸버그와 같은 단말기를 통해 해외 및 국내주식 정보를 받는 방법이 있지만 해당 단말기는 고가의 장비로 일반적인 방법으로 사용하는 경우 웹 크롤링이 다양하게 활용되고 있다.

아래는 기본적인 삼성전자 주식에 대해 조회할 수 있는 웹 크롤링 예제다.

> 퀀트투자를 위한 파이썬 크롤링 예제를 알려줘.

 퀀트투자를 위해 파이썬을 사용하여 웹사이트에서 데이터를 수집하는 방법은 크게 2가지입니다. 첫 번째는 웹사이트의 API를 이용하여 데이터를 가져오는 것이고, 두 번째는 웹 스크래핑을 통해 데이터를 수집하는 것입니다. 아래는 웹 스크래핑을 이용한 예제입니다.

예제) 네이버 금융에서 삼성전자의 현재가 정보 수집하기
```
import requests
from bs4 import BeautifulSoup

url = "https://finance.naver.com/item/main.nhn?code=005930"
response = requests.get(url)
html = response.text

soup = BeautifulSoup(html, 'html.parser')
now_price = soup.select_one('p.no_today span').get_text()
```

```
print(now_price)
```

해당 코드는 네이버 금융에서 삼성전자 종목의 현재가 정보를 수집하는 예제입니다. requests 모듈로 해당 url의 html 코드를 가져온 후, BeautifulSoup 모듈을 이용하여 파싱한 후, select_one 메서드를 이용하여 원하는 정보를 추출합니다.

위의 예제에서는 requests와 BeautifulSoup 라이브러리를 사용하였습니다. 웹 스크래핑을 수행할 때는 해당 웹사이트의 robots.txt 파일 등을 확인하여 크롤링이 허용되는 지를 확인하고, 서버에 부담을 주지 않도록 주의해야 합니다.

요청하여 응답받은 코드에 대해 좀 더 자세한 설명이 필요하면 다시 코드 설명을 요청하여 자세한 답변을 받을 수 있다.

> 다음 코드를 설명해줘.
> ```
> import requests
> from bs4 import BeautifulSoup
> 
> url = "https://finance.naver.com/item/main.nhn?code=005930"
> response = requests.get(url)
> html = response.text
> 
> soup = BeautifulSoup(html, 'html.parser')
> now_price = soup.select_one('p.no_today span').get_text()
> print(now_price)
> ```

이 코드는 파이썬에서 requests와 BeautifulSoup 모듈을 사용하여 웹 페이지에서 데이터를 추출하는 예시입니다.

- import requests 및 from bs4 import BeautifulSoup는 requests 및 BeautifulSoup 모듈을 가져옵니다.
- url 변수는 크롤링할 웹 페이지의 URL입니다.

- requests.get(url) 함수는 URL에 HTTP 요청을 보내고, 그 결과를 response 변수에 저장합니다.
- response.text는 응답 객체에서 본문을 추출하여 html 변수에 저장합니다.
- BeautifulSoup(html, 'html.parser') 함수는 html 변수에 저장된 HTML 코드를 파싱하여 파이썬 객체로 변환합니다.
- soup.select_one('p.no_today span')은 CSS 선택자를 사용하여 HTML 코드에서 현재 주식 가격을 나타내는 요소를 선택합니다.
- get_text( ) 함수는 선택된 요소에서 텍스트를 추출합니다.
- now_price 변수는 현재 주식 가격을 포함하고 있습니다.
- print(now_price)는 현재 주식 가격을 출력합니다.

2.7 퀀트투자 기초와 개념 학습

퀀트투자는 데이터를 분석하여 수학적 모델을 만들고, 이를 바탕으로 자동화된 투자 전략을 구현하는 것이다. 이 방식은 사람이 감정적 판단을 내리지 않고 합리적인 근거에 따라 투자를 결정할 수 있다는 장점이 있다. 또한 대규모의 데이터를 분석하므로 높은 예측력을 가지고 있다. 챗GPT를 활용하면 퀀트투자 개념을 빠르게 학습할 수 있다는 장점이 있다.

> 퀀트투자 핵심용어 10가지만 알려줘.

1. **알고리즘 트레이딩 (Algorithmic Trading):** 컴퓨터 알고리즘을 활용해 자동으로 매매 주문을 생성하고 실행하는 거래 방식.
2. **백테스팅 (Backtesting):** 과거 데이터를 사용해 자신의 투자 전략을 검증하는 과정.
3. **머신러닝 (Machine Learning):** 대규모 데이터를 활용해 패턴을 분석하고 이를 바탕으로 예측하는 기술.
4. **포트폴리오 최적화 (Portfolio Optimization):** 여러 종목으로 이루어진 포트폴리오를 구성할 때, 목표 수익률에 따라 최적의 비중을 찾아내는 과정.

5. **리스크 매니지먼트 (Risk Management):** 투자 시 발생할 수 있는 위험을 사전에 파악하고 최소화하는 전략.
6. **알파 (Alpha):** 벤치마크 대비 초과 수익을 의미하는 지표.
7. **베타 (Beta):** 시장 대비 주식의 변동성을 나타내는 지표.
8. **슬리피지 (Slippage):** 실제 매매 가격이 목표 가격과 차이가 나는 현상.
9. **투자 유니버스 (Investment Universe):** 분석 대상으로 선정된 종목 집합.
10. **트렌드 팔로잉 (Trend Following):** 현재의 추세를 따라 매매하는 전략.

> 파이썬 퀀트투자를 위한 기술적 지표 3가지를 설명하고 예제를 보여줘.

퀀트투자를 공부하는 순서는 다음과 같을 수 있습니다.

1. **기본 개념 이해:** 퀀트투자의 기본적인 개념과 용어, 그리고 전략의 종류와 특징을 이해합니다. 이를 위해 관련 도서나 강의를 참고할 수 있습니다.

2. **프로그래밍 언어 습득:** 퀀트투자에서는 컴퓨터 프로그래밍 언어를 이용해 알고리즘을 작성하고 백테스팅을 수행하기 때문에 프로그래밍 언어를 습득하는 것이 필수적입니다. 파이썬이 퀀트투자에서 많이 사용되는 언어 중 하나이므로, 파이썬을 익히는 것이 좋습니다.

3. **데이터 수집 및 처리:** 퀀트투자에서는 다양한 데이터를 수집하고 분석해야 합니다. 이를 위해 웹 크롤링, 데이터베이스, 데이터 처리 등의 기술을 습득해야 합니다.

4. **백테스팅:** 수집한 데이터를 활용해 자신의 투자 전략을 검증하기 위해 백테스팅을 수행해야 합니다. 이를 위해 백테스팅 도구를 익히고 실제 데이터를 활용해 백테스팅을 수행해보는 것이 좋습니다.

5. **리스크 매니지먼트:** 투자에서 발생할 수 있는 다양한 위험을 파악하고 최소화하는 방법을 학습합니다. 이를 위해 리스크 모델링 및 포트폴리오 최적화 기술을 습득하는 것이 좋습니다.

6. **머신러닝 및 딥러닝:** 최근에는 머신러닝 및 딥러닝 기술을 활용한 퀀트투자 전략이 많이 연구되고 있습니다. 따라서 이러한 기술에 대한 이해와 습득이 필요합니다.

7. **실전 적용:** 이론적인 학습을 바탕으로 실제로 퀀트투자 전략을 구현하고, 백테스팅 결과를 분석해보는 것이 중요합니다. 이를 통해 자신의 전략을 보완하고 성과를 높일 수 있습니다.

> 파이썬 퀀트투자를 위한 기술적 지표 3가지를 설명하고 예제를 보여줘.

 파이썬을 이용한 퀀트투자에서 사용하는 기술적 지표는 다양합니다. 여기서는 이 중에서도 대표적인 3가지 지표를 소개하고, 파이썬을 이용하여 해당 지표를 계산하는 방법에 대해 설명하겠습니다.

이동평균 (Moving Average)

이동평균은 일정 기간 동안의 가격 평균을 계산한 지표입니다. 가격 변동의 추세를 파악하고자 할 때 자주 사용됩니다. 이동평균은 간단 이동평균(Simple Moving Average)과 지수 이동평균(Exponential Moving Average)이 있습니다. 단순 이동평균(SMA)의 경우, 일정 기간 동안의 가격을 더한 후, 기간 수로 나누어 평균을 계산합니다. 예를 들어, 5일간의 종가 이동평균을 계산하고자 할 때, 최근 5일간의 종가를 더한 후, 5로 나누어 평균을 계산합니다.

```
import pandas as pd

# 데이터 불러오기
df = pd.read_csv('stock.csv', index_col='Date', parse_dates=True)

# 5일간의 종가 이동평균 계산
sma = df['Close'].rolling(window=5).mean()

print(sma)
```

상대 강도 지수 (Relative Strength Index, RSI)

상대 강도 지수는 일정 기간 동안의 주가 상승폭과 하락폭의 크기를 비교하여 추세를 파악하는 지표입니다. RSI가 70 이상이면 상승 추세이고, 30 이하이면 하락 추세입니다.

```
import pandas as pd
import numpy as np

# 데이터 불러오기
```

```python
df = pd.read_csv('stock.csv', index_col='Date', parse_dates=True)

# RSI 계산 함수 정의
def RSI(df, period=14):
    delta = df['Close'].diff()
    gain = delta.where(delta>0, 0)
    loss = -delta.where(delta<0, 0)
    avg_gain = gain.rolling(window=period).mean()
    avg_loss = loss.rolling(window=period).mean()
    RS = avg_gain / avg_loss
    RSI = 100.0 - (100.0 / (1.0 + RS))
    return RSI

# 14일간의 RSI 계산
rsi = RSI(df, 14)

print(rsi)
```

볼린저 밴드 (Bollinger Bands)

볼린저 밴드는 이동평균을 중심으로 상하한선을 계산하여 추세를 파악하는 지표입니다. 일반적으로 이동평균의 2배의 표준편차를 이용하여 상하선을 그립니다. 상한선과 하한선은 일반적으로 이동평균의 2배의 표준편차를 이용하여 계산합니다. 주가가 상한선을 돌파하면 과매수 상태, 하한선을 돌파하면 과매도 상태로 판단할 수 있습니다.

```python
import pandas as pd
import numpy as np

# 데이터 불러오기
df = pd.read_csv('stock.csv', index_col='Date', parse_dates=True)

# 볼린저 밴드 계산 함수 정의
def BollingerBands(df, period=20, std=2):
    mean = df['Close'].rolling(window=period).mean()
```

```
            std = df['Close'].rolling(window=period).std()
            upper = mean + (std * std)
            lower = mean - (std * std)
            return mean, upper, lower

# 20일 기간, 2표준편차로 볼린저 밴드 계산
mean, upper, lower = BollingerBands(df, 20, 2)

print(mean)
print(upper)
print(lower).
```

2.8 추세추종 전략의 기초: 모멘텀과 이동평균

챗GPT는 퀀트 분석에서도 유용하게 활용될 수 있다. 챗GPT를 활용하여, 퀀트 분석에서 필요한 데이터 처리, 시계열 데이터 분석, 예측 모델링 등 다양한 분야에서 도움을 받을 수 있다. 챗GPT를 활용하여, 금융시장에서 발생하는 다양한 변화와 움직임을 이해하고, 이를 예측하기 위한 모델링을 수행할 수 있다.

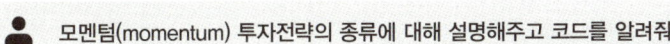

모멘텀(momentum) 투자전략의 종류에 대해 설명해주고 코드를 알려줘.

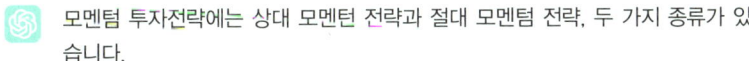

모멘텀 투자전략에는 상대 모멘텀 전략과 절대 모멘텀 전략, 두 가지 종류가 있습니다.

1. 상대 모멘텀 전략

상대 모멘텀 전략은 주식이 상대적으로 다른 주식보다 성과가 뛰어난 경우 매수하고, 상대적으로 다른 주식보다 성과가 떨어지는 경우 매도하는 전략입니다. 예를 들어, S&P 500 지수의 수익률 대비 산업군 ETF의 수익률을 비교하여 가장 우수한 수익률을 내는 산업군 ETF를 매수하는 전략입니다.

2. 절대 모멘텀 전략

절대 모멘텀 전략은 주식이 특정 기간 동안 가격이 오르거나 하락한 경우 매수 또는 매도하는 전략입니다. 예를 들어, 최근 12개월 동안 가장 높은 수익률을 보인 주식을 매수하고, 가장 낮은 수익률을 보인 주식은 매도하는 전략입니다.

파이썬을 이용하여 모멘텀 투자전략을 구현할 수 있습니다. 아래는 상대 모멘텀 전략을 구현한 파이썬 코드입니다. 이 코드는 S&P 500 지수와 네 개의 산업군 ETF의 수익률을 비교하여 가장 우수한 수익률을 내는 ETF를 매수합니다.

```
import pandas as pd
import yfinance as yf

# 데이터 다운로드
tickers = ['SPY', 'XLE', 'XLV', 'XLI', 'XLY'] # S&P 500 지수, 산업군 ETF
start_date = '2016-01-01'
end_date = '2021-12-31'
prices = pd.DataFrame()
for ticker in tickers:
    prices[ticker] = yf.download(ticker, start=start_date, end=end_date)['Adj Close']

# 수익률 계산
returns = prices.pct_change().dropna()

# 상대 모멘텀 전략 구현
spy_returns = returns['SPY']
sector_returns = returns.drop('SPY', axis=1)
relative_returns = sector_returns.subtract(spy_returns, axis=0)
best_sector = relative_returns.mean().idxmax()

# 해당 ETF 매수
print(f"Buy {best_sector}")
```

위 코드를 실행하면, 가장 우수한 수익률을 내는 ETF를 매수하는 결과를 출력

합니다. 예를 들어, XLY(소비재 산업군 ETF)가 가장 우수한 수익률을 보인 경우 "Buy XLY"와 같은 결과가 출력됩니다.

> S&P 500 지수에 대한 절대 모멘텀을 계산하는 파이썬 코드를 알려줘.

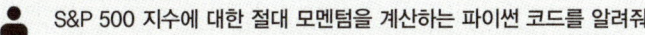

```python
import pandas as pd
import yfinance as yf

# 데이터 다운로드
ticker = 'SPY'
start_date = '2010-01-01'
end_date = '2021-12-31'
price = yf.download(ticker, start=start_date, end=end_date)['Adj Close']

# 수익률 계산
returns = price.pct_change().dropna()

# 절대 모멘텀 전략 구현
momentum_period = 12
momentum = returns.tail(momentum_period).mean() > 0
if momentum:
    print(f"Buy {ticker}")
else:
    print(f"Sell {ticker}")
```

추세추종 매매와 더불어 연평균 수익율(CAGR)을 구할 수 있다. 연평균 수익률 계산 이후 최대하락폭(MDD), 성과평가를 위한 샤프비율(Sharp Ratio) 계산, 백테스팅을 차례대로 진행해 볼 수 있다.

해당기간의 연평균 수익률(CAGR)을 구하는 계산식과 계산하기 위한 파이썬 코드를 알려줘.

 해당 기간의 연평균 수익률(CAGR)을 계산하는 식은 다음과 같습니다.

CAGR = ((최종금액/초기금액)^(1/기간) − 1) * 100

여기서 최종금액은 해당 기간 동안의 종가, 초기금액은 해당 기간의 시작일 종가입니다. 기간은 일, 월, 년 등의 단위로 사용할 수 있습니다. 이를 파이썬 코드로 구현하면 다음과 같습니다.

```
import pandas as pd
import yfinance as yf

# 데이터 다운로드
ticker = 'SPY'
start_date = '2010-01-01'
end_date = '2021-12-31'
price = yf.download(ticker, start=start_date, end=end_date)['Adj Close']

# CAGR 계산
start_price = price.iloc[0]
end_price = price.iloc[-1]
years = (end_price.name - start_price.name).days / 365.25
cagr = ((end_price/start_price) ** (1/years) - 1) * 100
print(f"{ticker} CAGR: {cagr:.2f}%")
```

위 코드를 실행하면 해당 기간의 종가를 이용하여 CAGR을 계산하고 출력합니다. 예를 들어, S&P 500 지수의 2010년 1월 1일부터 2021년 12월 31일까지의 CAGR은 13.29%입니다.

아래는 미국채 수익률에 대해 판다스 데이터 리더를 다운받고 그래프를 그려주는 예제다. 기본적으로 파이썬 라이브러리를 지정하지 않으면 판다스 데이터 리더를 제공하는 경우가 많다. 동일한 명령어라도 계속 다른 예제가 생성될 수 있으니 다른 예제가 나오면 판다스 데이터 리더를 지정하여 질의하면 된다.

> 2년물 미국채 수익률, 10년물 미국채 수익률을 다운받고 그래프를 그려주는 파이썬 코드를 알려줘.

미국 채권 수익률 데이터를 다운받기 위해서는 pandas-datareader 패키지가 필요합니다. 만약 설치되어 있지 않다면 pip install pandas-datareader 명령어로 설치할 수 있습니다.

다음은 2년물 미국채 수익률과 10년물 미국채 수익률을 다운로드하고 그래프를 그리는 파이썬 코드입니다.

```python
import pandas_datareader.data as web
import matplotlib.pyplot as plt

start_date = '2019-03-21'
end_date = '2023-03-21'

# 2년물 미국채 수익률 다운로드
yield_2yr = web.DataReader('DGS2', 'fred', start_date, end_date)

# 10년물 미국채 수익률 다운로드
yield_10yr = web.DataReader('DGS10', 'fred', start_date, end_date)

# 그래프 그리기
plt.plot(yield_2yr.index, yield_2yr['DGS2'], label='2-Year Treasury Yield')
plt.plot(yield_10yr.index, yield_10yr['DGS10'], label='10-Year Treasury Yield')
plt.legend()
plt.xlabel('Date')
plt.ylabel('Yield (%)')
```

```
plt.title('U.S. Treasury Yield Curve')
plt.show()
```

위 코드를 실행하면 2년물 미국채 수익률과 10년물 미국채 수익률의 시계열 데이터를 그래프로 시각화할 수 있습니다.

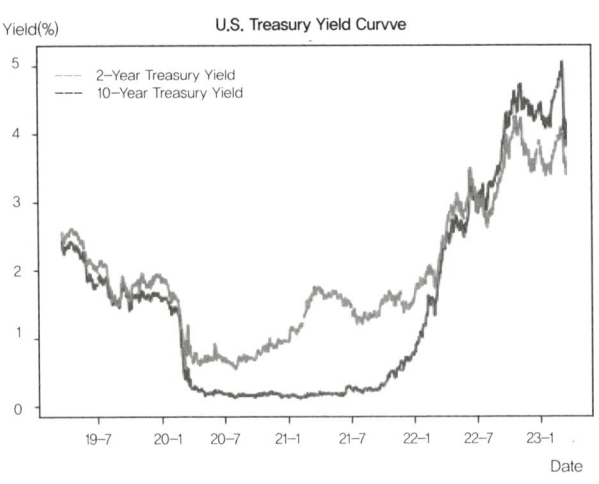

[그림 5-5] 미국채 2년물과 10년물 수익률 그래프

03 챗GPT를 활용한 자산관리 활용
: 로보어드바이저를 대체한다

최근 AI 기술의 발전과 함께 로보어드바이저 자산관리 서비스가 등장하고 있다. 챗GPT를 활용하여, 로보어드바이저와 같은 자산 관리와 관련된 포트폴리오 관리, 리밸런싱, 성과 분석 등의 업무를 자동화할 수 있다. 또한 챗GPT를

활용한 자산관리 서비스는 사용자의 투자 목적, 성향, 자산 규모 등을 고려하여 맞춤형 포트폴리오를 제시해줄 수 있다. 자산의 리밸런싱이나 리스크 관리 등을 자동화하여 투자 수익을 극대화할 수 있다.

다양한 통계 분석 기법을 활용하여 투자 성과를 예측하고 포트폴리오를 최적화할 수 있다. 아울러, 투자 전략을 결정하는 데 필요한 데이터를 수집하고 분석할 수 있으며, 증권 시장의 뉴스나 기업의 재무제표를 분석할 수 있다. 또한 챗GPT를 활용한 자산관리 서비스는 사용자가 언제 어디서든 투자 관련 정보를 확인할 수 있도록 모바일 응용프로그램으로 개발할 수도 있다. 챗GPT를 활용한 자산관리 서비스는 투자자들이 효율적이고 스마트한 투자 결정을 내리는 데 큰 도움이 될 것으로 예상된다.

홍길동 고객

거시경제현황

	종가	전일비
종합주가지수	2431	-1.28%
코스닥지수	821	-3.28%
원달러환율	1322	1.27%

고객자산포트폴리오

	종가	전일비	수익률
삼성전자	60300	-3.60%	12%
SK하이닉스	86700	-2.50%	11%
KOSPI200 ETF	123	-0.25%	5%
삼성그룹적립식	253	3.30%	2%
해외주식형펀드	45320	2.10%	3.20%

[그림 5-6] 홍길동 고객의 고객자산 포트폴리오 엑셀 데이터셋

> 다음 홍길동 고객의 일별 자산운용 리포트를 작성해줘.
>
> **거시경제현황**
>
> | | 종가 | 전일비 |
> |---|---|---|
> | 종합주가지수 | 2431 | -1.28% |

	종가	전일비	수익률
코스닥지수	821	-3.28%	
원달러환율	1322	1.27%	

고객자산포트폴리오

	종가	전일비	수익률
삼성전자	60300	-3.60%	12%
SK하이닉스	86700	-2.50%	11%
KOSPI200 ETF	123	-0.25%	5%
삼성그룹적립식	253	3.30%	2%
해외주식형펀드	45320	2.10%	3.20%

 홍길동 고객님의 일별 자산운용 리포트를 작성해드리겠습니다.

[거시경제현황]

종합주가지수는 전일 대비 1.28% 하락한 2,431으로 마감하였습니다.

코스닥지수는 전일 대비 3.28% 하락한 821으로 마감하였습니다.

원달러환율은 전일 대비 1.27% 상승한 1,322으로 마감하였습니다.

[고객자산포트폴리오]

삼성전자 종가는 60,300원으로 전일 대비 3.60% 하락하였습니다.
수익률은 12%입니다.

SK하이닉스 종가는 86,700원으로 전일 대비 2.50% 하락하였습니다.
수익률은 11%입니다.

KOSPI200 ETF 종가는 123원으로 전일 대비 0.25% 하락하였습니다.
수익률은 5%입니다.

삼성그룹적립식 종가는 253원으로 전일 대비 3.30% 상승하였습니다.
수익률은 2%입니다.

해외주식형펀드 종가는 45,320원으로 전일 대비 2.10% 상승하였습니다.
수익률은 3.20%입니다.

위와 같이 홍길동 고객님의 자산운용 리포트를 작성해드렸습니다. 현재 시장은 전반적으로 하락세이며, 고객님의 자산포트폴리오 중 일부 종목도 하락했습니다. 하지만 삼성그룹적립식과 해외주식형펀드는 상승했기 때문에 전체적으로는 수익을 내고 있습니다. 추후 시장 변동에 따라 자산운용 전략을 재조정할 필요가 있을 것으로 생각됩니다.

고객의 데이터를 엑셀로 생성하고 엑셀 데이터와 함께 자산운용 보고서 리포트 작성 명령어를 내리면 위와 같은 일별 자산운용 리포트 작성을 도움 받을 수 있다. "거시현황과 고객 자산 포트폴리오를 표로 보여주고 분석하는 보고서를 작성해줘." 또는 "고객 데이터를 보고 분석한 후 자산관리 보고서 형태로 작성해줘." 등과 같이 다양한 명령어를 통해 해당 보고서의 양식과 내용이 바뀐다는 것을 알 수 있으며 마음에 드는 양식을 골라 활용하면 된다.

아래는 해당 고객에 대한 투자제안서 요청에 관한 것인데, 고객 종목 추천에 활용할 수 있다.

 위의 홍길동 고객의 데이터를 보고 고객의 성향에 따른 투자제안서를 부탁해.

 고객님의 자산운용 리포트를 분석한 결과, 고객님은 성장성이 높은 기업에 투자하는 것을 선호하는 성향이 있습니다. 따라서 저희는 고객님께 성장 가능성이 높은 기업을 중심으로 구성된 포트폴리오를 제안드립니다.

NAVER(종목코드: 035420)

NAVER는 검색엔진, 포털서비스, 온라인 광고, 인터넷쇼핑 등을 제공하는 인터넷 기업입니다. 최근에는 인공지능(AI), 자율주행, 증강현실 등의 분야에 진출하며 성장 가능성이 높은 기업 중 하나입니다.

삼성바이오로직스(종목코드: 207940)

삼성바이오로직스는 바이오의약품 연구개발 및 생산을 전문으로 하는 기업입니다. 국내 최대 규모의 바이오 허브를 보유하고 있으며, 세계적인 바이오의약품 시장에서 성장 가능성이 높은 기업 중 하나입니다.

위와 같이 고객님의 성향에 맞는 성장 가능성이 높은 기업을 선택하여 포트폴리오를 구성하면, 장기적인 수익을 기대할 수 있습니다. 물론, 시장 변동에 따라 수익률이 변동할 수 있기 때문에 포트폴리오의 구성 비중과 리밸런싱 시기를 조절하는 등의 자산 운용 전략을 함께 고민해보는 것이 좋습니다.

뿐만 아니라, 고객에 대한 자산리스크 분석, 맞춤형 금융교육, 맞춤형 경제 및 주식도서 추천 등 다양하게 활용할 수 있다. 다만, 자산관리 담당자는 생성된 내용에 대한 리뷰와 검증 과정을 거쳐서 고객자산 관리에 활용할 수 있다고 생각된다.

> 위의 홍길동 고객의 자산 리스크 분석을 부탁해.

 고객님의 자산운용 리포트를 분석한 결과, 고객님의 포트폴리오는 다양한 자산군으로 구성되어 있습니다. 그러나 각 자산군별로 리스크 수준이 다르기 때문에 자산 리스크를 분석해보겠습니다.

1. 주식
고객님의 포트폴리오는 삼성전자와 SK하이닉스 등 대표적인 대형주를 보유하고 있습니다. 대형주는 안정성이 높아 수익성이 높은 경우가 많지만, 시장 변동성에 민감하게 반응하기 때문에 주식 자체의 리스크가 높습니다.

2. ETF
KOSPI200 ETF는 우리나라 대표적인 지수를 기반으로 구성된 상장지수펀드입니다. ETF는 주식에 투자하는 것과 비슷한 수익성을 가지지만, 위험도는 적은 편입니다. 그러나 지수 자체의 하락으로 인해 ETF의 가치가 하락할 수 있습니다.

3. 적립식
삼성그룹적립식은 적은 금액으로 매월 정기적으로 투자할 수 있는 상품입니다. 적립식은 상환보장금리가 존재하기 때문에 안정적이지만, 이자율 변동에 따라 예상 수익률이 달라질 수 있습니다.

4. 해외주식형펀드

해외주식형펀드는 외국의 다양한 기업의 주식을 보유하고 있습니다. 다양한 국가와 산업군에 투자함으로써 분산 투자 효과를 얻을 수 있지만, 외환 리스크와 해외 증시의 변동성에 따른 리스크가 존재합니다.

따라서 고객님의 포트폴리오는 대체적으로 주식을 중심으로 구성되어 있기 때문에 자산 리스크가 상당히 높습니다. 또한 외환 리스크와 지수 하락 등으로 인한 리스크도 존재합니다. 따라서 고객님의 투자 목표와 성향에 따라 적절한 분산 투자 전략과 리스크 관리 전략이 필요합니다. 이를 위해서는 자산배분, 리밸런싱, 투자기간 등을 고려한 포트폴리오 전략 수립이 필요합니다.

위 데이터는 실제 데이터를 보고 상품추천 제안을 요청한 것이다. 실제 "아파트를 자가로 보유하고 있고, 위험 회피 성향이 보통이며, 투자할 금액이 1억 원인 73세 남자를 위한 모델 포트폴리오를 만들어줘."라는 포트폴리오에 대한 가상 시나리오에 대한 답변을 받을 수 있다. 또한 특정 투자 스타일을 추천받을 수 있다.

헤지펀드 브리지워터 어소시에이츠(Bridgewater Associates) 설립자인 레이달리오(Ray Dalio) 스타일의 포트폴리오를 추천받을 수도 있다. "레이달리오의 스타일로 투자 포트폴리오를 추천해줘." 와 같은 질의를 하면 성장, 가치, 인플레이션헤지, 현금으로 구성된 포트폴리오를 생성해준다. 이처럼 챗GPT는 로보이드바이저(Robo Advisors)와 같이 연령, 소득, 예상 퇴직 연령, 위험 허용 수준과 같은 요소를 기반으로 포트폴리오를 자동으로 할당하는 서비스도 제공이 가능하다.

또한 개인의 재정상태, 수입과 지출금액, 나이 등의 정보를 활용하여 은퇴 재정관리에도 도움을 줄 수 있어 개인 재무관리, 은퇴계획 수립, 또는 고객을 위한 은퇴 재정관리 제안서 작성에도 활용가능하다. "현재 나이는 35살 남자로

400만 원의 고정수익과 지출은 200만 원으로 생활하고 있어. 55세에 은퇴하려고 할 때 은퇴를 위한 재무계획과 추천할 수 있는 금융상품을 알려줘."로 질의를 하면 된다.

[참고 1] 챗GPT를 활용한 블록체인과 스마트 컨트랙트 활용

챗GPT는 스마트 계약 및 블록체인 기술에 대한 우리의 생각을 잠재적으로 변화시킬 수 있다. 스마트 계약은 블록체인 기술을 사용하여 계약 조건의 실행을 자동화하는 자체 실행 계약이며, 블록체인 기술은 트랜잭션을 안전하고 투명하게 기록하는 분산형 디지털 원장이다.

챗GPT를 활용하면 스마트 계약 실행의 정확성과 효율성을 향상하고, 스마트 계약 코딩을 개선하고, 블록체인 보안을 강화하고, 블록체인 응용프로그램을 위한 대량의 데이터를 분석하고 해석하는 데 도움을 받을 수 있다. 여기서는 챗GPT의 AI가 스마트 계약과 블록체인 기술을 어떻게 변화시키고 있는지 살펴보고 응용프로그램의 구체적인 예를 제공하고 이러한 산업에 대한 잠재적 영향을 보여준다. 스마트 계약은 계약 실행 프로세스를 자동화하도록 설계되어 중개자 없이 계약 조건이 충족되도록 한다.

챗GPT는 여러 가지 방법으로 스마트 계약 실행을 자동화하고 최적화할 수 있다. 우선, 스마트 계약 코드의 개발 및 테스트를 지원하여 계약 생성 프로세스를 간소화하는 데 사용할 수 있다. 또한 챗GPT는 개발자가 보다 효율적이고 오류 없는 코드를 작성하여 버그 및 기타 문제의 가능성을 줄이는 데 도움을 줄 수 있다.

계약 실행 프로세스도 자동화할 수 있다. 스마트 계약에 의해 생성된 데이터를 분석하고 해석함으로써 계약 코드의 잠재적인 문제나 오류를 식별하고 개발자에게 시정 조치를 취하도록 경고할 수 있다. 챗GPT는 계약 데이터를 분석하고 패턴과 추세를 식별하여 스마트 계약 성능을 최적화할 수 있다. 이를 통해 비용 절감이나 실행 속도 향상 등 계약을 최적화할 수 있는 영역을 파악하여 계약 실행의 효율성을 높일 수 있다.

저자는 블록체인을 활용한 장외파생상품 거래저장소(TR) 활용에 대해 관심이 있어 2018년 국가수리과학연구소(NIMS)에서 열린 핀테크 세미나에서 장외파생상품의 블록체인 활용방안 관련 내용을 발표한 적이 있다. 이러한 아이디어를 챗GPT를 활용하여 아래와 같이 좀 더 개선된 실험과 개발을 해 볼 수 있다.

> 👤 장외파생상품 중 베리어옵션을 자동으로 계약하고 종료하는 스마트 컨트랙트 코드를 작성해줘.

> 🤖 베리어 옵션은 기초 자산의 가격이 지정된 임계값에 도달하거나 초과하는 경우에만 행사가 가능한 옵션입니다. 이러한 옵션을 자동으로 계약하고 종료하는 스마트 컨트랙트 코드를 작성하기 위해서는 다음과 같은 요소들이 필요합니다.
>
> 베리어 옵션 계약에 필요한 기본 정보: 베리어 수준, 만기일, 행사 가격입니다.
>
> 기초 자산 등 자동 행사 및 청산 기능: 베리어 수준에 도달하면 자동으로 계약을 행사하고 청산합니다.
>
> 계약 종료 및 결과 처리 기능: 계약 종료 시 베리어 수준에 도달하지 않았다면 계약을 종료하고 예치금을 반환합니다. 만약 베리어 수준에 도달했다면 자동으로 행사되고 이에 따른 수익금이 예치금으로 반환됩니다.
>
> 다음은 베리어 옵션 계약 및 자동 청산 기능을 구현한 스마트 컨트랙트 코드 예시입니다.
>
> ```
> -----------------------------------------------------------
> address public buyer; // 계약을 맺은 구매자 주소
>     address public seller; // 계약을 맺은 판매자 주소
>     uint public notional; // 계약 금액
>     uint public strikePrice; // 행사 가격
>     uint public barrierPrice; // 베리어 가격
>     uint public expirationDate; // 만기일
>
>     // 상태 변수 선언
>     bool public isActivated; // 베리어 가격이 달성되었는지 여부
>     bool public isExpired; // 옵션이 만료되었는지 여부
>     uint public underlyingPrice; // 기초 자산 가격
> ```

```
        constructor(address _buyer, address _seller, uint _
notional, uint _strikePrice, uint _barrierPrice, uint _
expirationDate) {
            buyer = _buyer;
            seller = _seller;
            notional = _notional;
            strikePrice = _strikePrice;
            barrierPrice = _barrierPrice;
            expirationDate = _expirationDate;
        }

        // 베리어 옵션 계약 활성화 함수
        function activate(uint _underlyingPrice) public {
            require(msg.sender == seller, "Only seller can
activate the option.");
            require(_underlyingPrice <= barrierPrice, "The
barrier price has not been reached yet.");
            underlyingPrice = _underlyingPrice;
            isActivated = true;
        }
    }

    … 이하 생략 …
```

이와 같이 챗GPT는 스마트 계약 코딩을 생성하고 개선할 수 있다. 앞서 살펴보았듯이 스마트 계약은 이더리움(Ethereum)과 같은 블록체인 플랫폼에서 스마트 계약을 작성하도록 특별히 설계된 솔리디티(Solidity)와 같은 프로그래밍 언어를 사용하여 코딩이 이루어진다. 개발자는 자연어로 스마트 계약 코드를 작성할 수 있으므로 오류를 줄이고 코딩 프로세스의 효율성을 높일 수 있다. 또한 챗GPT는 위협 탐지 및 예방으로 블록체인 보안 강화를 할 수 있으며 블록체인 응용프로그램을 위한 대량의 데이터 분석에 활용할 수 있다.

[참고 2] 챗GPT를 이용하여 자동매매 시스템을 구축해보자

앞서 여러 정보를 토대로 챗GPT는 자동매매 시스템 구축을 위한 알고리즘 개발에서도 활용될 수 있다. 챗GPT를 이용해 시장 정보와 과거 가격 데이터를 학습시켜 향후 주가를 예측하거나, 투자 전략을 개발할 수 있다. 또한 챗GPT를 이용해 뉴스 기사나 SNS 데이터를 분석하여 시장 동향을 파악하고, 해당 정보를 기반으로 자동으로 매매 결정을 내리는 시스템을 구축할 수도 있다. 물론, 챗GPT를 이용한 자동매매 시스템 구축은 적절한 데이터 수집과 전처리, 모델 학습, 예측 결과 검증 등 다양한 과정을 거쳐야 하므로 전문적인 지식과 경험이 필요하다.

이 책에서 이 부분을 제시하려고 했으나 시간과 지면의 제약으로 다음 책에서 다루기로 한다. 비교적 쉽게 사용할 수 있는 예제가 생성되면 저자가 운영하고 있는 브런치(https://brunch.co.kr/@gauss92tgrd)에 먼저 공개하기로 한다. 브런치에 챗GPT를 활용 증권사 기획, 리서치센터 애널리스트 활용방안, IB(Investment Banking) 활용방안, PB(Private Banking) 활용방안, 트레이딩부서 활용방안, 금융리스크 활용방안에 대해 챗GPT를 활용하여 생성된 글을 게시해 놓았다.

DAY 6

첫 CPT에게
데이터 전문가
커리어 코칭을 받자

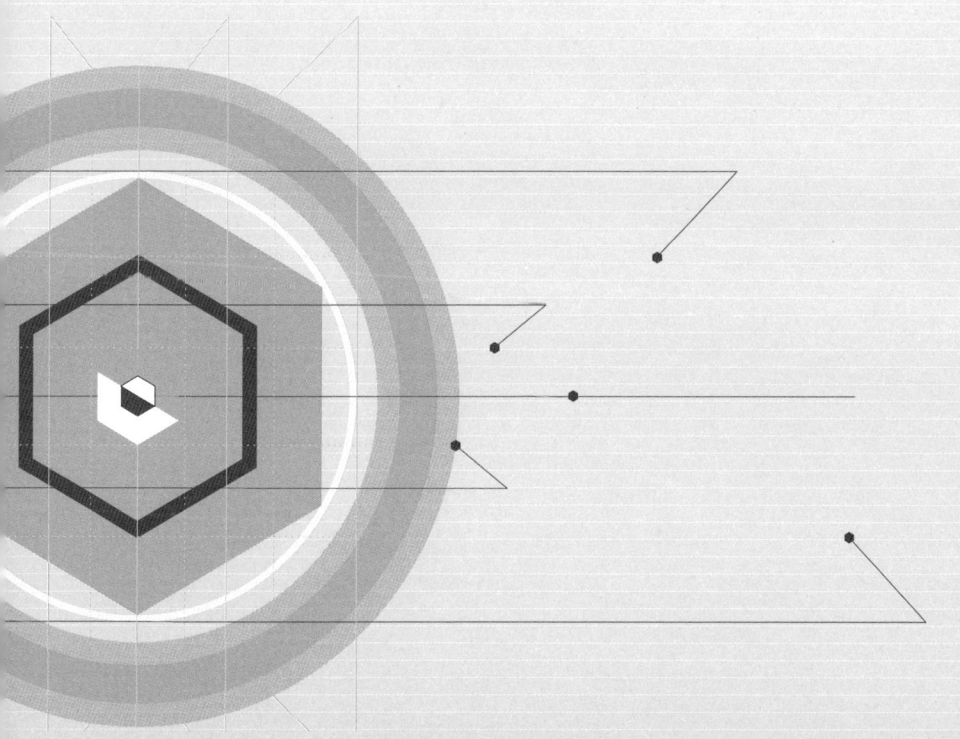

챗GPT는 맞춤형 AI 커리어 코치다.

- 익명 -

챗GPT는 회사의 인사 프로세스에서 다양한 방식으로 활용될 수 있다. 직무기술서 작성, 면접 초안 작성, 지원자 후속 조치 등 다양한 분야에서 효과적으로 활용될 수 있다.

먼저, 직무기술서 작성에 있어서 챗GPT는 유용한 도구가 될 수 있다. 회사는 챗GPT를 활용하여 지원자의 이력서와 자기소개서를 분석하고, 핵심 기술과 역량을 도출하여 효과적인 직무기술서(직무, 직무 목적, 주요 활용, 직무 역할, 필요 역량, 필요 스킬)를 작성할 수 있다. 이를 통해 회사는 취업공고문뿐만 아니라 지원자의 능력과 경험을 정확하게 평가하고, 적합한 인재를 뽑는 데 도움을 받을 수 있다.

또한 면접 초안 작성에서도 챗GPT는 유용하게 활용될 수 있다. 회사는 면접 질문과 관련된 적절한 답변을 생성하고, 면접 질문 목록을 작성하는 데 도움

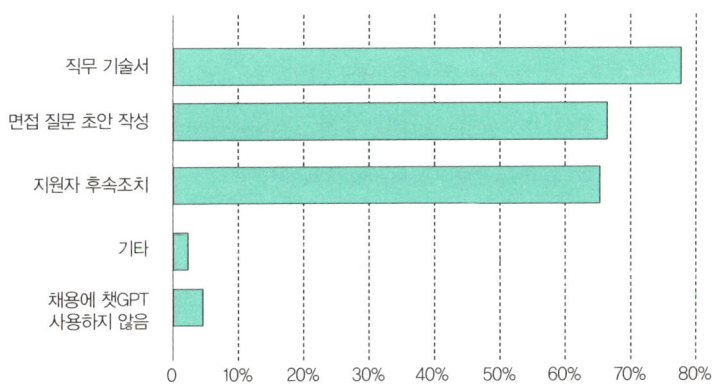

[그림 6-1] 채용과 관련된 기업의 챗GPT 이용실태 (출처: resumebuilder.com)*

---

* 기업 4곳 중 1곳은 이미 챗GPT로 직원을 교체했다(1 in 4 companies have already replaced workers with 챗GPT), February 27, 2023. 출처: https://bit.ly/3MxOCdK

을 받을 수 있다. 이를 통해 면접 과정을 보다 체계적으로 진행하고, 지원자의 역량을 종합적으로 평가할 수 있다. 또한 지원자 후속 조치에도 챗GPT가 활용될 수 있다.

회사는 챗GPT를 사용하여 지원자들과의 커뮤니케이션을 간소화하고, 빠르고 효율적인 후속 조치를 취할 수 있다. 지원자들에게 면접 결과를 통보하거나, 추가적인 정보를 제공하는 등의 작업을 자동화하여 시간과 노력을 절약할 수 있다.

[그림 6-1]은 미국 1000명의 비즈니스 리더에게 미국기업이 채용과 관련하여 활용하는 분야에 대해 응답받은 결과다. 직무기술서 작성, 면접 초안 작성, 지원자 후속 조치 등 다양한 분야에서 효과적으로 활용하여 인사 프로세스를 보다 효율적으로 관리하고, 우수한 인재를 고용하는 데 도움을 받고 있다고 조사되었다.

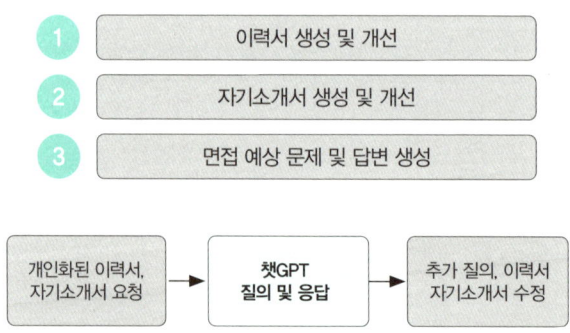

[그림 6-2] 챗GPT 커리어 코칭 활용: 이력서, 자기소개서, 면접준비

회사뿐만 아니라 개인에게 있어서도 챗GPT를 활용하면 커리어 코칭에 유용한 도움을 받을 수 있다. 챗GPT를 이용하면 개인의 커리어 관련 질문에 대해 대답을 받을 수 있다. "어떻게 증권사 취업 준비를 해야 할까?"라는 질문과 같은 취업 질문뿐만 아니라 교육, 업계 동향, 취업 준비 자료 모음 등의 답변을 제공받을 수 있다.

또한 챗GPT를 이용하면 취업 준비에서부터 이직, 승진, 경력 전환까지 다양한 커리어 이슈에 대해 상담받을 수 있다. 이것은 개인 맞춤형 커리어 코칭을 받을 수 있다는 장점이 있으며, 개인의 성장과 발전에 큰 도움을 받을 수 있다.

01 이력서와 자기소개서 작성 및 개선
: 작성보다는 개선에 많은 코칭을 받자

챗GPT를 활용하면 이력서와 자기소개서 작성에 많은 도움을 받을 수 있다. 다만, 이력서와 자기소개서 작성보다는 개선에 많은 활용을 하는 것이 좋다고 생각된다. 여러 기업에서 챗GPT를 활용한 자기소개서 검증에 대해 많은 고심을 하고 있다는 기사가 보도되었는데, 아직 자기소개서가 챗GPT에 의해 생성된 것인지 검사하는 인공지능 도입을 검토하고 있지는 않다고 알려져 있다. 다만, 향후에 자기소개서를 챗GPT에 의해 생성된 것이 판명나는 경우 좋지 않은 결과가 발생할 수 있어 자기소개서는 큰 그림을 그릴 수 있는 참조용 및 기존 작성 자료의 개선 용도로 활용하는 것이 바람직해 보인다.

> 내 이름은 홍길동이고 남자야. ABC대학교 경영학을 전공하고 부전공으로 컴퓨터공학을 전공했어. 경력은 DEF자산평가사에서 금융자산평가, GH자산운용에서 파이썬투자분석에 대한 인턴 경험이 있어. 자격증은 금융투자분석사, 재무위험관리사, 투자자산운용사가 있어. 프로그래밍은 파이썬, SQL 중급 실력이 있어. 해외경험은 1년간 GH대학에서 교환학생을 했어. 증권사 취업을 위한 이력서를 표로 작성해줘.

항목	내용
이름/성별	ABC대학교 경영학 전공, 컴퓨터공학 부전공(졸업)
연락처	DEF자산평가사(금융자산평가 인턴), GH자산운용(파이썬 투자분석 인턴)
학력사항	금융투자분석사, 재무위험관리사, 투자자산운용사
경력사항	파이썬/SQL 중급
자격증/어학	금융투자분석사, 재무위험관리사, 투자자산운용사
프로그래밍	파이썬/SQL 중급
해외경험	GH대학 교환학생(1년)

[표 6-1] 챗GPT 커리어 코칭 활용: 이력서, 자기소개서, 면접준비

그렇지만 챗GPT를 활용하여 이력서 작성에 활용될 가능성은 높지 않다. 이력서는 해당 기업만의 양식이 있어 해당 양식에 누락되지 않고 기입하는 형태로 진행하여 이력서 활용도는 높지 않다고 할 수 있다. 다만, 영문 이력서의 경우는 좀 더 자유롭게 작성되는 형태인 경우가 많아서 본인의 이력과 관련된 정보를 영어 이력서로 전환하는 데 도움 받을 수 있다.

다음 예제는 자기소개서 작성을 위한 첫 단계로 이력서 예제를 생성해 본 것이다. 실제 챗GPT사용 시 이름과 연락처와 같은 개인정보를 챗GPT에 노출하지 않는 것이 좋다고 판단된다.

> 👤 증권사 취업을 위한 다음 이력서를 리뷰하고 개선점을 알려줘. "앞의 이력서 복사 삽입"

> 🤖 이력서를 리뷰해보면 몇 가지 부족한 점들이 보입니다. 연락처가 기재되어 있지 않아서 채용 담당자가 연락할 방법이 없습니다.
>
> 추가적으로, 학력사항과 경력사항은 간단하게 명시되어 있지만, 업무 수행 내용과 성과 등 자세한 내용은 나와있지 않아 채용 담당자가 해당 분야에 대한 경험과 능력을 평가하기 어려울 수 있습니다. 자격증/어학에 대한 정보는 제대로 나와 있으나, 해당 자격증이나 언어 능력을 활용하여 어떤 프로젝트나 업무를 수행했는지에 대한 구체적인 정보는 없습니다.
>
> 마지막으로, 해외경험은 어떤 경험을 쌓았는지에 대한 정보가 없습니다. 채용 담당자가 더 많은 정보를 원할 경우, 이력서를 보완하여 자세하게 작성하는 것이 좋습니다. 업무 수행 내용과 성과, 경력에 대한 자세한 정보와 함께, 프로젝트나 업무 수행 과정에서 사용한 기술 스택 등에 대한 정보도 함께 기술하면 도움이 될 것입니다.

한편, 아래와 같이 자기소개서 작성을 요청할 수 있다. 본 예제는 예시를 위한 것으로 본인 성격, 지원하고자 하는 회사에 대한 정보 등 좀 더 세밀한 정보를 입력하면 사람이 쓴 것과 같은 수준의 자기소개서를 생성할 수 있다. 개인적인 판단으로는 챗GPT를 이용한 자기소개서는 초안 수준으로 작성하여 참조하 개인이 직접 수정 및 첨삭하는 과정을 거치는 것이 좋다고 생각된다.

취업포털에서 기업회원 대상으로 자기소개서 표절을 검사하는 서비스를 제공해주고 있으므로 앞서 설명했듯이 사기소개서 작성보다는 본인이 작성된 자기소개서의 개선점에 대해 리뷰 받는 용도로 활용되는 것이 바람직하다.

> 👤 나는 ABC대학교 경영학을 전공하고 부전공으로 컴퓨터공학을 전공했어. 경력은 DEF자산평가사에서, GH자산운용에서 파이썬투자분석에 대한 인턴 경험이 있어. 자격증은 금융투자분석사, 재무위험관리사, 투자자산운용사가 있어. 프로그래밍은 파이썬, SQL 중급 실력이 있어. 해외경험은 1년간 GH대학에서 교환학생을 했어. 증권사 취업을 위한 자기소개서를 써줘.

안녕하세요, 저는 ABC대학교에서 경영학을 전공하고 부전공으로 컴퓨터공학을 공부한 학생입니다. 졸업 후 DEF자산평가사와 GH자산운용에서 각각 금융자산평가와 파이썬투자분석 인턴으로 근무하였습니다. 이를 통해 금융업무와 프로그래밍 역량을 함께 키울 수 있었습니다. 제가 보유한 자격증으로는 금융투자분석사, 재무위험관리사, 투자자산운용사가 있습니다.

또한 파이썬과 SQL에 대한 중급 실력을 보유하고 있습니다. 이를 통해 데이터 분석과 관련된 업무에서 높은 효율성을 보일 수 있습니다. 저는 GH대학에서 1년간 교환학생으로서 해외 경험을 쌓았습니다. 다양한 문화와 사람들을 만나며 넓은 시야와 국제 감각을 키울 수 있었습니다. 이러한 경험을 통해 글로벌 업무 환경에서도 적응할 수 있는 능력을 보유하고 있습니다.

저는 증권사에서 일하는 것이 제 꿈입니다. 경영학과 컴퓨터공학의 지식을 결합하여 증권 분식과 관련된 업무를 수행하고, 데이터 분석을 통해 높은 효율성과 정확성을 보장하는 일을 하고 싶습니다. 또한 증권 시장의 동향을 항상 주시하며, 변화하는 시장에 대응할 수 있는 적극적인 자세로 일하겠습니다.

다음 자기소개서를 보고 개선할 점을 알려줘. "앞의 자기소개서 복사 삽입"

이력서에서는 좋은 정보가 포함되어 있으나, 자기소개서에서는 아래와 같은 점을 개선할 수 있을 것입니다. 첫 문장에서 "학생" 대신 "신입 지원자"나 "신입 취업 준비생" 등으로 대체하면 전문성이 더 느껴집니다. 자격증과 프로그래밍 실력을 나열한 후, 어떤 역량을 보유하게 되는지 구체적으로 설명해보세요. 예를 들어, "데이터 분석과 관련된 업무에서 높은 효율성을 보일 수 있습니다"라고 적었는데, 이것을 어떻게 보장할 수 있는지 구체적으로 기술해보면 좋습니다.

해외 경험을 어떻게 살려서 증권사 업무에 도움이 될 수 있는지 구체적으로 언급해보세요. 예를 들어, "해외 경험을 통해 글로벌 업무 환경에서도 적응할 수 있는 능력을 보유하고 있습니다. 이러한 경험을 바탕으로, 다양한 국가의 증권 시장 동향을 파악하고 분석하여 우리 증권사의 글로벌 경쟁력을 높일 수 있습니다"라고 적으면 좋을 것입니다.

마지막 문장에서 "적극적인 자세로 일하겠습니다" 대신 "도전적인 목표를 세우고 열심히 노력하여 성과를 창출하겠습니다" 등으로 대체하면, 좀 더 열정적인 자세가 느껴집니다. 이러한 점들을 고려하여 자기소개서를 다듬어보세요. 화이팅!

따라서 이 자기소개서를 개선하기 위해서는 논리적인 흐름을 가져야 하며, 이력서와 보완되도록 내용을 구성해야 합니다. 또한 회사에 지원하는 이유와 그에 따른 자신의 역량을 구체적으로 언급하고, 각 회사마다 자기소개서를 조정해야 합니다.

1.1 커리어 코칭

챗GPT를 활용하여 커리어 코칭 즉, 취업 멘토와 같은 역할을 제공 받을 수 있다. 커리어에 대한 부분은 챗GPT를 활용하여 여러 커리어와 준비사항 등을 제공받을 수 있으며, 이후에 해당 내용을 인터넷으로 좀 더 세밀하게 검색한 후 해당 분야의 선배나 전문가를 통해 최신정보를 취득하는 방법으로 진행되어야 할 것이다.

 프런트엔드 개발자로 취업을 준비하고 있어. 나의 전공은 경영학이야. 1년 후 프런트엔드 개발자로 취업하기 위해 준비해야 할 것을 알려줘.

 경영학 전공 출신으로 프런트엔드 개발자로 취업을 준비하신다면, 아래와 같은 것들을 준비해야 합니다.

1. **HTML/CSS 학습:** 프런트엔드 개발에서 가장 기본적인 HTML/CSS를 학습하고 익숙해지는 것이 중요합니다.
2. **JavaScript 학습:** JavaScript는 프런트엔드 개발에 필수적인 언어입니다. 기본적인 문법부터 jQuery, React, Vue.js 등의 라이브러리와 프레임워크를 학습해야 합니다.
3. **UI/UX 이해:** 사용자 경험 및 인터페이스에 대한 이해가 필요합니다. 디자인에 대한 기초적인 이해를 갖추고, 사용성 및 접근성을 고려한 디자인 작업을 경험하는 것이 좋습니다.
4. **웹 표준 이해:** 웹 표준과 웹 접근성에 대한 이해가 필요합니다. W3C 권장 표준, 웹 접근성 지침 등을 학습하고 적용하는 것이 좋습니다.
5. **프런트엔드 프레임워크 이해:** React, Angular, Vue.js 등의 프레임워크를 학습하고 이해해야 합니다.
6. **개발 프로젝트 경험:** 개발 프로젝트를 경험해보면서 실제 개발 과정을 경험하고, 문제해결 능력을 갖추는 것이 중요합니다.

7. **영어 능력:** 영어 문서를 읽고 이해할 수 있는 능력이 필요합니다.

또한 적극적으로 개발 관련 스터디나 커뮤니티 활동, 해커톤 등에 참여하여 지속적인 자기 계발을 이어나가는 것이 좋습니다. 개인 프로젝트를 진행하면서 기술적인 경험을 쌓는 것도 좋은 방법입니다.

위와 같이 프런트엔트에 대한 커리어 방향에 대해 질의할 수 있으며, 백엔드 개발자로 준비해야 할 것들에 대해서도 질의할 수 있다. 응답받은 내용에 대해 상세한 질의을 하면 좀 더 자세한 답변을 받을 수 있다.

> 프런트엔드 개발자로 취업을 준비하고 있어. 나의 전공은 경영학이야. 1년 후 프런트엔드 개발자로 취업하기 위해 준비해야 할 것을 알려줘.

> 경영학 전공 출신으로 백엔드 개발자로 취업을 준비하신다면, 아래와 같은 것들을 준비해야 합니다.
>
> 1. **프로그래밍 언어 학습:** 백엔드 개발에 필요한 언어들 중 하나인 Java, Python, Ruby 등의 언어를 학습해야 합니다.
> 2. **웹 프레임워크 이해:** Spring, Django, Ruby on Rails 등의 웹 프레임워크를 이해하고 사용할 수 있어야 합니다.
> 3. **데이터베이스 이해:** SQL 문법과 데이터베이스 구조에 대한 이해가 필요합니다.
> 4. **네트워크 기초 이해:** OSI 7계층, TCP/IP 프로토콜 등 네트워크 기초 이해가 필요합니다.
> 5. **서버 운영 경험:** 서버 운영과 관리에 대한 경험이 있다면 좋습니다.
> 6. **개발 프로젝트 경험:** 개발 프로젝트를 경험해보면서 실제 개발 과정을 경험하고, 문제해결 능력을 갖추는 것이 중요합니다.
> 7. **영어 능력:** 영어 문서를 읽고 이해할 수 있는 능력이 필요합니다.
>
> 또한 적극적으로 개발 관련 스터디나 커뮤니티 활동, 해커톤 등에 참여하여 지

속적인 자기 계발을 이어나가는 것이 좋습니다. 개인 프로젝트를 진행하면서 기술적인 경험을 쌓는 것도 좋은 방법입니다.

개발자뿐 만 아니라 데이터과학 분야의 취업에 대해서도 질의할 수 있는데, 아래는 머신러닝 엔지니어 준비에 대해 질의한 내용이다. 위에서 설명한 것과 같이 개별 답변 내용에 대해 좀 더 상세한 질의를 통해 자신이 부족하고 필요한 부분에 대한 지식을 채워나가면 된다.

 1년 후 머신러닝 엔지니어로 취업하기 위해 준비해야 할 것들을 알려줘.

 머신러닝 엔지니어가 되기 위해서는 아래와 같은 것들을 준비해야 합니다.

1. **프로그래밍 기초:** 파이썬, 자바, C++ 등의 프로그래밍 언어를 배우고 기본 문법을 숙지해야 합니다.
2. **수학 기초:** 선형대수, 미적분학, 통계학 등의 수학 지식이 필요합니다.
3. **머신러닝 알고리즘 이해:** 머신러닝의 기본 개념과 다양한 알고리즘들에 대한 이해가 필요합니다.
4. **데이터 분석 및 가공 기술:** 데이터 전처리, 데이터 시각화, 데이터 정제 등의 기술을 습득해야 합니다.
5. **머신러닝 프레임워크:** Tensorflow, PyTorch, Scikit-learn 등의 머신러닝 프레임워크를 학습해야 합니다.
6. **프로젝트 경험:** 머신러닝 알고리즘을 이용한 프로젝트를 직접 경험해보면서 실력을 향상시키는 것이 좋습니다.
7. **영어 능력:** 머신러닝 분야에서는 영어 문서 및 논문을 읽고 이해하는 능력이 필요합니다.

또한 적극적으로 관련 대회나 학회에 참여하고, 코딩 공부를 꾸준히 이어가며 지속적인 자기 계발을 해야 합니다.

아래는 금융파트의 데이터 과학자 취업에 대한 질의와 준비사항이다. 일반적인 데이터과학 내용뿐만 아니라 증권 및 금융상품과 같은 도메인 지식 학습이 보강되어야 한다.

> 증권회사 데이터 과학자로 취업준비를 하고 있어. 나의 전공은 경영학이야. 1년 후 증권사 데이터 과학자로 취업하기 위해 준비해야 할 것을 알려줘.

경영학 전공 출신으로 증권회사 데이터 과학자로 취업을 준비하신다면, 아래와 같은 것들을 준비해야 합니다.

1. **데이터 분석 및 통계학 기초 지식:** 데이터 분석에 필요한 통계학 기초 지식과 데이터 분석 기법을 익히는 것이 중요합니다. 예를 들어, 회귀분석, 군집화, 분류 등의 기법을 익혀야 합니다.
2. **프로그래밍 언어 학습:** 데이터 분석에는 파이썬, R 등의 프로그래밍 언어를 사용합니다. 이들 언어를 사용하는 라이브러리나 프레임워크도 학습해야 합니다.
3. **데이터베이스 및 SQL 지식:** 데이터 저장 및 관리를 위해 데이터베이스 및 SQL 지식이 필요합니다.
4. **증권 및 금융상품 이해:** 증권회사에서 데이터 과학자로 일하려면 증권, 금융상품 등에 대한 이해가 필요합니다.
5. **데이터 시각화:** 데이터 시각화 기술을 활용해 데이터를 이해하고 다른 직원들에게 보고하는 능력이 필요합니다.
6. **머신러닝과 딥러닝 이해:** 머신러닝과 딥러닝 기법을 이해하고 적용하는 능력이 필요합니다.
7. **영어 능력:** 데이터과학 분야에서는 영어 문서를 읽고 이해할 수 있는 능력이 필수적입니다.

또한 적극적으로 데이터과학 스터디나 커뮤니티 활동, 대회, 공모전 등에 참여하여 지속적인 자기 계발을 이어나가는 것이 좋습니다. 프로젝트를 진행하면서 데이터 분석과 모델링에 대한 경험을 쌓는 것도 좋은 방법입니다. 이외에도 증권회사에서 원하는 기술과 역량에 대해 자세히 파악하고, 그에 맞는 자기 계발 계획을 수립하여 준비해야 합니다.

퀀트 운용에 대해서도 일반적인 지식에 대해 질의할 수 있다. 뿐만 아니라, "퀀트투자 및 운용에 대한 면접에 나올 만한 예제를 알려줘."와 같이 면접에 대한 준비사항에도 활용할 수 있다.

> 자산운용사의 퀀트 운용자의 역할을 찾고 있어. 나의 전공은 경영학이야. 1년 후 취업을 하려면 어떻게 준비해야할까?

퀀트 운용 분야에서의 취업을 준비하시는 것은 좋은 선택입니다. 아래는 퀀트 운용 분야에서 취업 준비를 위해 추천하는 몇 가지 방법입니다.

1. **퀀트 운용에 대한 지식 습득:** 퀀트 운용 분야에서는 수학, 통계학, 프로그래밍 등 다양한 지식이 필요합니다. 이에 대한 기본 지식을 습득하고, 퀀트 전략에 대한 이해를 높일 수 있는 책이나 강의를 찾아보세요.

2. **프로그래밍 스킬 강화:** 퀀트 운용 분야에서는 다양한 언어와 툴을 사용합니다. 따라서 프로그래밍 스킬을 강화하는 것이 중요합니다. 파이썬, R, C++, Java 등의 언어를 공부해보세요.

3. **툴 사용 능력 향상:** 퀀트 운용 분야에서는 다양한 툴을 사용합니다. 퀀트 전략을 개발하고 검증하는 데 필요한 툴로는 MATLAB, Excel, Bloomberg 등이 있습니다. 이를 사용할 수 있는 능력을 키워보세요.

4. **경험 쌓기:** 퀀트 운용 분야에서의 경험이 중요합니다. 경험을 쌓는 방법으로는 대학교에서 수학, 통계학, 경제학 등과 같은 과목을 수강하는 것이 좋습니다. 또한 퀀트투자 관련 인턴십을 경험해보는 것도 좋은 방법입니다.

5. **적극적인 네트워킹:** 퀀트 운용 분야에서는 네트워킹이 중요합니다. 관련된 학회나 커뮤니티 등에서 사람들과 네트워킹을 하며, 전문가들과 대화를 나누는 것이 좋습니다.

6. **인터뷰 준비:** 인터뷰는 취업에 있어서 매우 중요합니다. 적극적인 자세로 회사와 업계에 대해 연구하고, 퀀트 운용 분야에서 기술적으로 어떤 일이 일어나는지 파악하고, 기술 면접을 준비해보세요.

이러한 방법들을 이용하여 퀀트 운용 분야에서의 취업 준비를 하시면, 자산운용사의 퀀트 운용자로서의 역량을 향상시키고 취업 기회를 높일 수 있습니다.

1.2 예상 면접 질문

앞서 해당 분야에 대해 일반적인 예상 면접질의를 해볼 수 있으며, 본인이 지원하고자 하는 회사에서 공지한 취업공고문의 내용을 통해 좀 더 자세한 면접 질문을 요청받을 수 있다. 아래는 자산운용사의 퀀트 및 금융데이터 과학 분야의 채용에 대한 직무공지 부분을 활용하여 예상 면접질문 10가지를 요청한 것이다.

> 다음 직무를 읽고 면접에 나올 문항 10가지 알려줘.
> - 금융데이터 분석 및 모델 개발
> - 펀드 및 금융 Data 처리 비즈니스 로직 개발
> - 기관투자자 위탁자산 데이터 처리 비즈니스 개발
> - 빅데이터 비즈니스 모델 개발
> - 데이터 분석기술 및 알고리즘 고도화

1. 금융데이터 분석을 위해 사용하는 주요 데이터 소스와 도구는 무엇인가요? 데이터 분석 시 어떤 접근법을 사용하시나요?
2. 펀드 및 금융데이터 처리 비즈니스 로직 개발에 대해 설명해주세요. 이를 위해 사용하는 기술이나 도구는 무엇인가요?
3. 위탁자산 데이터 처리 비즈니스 개발을 위해 어떤 요소를 고려해야 하나요? 이를 위해 어떤 기술이나 도구를 사용하시나요?
4. 빅데이터 비즈니스 모델 개발에 대해 설명해주세요. 이를 위해 고려해야 할 요소와 사용하는 기술은 무엇인가요?
5. 데이터 분석기술과 알고리즘 고도화에 대해 설명해주세요. 기존에 사용하던 기술이나 알고리즘을 어떻게 개선했나요?
6. 데이터 분석 결과를 바탕으로 투자 의사결정을 내리는 과정에서 고려해야 할 요소는 무엇인가요?
7. 데이터 모델링과 관련하여 사용하는 데이터베이스 기술과 데이터 모델링 기법은 무엇인가요?
8. 데이터 시각화 기술과 관련하여 사용하는 도구와 시각화 방법은 무엇인

가요?

9. 데이터 보안과 관련하여 고려해야 할 사항과 이를 위해 사용하는 보안 기술은 무엇인가요?
10. 데이터 처리와 관련하여 가장 큰 어려움은 무엇이었나요? 이를 해결하기 위해 시도한 방법과 결과는 어땠나요?

은행에서도 주기적으로 데이터과학 및 퀀트와 관련한 채용공고가 나오며 해당 공고문의 직무를 통해 아래와 같이 충실한 예상 문제를 뽑아 면접에 대비할 수 있다.

> 다음 담당 직무를 읽고 면접에 나올 문항 10가지를 알려줘.
> ○ 파생상품의 이론적 가격결정 모델 개발
> ○ 파생상품 거래에 따른 헤징전략 개발
> ○ 파생상품 가격산정 · 헤징에 사용될 Data 분석 및 모수 추정
> ○ 신상품 개발, 복합파생상품 개발 및 분해
> ○ Front System의 가격 모델 검증
> ○ 개발 모델 및 상품의 시스템 구현
> ○ 파생상품 관련 행내외 지원

1. 파생상품의 이론적 가격결정 모델 개발에 대해 어떤 경험이 있으신가요?
2. 헤징 전략을 개발하는 과정에서 고려해야 할 사항에는 어떤 것들이 있을까요?
3. 파생상품 가격 산정 및 헤징에 사용될 데이터 분석과 모수 추정 방법에 대해 설명해주세요.
4. 복합 파생상품 개발 및 분해에 대한 경험이 있으신가요? 어떤 방식으로 진행하셨나요?
5. Front System의 가격 모델 검증을 어떻게 수행하시나요? 검증 과정에서 주로 사용하는 지표는 무엇인가요?
6. 개발 모델 및 상품의 시스템 구현에 대해 어떤 경험이 있으신가요? 사용한

기술이나 도구 등에 대해 설명해주세요.

7. 파생상품 관련하여 행내외에서 지원이 필요한 경우, 어떤 업무를 맡게 될까요?

8. 본인이 참여한 파생상품 관련 프로젝트 중 가장 큰 성과는 무엇이었나요? 성과를 이룬 이유는 무엇이라고 생각하시나요?

9. 파생상품 시장에서의 최신 동향에 대해 어떻게 파악하고 있으신가요? 관련 산업 혹은 기업 정보를 어떤 방식으로 수집하고 있나요?

10. 본인이 이끌어 본 프로젝트 중 가장 어려웠던 문제점은 무엇이었나요? 해당 문제를 해결하기 위해 어떤 노력을 기울였나요?

DAY 7

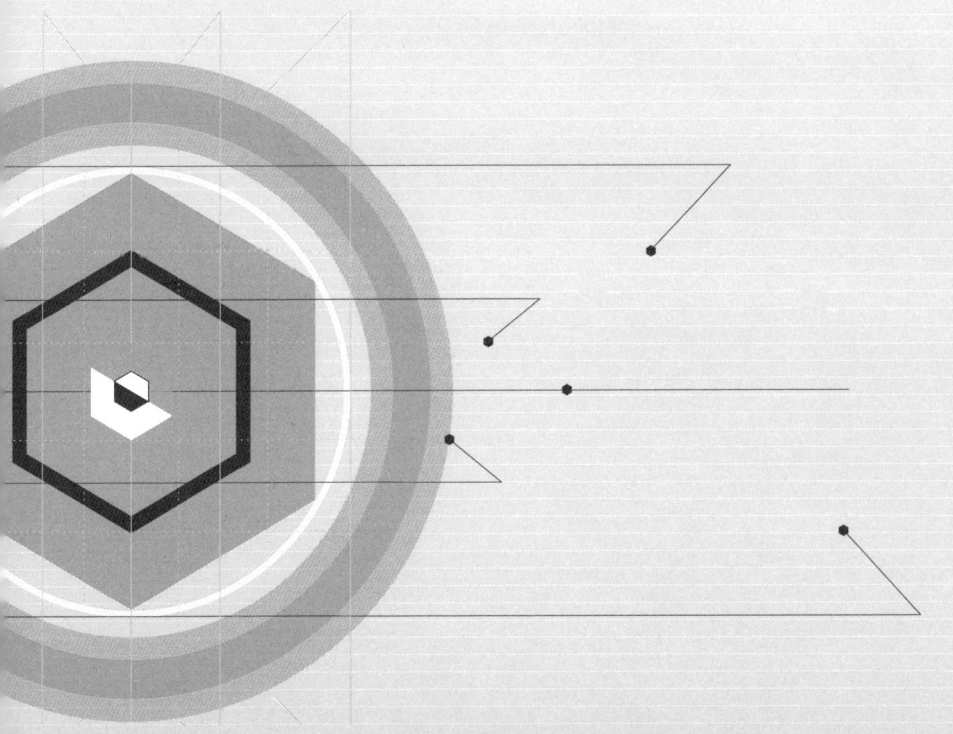

인공지능은 당신을 대체할 수 없다.
인공지능을 사용하는 사람이 당신을 대체할 것이다.

- 산티아고(santiago) -

금융, 증권과 관련한 국내 모 연구소에서는 올해 2월에 연구보고서의 번역과 영문 교정을 담당하는 직원의 재계약을 종료했다고 한다. 또한 과거에 사용한 포트란(FORTRAN) 코드를 C 언어 코드로 전환하여 사용할 수 있는 방법을 모색하기 위해 직원을 채용하려는 계획도 중지했다고 한다. 실제 챗GPT의 활용도가 보고되면서 점차 기존에 존재했던 직무를 챗GPT로 대체될 가능성이 커지고 있고 신입 직원의 채용도 감소할 수 있다.

DAY 7에서는 챗GPT의 한계, 데이터 과학자의 미래, 유망분야에 대해 알아보기로 한다.

01 챗GPT는 데이터 과학자를 대체할 수 있는가

"챗GPT는 데이터과학 분야에서 자연어 처리, 텍스트 분석 등의 작업에 사용될 수 있다. 하지만 챗GPT는 데이터 과학자를 대체할 수 없다. 데이터과학은 데이터 수집, 전처리, 분석, 시각화, 모델링 등 다양한 과정을 거쳐 문제를 해결하기 위한 종합적인 전문 지식과 기술이 필요하다. 이러한 작업은 데이터 분석 기술만 아니라 도메인 지식과 커뮤니케이션 능력 등 다양한 요소가 필요하기 때문에 챗GPT와 같은 자연어 처리 모델만으로는 데이터 과학자의 역할을 대체할 수 없다.

챗GPT와 같은 기술은 데이터과학 분야에서 중요한 도구 중 하나지만, 데이터 과학자의 전문적인 분석과 의사결정 능력을 대체하기에는 한계가 있다. 따라서 챗GPT와 데이터 과학자는 상호 보완적인 역할을 수행할 수 있다."

위 내용은 스택오버플로우(https://stackoverflow.com)에서 해당 질문에 대해 다양한 답변 중 하나다. 챗GPT가 개발자와 데이터 과학자를 대체할 수 있는가의 질문에서 대부분의 전문가의 의견은 챗GPT를 활용하여 코드 생성과 일부 작업을 자동화하는 데 유용한 도구가 될 수 있지만 데이터 과학자가 보유한 모든 기술과 전문 지식을 대체할 가능성은 낮다는 견해가 대부분이다. 아울러, 챗GPT를 활용하여 개발자와 데이터 과학자의 생산성과 정확성을 향상하고 데이터를 더 잘 이해하고 보다 효율적으로 통찰력을 찾는 데 도움이 되는 도구로 삼는 것이 바람직해 보인다는 견해가 많다.

개인적인 판단은 [그림 7-1]과 같이 인공지능 사용 관점에서 인공지능을 개발하는 사람, 활용하는 사람, 활용할 줄 모르는 사람으로 점차 나뉘게 될 것이며, 이는 소득과 일자리 측면에서 하나의 계급사회로 진전될 가능성이 높다고 판단된다. 따라서 인공지능이 가져올 사회변혁에 대해 교육, 법률 등 다양한 분야에서 준비가 필요한 실정이다.

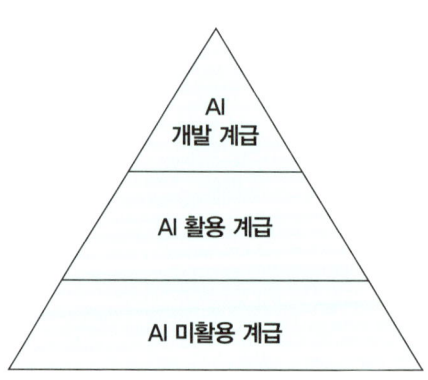

[그림 7-1] AI 생산과 활용 관점의 계급사회

1.1 증강형 데이터 과학자의 탄생

로봇 분야 즉, 로보틱스에서는 로보틱스를 입고 인간의 능력을 증강시키는 장치가 많이 개발되어 있다. 이 로보틱스를 입고 인간의 기능을 보강(Human Augmentation)하게 되어 의료, 군사, 제조와 관련 노동력을 증강시킬 수 있다. 챗GPT와 더불어 계속 출시될 거대 언어 모델을 활용한 챗봇을 잘 활용할 수 있다면 증강형 프로그래머(Augmented Programmer) 및 데이터 과학자(Augmented Data Scientist)가 될 수 있다고 생각된다.

[그림 7-2]는 챗GPT를 활용하여 각 도메인 분야의 지식 증강 인간이 탄생될 수 있음을 보여준다. 또한 프로그래밍과 코딩에 관한 역할이 재조정되리라 생각된다. 기존 개발 관점에서 기획자, PM(Project Manger), 개발자의 업무가 각각 존재하여 진행되었다고 생각된다면, 향후에는 기획자와 PM이 코드에 관련된 업무를 정의하고 코드를 생성시키는 일을 하게 될 것이며, 개발자는 프로그래밍을 하지 않고 이렇게 생성된 코드를 리뷰하는 업무에 종사하게 될 것이다.

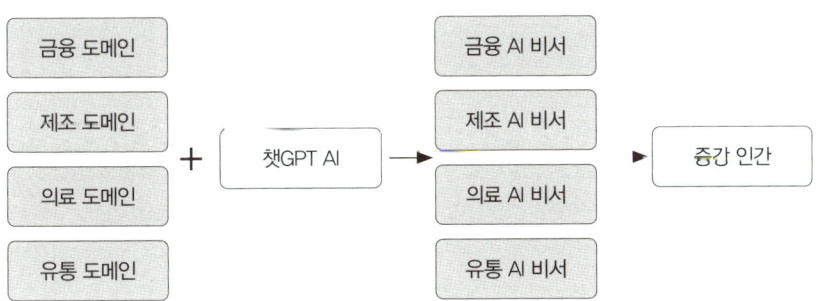

[그림 7-2] 챗GPT를 통한 '증강 인간'의 탄생

02 챗GPT를 활용에 발생할 수 있는 여러 문제

2.1 저작권 문제

윤리적 문제는 대개 생성AI 모델의 오용 및 남용과 관련이 있다. 학습 과정에서 발생하는 편향은 그 중 대표적인 예다. 예를 들어, 인종 차별적이고 부정확한 문헌이 생성될 수 있어 모델의 신뢰도를 감소시킬 뿐만 아니라 실제 피해를 초래할 수 있다.

또한 편향 개선을 위한 개입 과정에서 새로운 변향이 발생할 수 있다. 부정확한 정보도 문제인데, 특히 일반 대중의 답변이 검증하기 어려운 경우 상대적으로 큰 피해를 입을 수 있다. 서비스 제공업체도 책임 문제로 법적 분쟁에 휘말릴 가능성이 있다. 데이터과학은 개인정보를 포함한 많은 양의 데이터를 다루기 때문에 윤리적 문제가 발생할 수 있다. 다음은 데이터과학을 수행하는 동안 고려해야 할 몇 가지 윤리적 문제에 대해 챗GPT의 답변이다.

- **개인정보 보호:** 데이터 과학자는 개인정보를 안전하게 보호해야 한다. 개인정보를 수집하거나 사용할 때는 개인정보 보호 관련 법률과 규정을 준수해야 한다.
- **데이터 품질:** 데이터 과학자는 분석에 사용되는 데이터의 품질을 확인해야 한다. 데이터가 잘못 수집되거나 다루어지면 부적절한 결론을 내릴 수 있다.
- **편향성:** 데이터 분석에서 발견된 결과는 데이터 자체에 의해 편향될 수 있다. 예를 들어, 데이터가 일부 집단에만 초점을 맞추고 다른 집단을 무시하면 편향성이 발생할 수 있다.
- **데이터 해석:** 데이터 과학자는 데이터를 제대로 해석할 수 있어야 한다. 데이터를 잘못 해석하면 잘못된 결론을 내릴 수 있다.
- **모델 해석:** 머신러닝 알고리즘을 사용하는 데이터 과학자는 이러한 알고리즘의 결과를 이해해야 한다. 모델이 어떻게 작동하는지 이해하지 못하면 모델

이 올바르게 작동하는지 확인할 수 없다.
- **결과 공개:** 데이터 과학자는 결과를 공개해야 한다. 결과를 공개하면 다른 사람이 결과를 검토하고 이에 대한 피드백을 제공할 수 있다.
- **AI의 효과:** 데이터 과학자는 인공지능의 개발이 사회에 미치는 영향을 고려해야 한다. 예를 들어, 인공지능 기술이 일부 집단을 배제하거나 혐오 발언을 확산시키는 문제가 있을 수 있다. 이러한 윤리적 문제를 고려하고 관리하는 것은 데이터 과학자의 책임이며, 데이터과학 커뮤니티 전체의 책임이다.

2.2 보안 및 저작권 문제

2023년 3월 30일 삼성전자의 디바이스솔루션(DS 반도체) 부문 사업장 내 챗GPT사용 시 기업정보가 유출되었다는 뉴스 보도가 있었다. 반도체 설비 계측과 수율, 불량 등과 관련한 프로그램 내용이 고스란히 학습데이터로 입력되었다는 것이다.*

챗GPT의 보안 문제는 크게 두 가지로 문제로 나뉜다.

1. 챗GPT를 사용할 때 개인 정보가 노출될 수 있는 경우다. 예를 들어, 챗GPT를 사용하여 입력한 문장에 개인 정보가 포함될 수 있으며, 이러한 정보가 챗GPT에 저장될 수 있다. 따라서 개인 정보를 다루는 작업에서는 반드시 적절한 보안 절차를 따라야 한다.
2. 챗GPT를 악용하여 보안 문제를 유발할 수도 있다. 챗GPT를 사용하여 악의적인 코드를 생성하거나 악성코드를 감지하기 위한 보안 시스템을 우회할 수 있는 코드를 생성할 수도 있다. 실제로 최근 챗GPT로 악성코드를 작성 후 무작위로 배포하는 사례가 늘고 있으며 사이버 공격 등에 이용되는 등 오남용 사례가 늘어나고 있다. 이에 보안 전문가들은 적극 대처해야 한다.

---

* "우려가 현실로. 삼성전자, 챗GPT 빗장 풀자마자 '오남용' 속출", 출처: https://economist.co.kr/article/view/ecn202303300057?s=31

챗GPT를 코딩에 활용하기 전에는 반드시 보안적인 측면을 고려하여야 한다. 적절한 보안 조치를 취하지 않으면, 개인 정보 유출이나 보안 위협이 발생할 가능성이 있다. 2023년 4월 23일 기준 챗GPT를 사용하는 한국인은 220만 명으로 보고되고 있다. 이는 정부기관인 개인정보위원회가 오픈AI에 질의하여 확보한 자료다. 국가차원에서도 개인의 정보수집에 대해 오픈AI와 협의하여 진행하고 있다고 밝히고 있다. 실제로 보안문제와 관련하여 보안성이 보강된 챗봇활용이 늘어날 것으로 보이며, 보안상의 문제로 챗GPT 수준의 챗봇을 기업 내부용으로 개발하기 위한 여러 기업의 프로젝트가 진행될 것으로 판단되며, 관련 비즈니스가 성장하리라 전망된다.

한편, 생성AI가 만든 결과물에 대한 저작권 문제도 본격화되고 있다. 인공지능이 만든 저작물은 누구의 소유인지 대한 논란이 계속되고 있다. 마이크로소프트의 경우 깃허브 코파일럿(GitHub Copilot)을 학습시키는 과정에서 다른 사람의 코드를 무단으로 사용했다고 소송이 진행되고 있다. 인공지능의 학습에 사용된 텍스트, 코드, 이미지의 원 저작의 소송과 더불어 저작물의 소유권 문제도 앞으로 지속적인 문제가 되리라 생각된다.

2.3 오토파일럿이 될 때까지는 코파일럿으로 활용하자

챗GPT는 현재 AI 분야에서 가장 발전된 언어 모델 중 하나다. 하지만 아직도 챗GPT만으로 완벽한 오토파일럿 시스템을 구현하기에는 한계가 있다. 챗GPT를 활용할 때는 코파일럿 역할을 함께 해야 한다. 실제로 자율주행에 해당하는 오토파일럿 시스템을 만들기는 아직 쉽지 않으므로 챗GPT가 생성한 코드를 개발자가 검토하고 수정해야 한다. 이를 통해 코드의 효율성과 안정성을 높일 수 있다.

또한 개발자의 역할은 챗GPT가 결정할 수 없는 중요한 사항들을 처리하는 것이다. 사용자의 데이터 보호, 개인정보 보호, 불필요한 기능 제거 등이 있다. 챗GPT를 활용하면서도 인간의 역할을 최소한으로 축소시킬 수 있지만 현재 수준에서는 자율주행에 해당하는 오토파일럿을 하기에는 한계가 있으므로 적극적으로 활용하면서도 부조종사 역할인 코파일럿의 역할을 수행하기 위해 작업자가 코드를 수정하고 검토하는 노력도 해야 한다.

이러한 노력을 통해 챗GPT를 안전하고 효율적으로 활용할 수 있다. 현재 챗GPT의 기능을 보완하는 오토GPT(AutoGPT)가 개발되고 있다. AI스타트업 시그니피컨트그래비타스는 최근 생성AI 서비스 '오토GPT(AutoGPT)'를 공개했다.

챗GPT의 경우 잘못된 대답이나 코딩이 나오면 계속적으로 사람이 수정해야 하는데 오토GPT는 사람의 개입이 없이도 AI 모델 스스로 목표달성을 위한 작업을 수행한다는 특징이 있다. 머신러닝을 위한 고급 모델을 구축하고 기계가 알아서 자동화하는 AutoML과 유사하다고 판단된다. 오토GPT의 작업을 보면, 사람의 업무 처리 방법과 정보 처리 방법을 유사하게 보여주며, 자체 추론을 통해 이전 작업의 결과를 바탕으로 다음 작업을 생각하므로 사람의 감독이 필요 없게 만들 수 있다.

아직은 복잡한 비즈니스에 대해서 잘 수행되지 않지만, 오토GPT로 간단한 앱을 개발할 수 있다는 측면에서 부정적이지만, 오토GPT는 스스로 작업을 수행하여 완성된 목표를 만들 수 있다는 측면에서 업무용 일반AI(AGI) 탄생, 오토파일럿 코딩이 가능한 세상을 예측할 수 있다.

---

* Auto-GPT: 자율적인 GPT-4 실험이다. https://github.com/Significant-Gravitas/Auto-GPT 를 참고하라.

03 데이터 과학자의 미래
: 처음에는 주니어를 대체하게 될 것이다

영국의 AI 전문가 리처드 드비어는 챗GPT가 전체 노동 인구의 20%를 향후 5년 안에 대체할 수 있다고 전망했다. 대체가능성이 높은 직업으로 1위는 전화상담원, 2위는 번역가, 3위는 저널리스트를 꼽았다. 이 외에도 교육자, 법률사무원, 회계사, 주식 트레이더, 데이터 분석가, 그래픽 디자이너 등이 대체가능하리라 전망하고 있다.

인공지능과 자동화 기술에 따라 데이터 과학자의 일부 업무가 빠르게 대체될 것이다. 데이터 전처리와 일부 업무는 자동화되고, 분석의 일부도 인공지능이 대체하게 될 것이다. 실제 이렇게 자동화된 인공지능 기술에서 가장 타격을 받을 사람이 주니어일 것이다.

루틴한 업무를 하는 낮은 수준의 업무와 관련된 개발자나 데이터 과학자는 챗GPT와 같은 인공지능에게 대체될 것이다. 따라서 코드 리뷰를 하고 도메인 지식이 있는 전문가 수준의 개발자나 데이터과학 시니어만이 필요한 세상이 진행될 것이기 때문에 주니어는 전문가 수준으로 빠르게 학습을 해야 한다. 이때 챗GPT를 활용할 수 있으며, 이 책은 챗GPT를 활용하여 빠르게 전문가 수준으로 도약하기 위해 기획하고 집필했다고 할 수 있다.

주니어인 경우 챗GPT를 활용하여 전문성, 독창성, 도메인 전문지식을 빠르게 학습하고, 시니어와 대등하게 인공지능을 활용하여 더 높은 수준의 분석과 의사결정에 집중하여 생산성을 높일 수 있게 될 것으로 생각된다. 이처럼 고도의 데이터 분석 능력과 해석능력을 가진 전문가의 수요는 사라지지 않을 것이라 전망된다.

3.1 챗GPT 시대 유망 기업
: 인공지능 반도체기업, 퍼블릭 클라우드 제공업체, 빅테크 기업

현재 인공지능 기술은 매우 빠르게 발전하고 있다. 이러한 발전과 함께 인공지능 시장은 엄청난 성장세를 보이고 있으며, 이를 이끄는 기업들도 계속해서 증가하고 있다. 그중에서도 가장 유망한 기업은 인공지능 반도체 기업, 퍼블릭 클라우드 제공업체, 빅테크 기업이다.

첫째, 인공지능 반도체 기업은 인공지능 분야에서 가장 핵심적인 역할을 하는 하드웨어 개발 기업이다. 인텔(Intel), 엔비디아(NVIDIA), 자이링스(Xilinx)와 같은 기업들은 높은 처리 속도와 대용량 데이터 처리 능력을 갖춘 반도체 칩을 개발하여 인공지능 분야에서 큰 기여를 한다. 네이버 클로바에서 사용되는 AI 칩인 신경망처리장치(NPU)는 인공지능 반도체 기술을 적용하여 높은 처리 속도와 정확성을 보이고 있다.

국내에서는 AI 반도체 회사인 리벨리온은 주가 등의 고빈도 매매(HFT)를 위해 인공지능이 오전에 시장의 패턴을 학습하여 오후에 매매에 활용가능한 온라인 학습 수준의 고속처리가 가능한 반도체 칩을 개발하고 있다. 리벨리온은 MIT 박사 출신인 박성현 대표가 2020년에 창업한 AI 반도체 스타트업이다. 2021년 초단타 매매 등 금융거래에 특화된 우리의 뇌처럼 정보를 학습하고 처리하는 프로세서를 NPU(Neural Processing Unit, 신경망처리장치)인 '아이온'으로 출시하였고, 2023년에는 대화형 생성AI 구현에 적합한 AI 반도체 '아톰'을 출시하였다.

박성현 대표는 인텔, 스페이스X에서 반도체를 개발하다가 모건스탠리에서 퀀트 트레이더 업무를 담당하였다. 박성현 대표는 한 강연에서 "장단기 메모리 신경망(LSTM)과 같은 딥러닝 알고리즘은 트레이딩을 하는 데 있어 일반적인 하드웨어로는 지연속도(Latency) 때문에 매매를 위한 아비트러지 기회를 포착을 할 수 없다. 전용 칩(AI 반도체)을 사용하면 지연속도를 관리할 수 있고 딥러닝 고빈도 매매(HFT Trading) 할 수 있게 된다"라고 밝혀 고빈도 매매에도 활용가능한 AI 반도체에 대해 설명했다.

둘째, 퍼블릭 클라우드 제공업체는 대규모의 데이터를 처리하고, 높은 컴퓨팅 파워를 필요로 하는 인공지능 서비스를 제공하는 기업이다. 이러한 기업들은 대규모의 클라우드 인프라를 보유하고 있으며, 이를 이용하여 인공지능 서비스를 제공한다. '아마존 웹서비스(AWS)' '마이크로소프드 애저(Microsoft Azure)' '구글 클라우느 플랫쏨(GCP)' 등이 이에 해당한다.

셋째로, 빅테크 기업은 인공지능 기술을 활용하여 다양한 분야에서 선도적인 역할을 하는 기업이다. 이러한 기업들은 인공지능 분야에서 대규모의 데이터를 보유하고 있으며, 이를 바탕으로 자사 서비스를 개발하고 있습니다. 구글, 메타, 애플, 아마존 등이 빅테크 기업으로서 인공지능 기술을 적극 활용하고 있으며 챗GPT 시대에 유망 기업으로서 추가적인 성장의 잠재력이 바탕이 되는 회사들이라 판단된다.

한편, [그림 7-3]과 같이 인공지능 발전에 따라 연산량의 증가로 인해 중앙처리장치인 CPU 이후 GPU의 활용이 늘어났다. 실제로 GPU가 NPU를 대체하

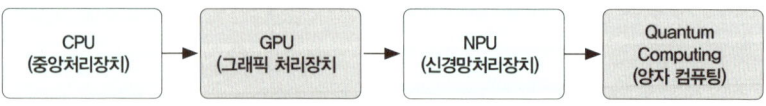

[그림 7-3] 인공지능 발전에 따른 필요 컴퓨팅 단계

는 것은 아니며 CPU는 하나가 있어야 하고 이를 더 효율적으로 사용할 수 있게 해주는 GPU나 NPU가 보조적으로 활용될 수 있다. 챗GPT가 불러온 생성형 인공지능의 황금시대로 GPT에 대한 수요가 늘어나고 있으며, 관련 반도체 회사의 주가도 한단계 상승한 상황이다. 실제로 GPU 활용 이후 비용 효율성 측면에서 신경망처리장치인 NPU의 활용도에 대해 인공지능 기업의 고민이 깊어가고 있으며 신경망처리장치 관련 인공지능 반도체 회사의 약진이 점차 진행되고 있다.

아울러, 양자중첩을 통해 빛과 같은 속도로 연산을 처리할 수 있는 양자 컴퓨팅(Quantum Computing)의 시대가 열리게 되면 현재 꿈꾸고 있는 일반AI의 단계로 도약할 수 있는 계기가 되리라 판단된다.

3.2 코딩은 중요하지 않게 된다 : 좋은 질문을 던지는 인재를 양성하자

챗GPT를 초등학생인 저자의 자녀에게 써보게 했더니 "가장 맛있는 사탕을 알려줘"와 같은 낮은 수준의 질의를 하였다. 당연하게도 낮은 수준의 질의에 대해서는 챗GPT는 "맛있는 사탕은 사람의 취향에 따라 달라질 수 있다."라는 원론적인 답변에 그친 것이다.

챗GPT를 잘 사용하기 위해서는 역설적이게도 무엇인가를 많이 알아야 잘 사용할 수 있다는 것이다. 도메인 지식이 여전히 중요하며, 도메인 지식이 있는 사람이 활용할 때 훨씬 유리하다고 할 수 있다. 또한 기존에도 컴퓨팅적인 사고가 중요했지만 챗GPT의 등장으로 코딩 자체의 문제에 집중하기보다는 컴퓨팅적 사고가 중요해질 것으로 전망된다.

컴퓨팅적 사고는 문제를 명확하게 정의하고 분석하여 사람이 효율적으로 해결할 수 있는 솔루션을 찾아가는 과정이라 할 수 있다. 코딩을 챗GPT가 잘 할 수 있도록 그 전 단계에서 문제를 정의하고 분석하여 실제 업무를 생성시키는 능력이 중요해 질 것으로 보인다. 이처럼, 인공지능 기술이 빠르게 발전하는 현대 사회에서 컴퓨팅적인 사고와 인공지능을 이해하고 활용할 수 있는 인재가 점차 중요해질 것이다. 그중에서도 좋은 질문을 던지기 위해서는 많이 알아야 하며 실제 챗GPT가 등장하였다고 인간의 학습이 중단될 필요는 없다.

사람이 인공지능과 경쟁하는 것이 아니라 인공지능을 잘 활용할 수 있는 다른 사람과 경쟁하는 시대가 도래한 지금 점차 더 많은 지식을 보유하고 있는 전문가만이 생존에 유리하다고 할 수 있다.

3.3 챗GPT는 일반AI(AGI)의 서막을 열고 있다

기존 인공지능 4대천왕 중 한 명인 얀 르쿤(Yann André LeCun)은 생성AI는 아직 자기회귀에 의한 확률적인 답변만을 하고 오류가 개선될 수 없어 부정적인 입장을 보이고 있으며, 일반AI를 달성하기 위해서는 인간의 학습과정과 유사한 학습방법, 더욱 복잡한 지식 추론과 추상화 능력이 필요하다고 주장하고 있다. 얀 르쿤은 최근 세미나에서 자기회귀 거대 언어 모델(AR-LLM) 기술인 챗GPT를 비판했다.*** 이 모델은 이전 시점의 데이터를 기반으로 다음에 올 단어를 자동으로 예측한다. 그러나 이 모델은 통계적으로 단어를 나열하므로, 가짜 대답을 내놓을 수 있다.

이러한 할루시네이션에 대해 얀 르쿤은 챗GPT가 자기회귀 방식을 취한 것 때문이라고 비판한다. 그는 인간의 뇌 구조를 모방한 AI가 훨씬 우수하다며 이

---

* "금융을 위한 양자컴퓨팅", 홍창수 브런치(https://brunch.co.kr/@gauss92tgrd/45)를 참고하라.
** 얀 르쿤 세미나 자료인 https://bit.ly/3mqm2As를 참고하라.

를 위한 연구가 필요하다고 주장한다. 그러나 이러한 모델은 아직 실험적이며, 챗GPT보다 더 나은 성능을 보여준 것은 아니다. 뇌를 모방한 AI는 아직까지 많은 발전이 필요한 분야다. 이러한 비판에도 불구하고 챗GPT는 인공지능 분야에서 가장 혁신적인 발전 중 하나임은 의심할 여지가 없다. 이 모델은 대규모의 텍스트 데이터를 학습하여 자연어 이해와 생성에 있어서 놀라운 결과를 보여주고 있다. 챗GPT는 다양한 분야에서 사용될 수 있으며, 이는 인공지능의 전반적인 발전에 큰 기여를 할 것으로 예상된다.

챗GPT와 같은 생성형 인공지능 기술은 여러 오류에도 불구하고 인공지능의 발전에 큰 기여를 할 것이다. 이는 자연어 이해와 생성 분야에서 놀라운 결과를 보여주고 있으며, 앞으로 더 많은 분야에서 사용될 것으로 예상된다. 또한 인공지능 기술이 더욱 발전하면서, AGI를 달성하는 것이 어느 정도 가능성이 생기게 될 것이다.

챗GPT가 AGI의 서막을 열고 있다는 주장은 과장될 수는 있지만, AGI의 가능성과 인공지능의 발전에 큰 역할을 할 것이라는 점은 누구도 부정할 수 없을 것이라 생각된다. 마지막으로 인공지능 시대에 챗GPT에 대체되지 않기 위해 데이터 과학자가 준비해야 할 일에 대해 챗GPT에게 물어보았다.

비즈니스 도메인, 최신 기술, 소프트 스킬, 자동화 수용, 가치창출, 데이터보인, 도덕적 책임에 대한 준비를 강조하는 것을 볼 수 있다.

 인공지능 시대에 데이터 과학자가 대체되지 않으려면 다음 준비가 필요합니다.

- **비즈니스 도메인에 대한 심도있는 이해:** 데이터 과학자는 해당 업계의 비즈니스 목표, 고객 베이스 및 경쟁 환경을 포함한 강력한 업계 이해를 가져야 합니다. 이를 통해 조직에서 인공지능 기술을 새로운 방식으로 적용할 기회를 식별하여 가치를 창출할 수 있습니다.

- **최신 기술에 대한 지속적인 업데이트:** 데이터 과학자는 최신 인공지능 및 머신러닝 트렌드를 지속적으로 학습하고 실험하여 더 나은 솔루션을 찾을 수 있도록 자신을 최신 기술에 대해 업데이트해야 합니다.
- **소프트 스킬 강화:** 기술적 기술 외에도 데이터 과학자는 강력한 커뮤니케이션, 협업 및 리더십 스킬을 개발해야 합니다. 이는 조직 전반의 이해 관계자와 효과적으로 작업하고 개발자, 디자이너 및 비즈니스 애널리스트를 포함한 교차 기능 팀을 이끌 수 있도록 도와줍니다.
- **자동화 수용:** 데이터 과학자는 루틴 작업을 자동화하여 효율성을 높이고 전략적인 작업에 더 많은 시간을 할애할 수 있도록 개방적이어야 합니다. 이는 미리 구축된 인공지능 모델을 활용하고, 자동화 도구를 사용하여 데이터 정리 및 처리를 간소화하며, autoML 기술을 활용하여 빠르게 머신러닝 모델을 구축하고 테스트하는 것을 포함할 수 있습니다.
- **가치 창출에 초점:** 마지막으로, 데이터 과학자는 모델 구축뿐만 아니라 조직에서 가치를 창출하는 데 초점을 맞추어야 합니다. 이는 비즈니스 목표를 이해하고 성능, 효율성 또는 고객 만족도에 의미 있는 영향을 미칠 수있는 영역을 식별하는 것을 의미합니다. 가치 창출에 초점을 맞추면 데이터 과학자는 기술 전문가가 아닌 전략적인 비즈니스 파트너로 조직 내에서 위치 할 수 있습니다.
- **데이터 보안 및 개인 정보 보호 이슈에 대한 이해:** 데이터 과학자는 데이터 보안 및 개인 정보 보호 이슈에 대한 이해가 필요합니다. 인공지능을 사용하면 조직은 민감한 정보를 처리하고 저장하므로 데이터 보안과 개인 정보 보호는 매우 중요합니다. 데이터 과학자는 조직에서 이러한 문제를 해결하기 위한 적절한 보안 및 개인 정보 보호 프로토콜을 만들어야 합니다.
- **도덕적 책임:** 인공지능 기술은 사람들의 삶과 사회에 큰 영향을 미칩니다. 데이터 과학자는 데이터 및 인공지능 기술을 사용할 때 도덕적 책임을 갖고 있으며, 이러한 기술이 누구를 배제하지 않고 공정하게 사용될 수 있도록 보장해야 합니다.

이러한 요소들을 고려하고 준비하면 데이터 과학자는 인공지능 시대에서도 중요한 역할을 계속해서 수행할 수 있을 것입니다.

DAY 8

부록: 데이터리퀘스트 논이 알려준 챗GPT 닮은 프롬프트

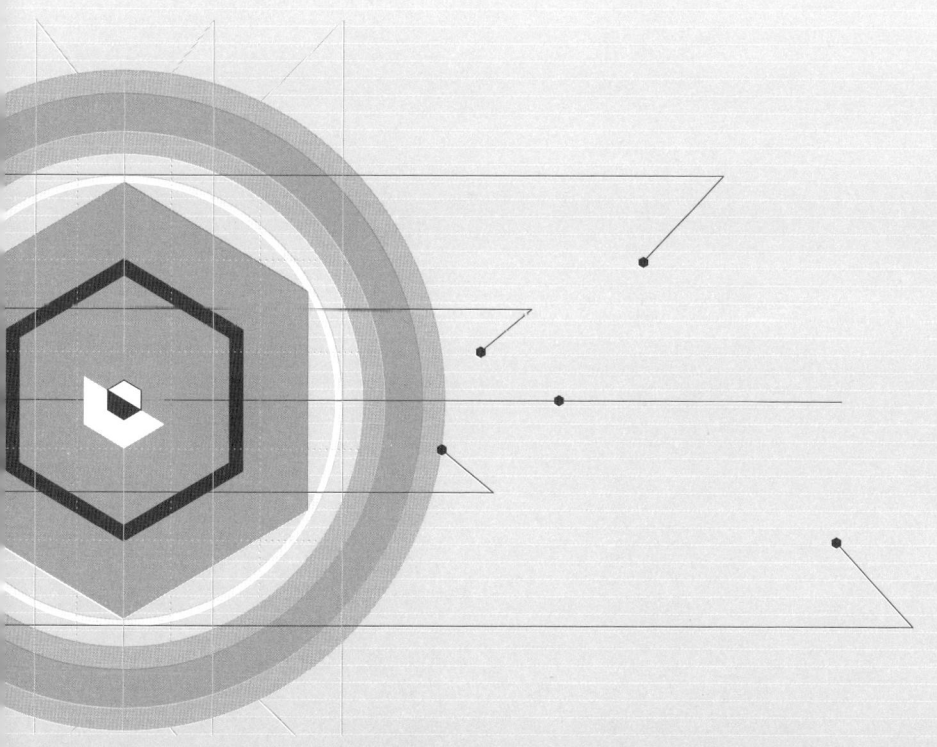

01 파이썬 입문

1. 파이썬의 자료형 종류에 대해 설명하고 코드를 알려줘.
2. 파이썬에서 들여쓰기, 주석, 변수 명명 규칙과 같은 파이썬의 기본 구문 규칙을 알려줘.
3. 파이썬에서 리스트(list)는 무엇인지 설명하고 리스트 코드를 알려줘.
4. 파이썬에서 튜플(tuple)이란 무엇인지 설명하고 튜플 코드를 알려줘.
5. 파이썬에서 집합(set)이 무엇인지 설명하고 집합 코드를 알려줘.
6. 파이썬에서 딕셔너리(dictionary)란 무엇인지 설명하고 딕셔너리 코드를 알려줘.
7. 파이썬에서 if 조건문에 대해 설명하고, 코드를 알려줘.
8. 파이썬에서 if-else 조건문에 대해 설명하고, 코드를 알려줘.
9. 파이썬에서 if-elif-else 조건문에 대해 설명하고, 코드를 알려줘.
10. 파이썬에서 while 반복문에 대해 설명하고, 코드를 알려줘.
11. 파이썬에서 for 반복문에 대해 설명하고, 코드를 알려줘.
12. 파이썬의 입력과 출력을 하기 위한 예제 코드를 알려줘.
13. 파이썬의 함수(function)를 설명하고 코드를 알려줘.
14. 파이썬의 내장함수에 대해 설명하고 코드를 알려줘.
15. 파이썬의 주요 라이브러리를 설명하고 사용법과 관련한 예제 코드를 알려줘.

02 | 데이터과학: 기초 통계와 데이터 분석 입문

1. 데이터 분석 절차에 대해 설명하고 간단한 파이썬 예제 코드를 알려줘.
2. 파이썬 활용을 위한 주피터(jupyter) 사용법에 대해 알려줘.
3. 파이썬 활용을 위한 구글 코랩(colab) 사용법에 대해 알려줘.
4. 파이썬 넘파이(Numpy) 기본 사용법을 설명하고, 예제 코드를 알려줘.
5. 파이썬 넘파이에서 인덱싱(indexing)과 슬라이싱(slicing)을 설명하고 예제 코드를 알려줘.
6. 파이썬 판다스(Pandas) 기본사용법을 설명하고, 예제 코드를 알려줘.
7. 파이썬 판다스에서 시험 성적을 활용하여 데이터프레임을 만드는 법을 알려줘.
8. 파이썬 판다스로 외부 데이터를 가져오기 위해 엑셀 파일을 불러오는 방법을 알려줘.
9. 파이썬 판다스의 데이터 입출력 함수에 대해 알려줘.
10. 판다스에서 데이터를 추출하는 데 사용하는 loc과 iloc에 대해 설명하고, 예제를 보여줘.
11. 파이썬 시각화 라이브러리인 matplotlib과 seaborn에 대해 설명하고 예제 코드를 알려줘.
12. 파이썬에서 데이터를 병합하기 위한 함수인 concat, merge, join 함수를 설명하고 예제 코드를 알려줘.
13. 파이썬에서 데이터를 집계하기 위한 함수인 groupby 함수를 설명하고 예제 코드를 알려줘.
14. 파이썬에서 데이터를 확인하기 위한 기술통계 함수를 설명하고 예제 코드를 알려줘.
15. 파이썬에서 데이터를 파악하기 위해 사용하는 head, tail, shape, info, describe 함수에 대해 설명해줘.
16. 파이썬에서 기술통계, 추론통계, 통계적 가설검증에 대해 설명하고 예제를 보여줘.
17. 파이썬에서 상관관계 분석을 설명하고, 예제 코드를 보여줘.
18. 파이썬에서 회귀분석을 설명하고, 예제 코드를 보여줘.
19. 파이썬에서 다중회귀분석을 설명하고, 예제 코드를 보여줘.
20. 파이썬 회귀분석에서 다중공선성을 진단하기 위한 분산팽창인자(VIF)에 대해 설명하고, 예제 코드를 보여줘.

03 데이터과학: 인공지능, 머신러닝, 딥러닝

1. 파이썬에서 머신러닝 분석의 절차를 보여주고, 머신러닝 종류를 알려줘.
2. 파이썬 사이킷런(scikit-learn) 데이터셋에서 붓꽃(iris) 데이터를 이용하여 머신러닝 분석하는 예제를 알려줘.

   사이킷런은 대표적인 머신러닝 라이브러리중 하나이며 다양한 데이터셋을 제공한다. 붓꽃(iris), 와인(wine), 유방암(breast cancer), 손으로 쓴 이미지 데이터셋 등 다양한 데이터 셋을 제공하고 있어 분류 등의 예제 학습에 많이 활용된다. 추가적인 내용은 "파이썬 사이킷런 데이터셋에 대해 알려줘."라는 명령어로 챗GPT에 질의하면 된다.

3. 머신러닝 분석을 하기 위해 데이터를 분할하는 방법에 대해 설명해줘.
4. 머신러닝에서 서포트 벡터 머신(SVM) 개념을 설명하고, 예제 코드를 알려줘.
5. 딥러닝의 종류에 설명하고, 기본 코드를 알려줘.
6. 딥러닝 활용을 위해 텐서플로(Tensorflow) 사용법에 대해 알려줘.
7. 딥러닝에서 활성화 함수(Activation Function) 개념에 대해 설명하고, 종류에 대해 알려줘.
8. 딥러닝에서 과적합 문제를 해결하기 위한 조기종료, 규제화(regularization), 드롭아웃(dropout)에 대해 설명해줘.
9. 합성곱 신경망(CNN)에 대해 설명하고, 파이썬 예제 코드를 알려줘.
10. 순환신경망(RNN)에 대해 설명하고, 파이썬 예제 코드를 알려줘.
11. 장단기메모리신경망(LSTM)에 대해 설명하고, 파이썬 예제 코드를 알려줘.
12. 생성AI(generative A.I)에 대해 설명하고, 트랜스포머(transformer)에 대해 자세히 알려줘.
13. 자연어 처리를 위한 NLKT에 대해 설명하고 예제 코드를 알려줘.
14. 독일신용평가 데이터(German Credit Data)를 다운받아 로지스틱회귀분석을 하는 실행 코드를 알려줘.

04 R 언어 입문

1. R 언어를 설명하고 R 언어의 특징에 대해 알려줘
2. R 언어의 활용분야에 대해 설명해줘.
3. R 언어의 설치에 대해 알려줘.
4. R 언어의 활용분야에 대해 설명해줘.
5. R 언어의 설치에 대해 알려줘.
6. RStudio의 주요 화면과 기능을 설명해줘.
7. RStudio의 주요 단축키에 대해 알려줘.
8. R의 데이터 종류에 대해 기본 개념을 설명하고 코드를 통해 알려줘.
9. R의 데이터 구조에 대해 기본 개념을 설명하고 코드를 통해 알려줘.
10. R의 데이터프레임 개념에 대해 설명하고 코드를 통해 알려줘.
11. R 언어의 변수에 대해 설명하고 예제 코드를 알려줘.
12. R 언어의 함수에 대해 설명하고 예제 코드를 알려줘.
13. R 언어의 패키지에 대해 설명하고 패키지 사용법에 대해 알려줘.
14. R 언어의 연산자의 종류 설명하고 사용법에 대한 예제 코드를 알려줘.
15. R 언어의 데이터 가져오기와 내보내기에 대해 개념을 설명하고 예제 코드를 알려줘.
16. R 언어의 데이터셋을 확인하기 위한 주요 함수와 사용법 예제를 알려줘.
17. R 언어의 데이터 조작을 하기 위한 주요 함수와 사용법 예제를 알려줘.
18. R 언어의 데이터를 계산하기 위한 주요 함수와 사용법 예제를 알려줘.
19. R 언어의 데이터를 그래프로 그리기 위한 주요 함수와 사용법 예제를 알려줘.
20. R 언어의 조건문의 개념을 설명하고, 사용법 예제 코드를 알려줘.
21. R 언어의 반복문의 개념을 설명하고, 사용법 예제 코드를 알려줘.
22. R 언어의 데이터 조작을 위한 dplyr 패키지의 개념을 설명하고, 주요 함수에 대한 사용법 예제 코드를 알려줘.
23. R 언어의 ggplot2의 개념을 설명하고 활용 예제 코드를 알려줘.

05 | SQL

1. 관계형 데이터베이스(RDBMS)의 개념과 특징에 대해 설명해줘.
2. 관계형 데이터베이스를 활용하는 제품에 대해 설명해줘.
3. SQL에 대해 설명하고, SQL의 종류에 대해 알려줘.
4. 데이터베이스의 구조를 확인하는 SQL 명령어를 알려줘.
5. SQL 데이터조작에 활용하는 주요 SQL문에 대해 설명해줘.
6. SQL에서 테이블을 생성하는 방법과 예제를 알려줘.
7. SQL의 데이터 입력과 삭제를 위한 명령어와 예제를 알려줘.
8. SQL의 데이터 조회에 사용되는 SELECT문의 기본 구문을 알려줘.
9. SQL의 SELECT문에서 WHERE절로 조회 조건을 지정하는 방법을 알려줘.
10. SQL의 SELECT문에서 FROM절, WHERE절, ORDER BY절을 동시에 활용하는 방법을 알려줘.
11. SQL의 조건 연산자, LIKE 연산자, IN 연산자, BETWEEN 연산자를 이용하여 조건에 맞는 데이터를 조회하는 방법을 알려줘.
12. SQL에서 중복 제거를 위한 DISTINCT 사용 예제를 알려줘.
13. SQL의 연산자와 주요 SQL함수에 대해 설명하고 예제 코드를 알려줘.
14. SQL의 CASE 표현식에 대해 설명해줘.
15. SQL에서 데이터집계에 활용하는 GROUP BY절과 집계 함수에 대해 알려줘.
16. SQL에서 테이블간 관계를 맺는 JOIN에 대해 설명하고 예제 코드를 알려줘.
17. SQL에서 조인하지 않고 두 개 이상 테이블에서 데이터 조회하는 UNION절에 대해 설명하고 예제 코드를 알려줘.
18. SQL에서 서브쿼리(subquery)를 활용하는 예제 코드를 알려줘.
19. SQL 예제 테이블을 하나 만들고, 예제 데이터에 따라 SQL 쿼리를 학습할 수 있는 학습 프롬프트를 알려줘.
20. SQL 코딩학습을 위한 코드 퀴즈를 4지선다 객관식으로 출제하고, 정답을 설명해줘.
21. 다음 SQL 쿼리에 대해 최적화를 해줘. [여기에 SQL쿼리 삽입]

06 VBA

1. VBA는 무엇이고, 어떤 일을 할 수 있는지 알려줘.
2. 엑셀 VBA 편집기의 기본 화면에 대해 설명해줘.
3. 엑셀 VBA 편집기에서 자주 사용하는 메뉴를 알려줘.
4. VBA 기본 문법에 대해 코드를 알려주고 설명해줘.
5. VBA의 Sub 프로시저와 Function 프로시저에 대해 설명하고, 예제 코드를 알려줘.
6. VBA의 조건문에 대해 설명하고, 코드를 알려줘.
7. VBA의 반복문에 대해 설명하고, 코드를 알려줘.
8. VBA의 내장함수에 대해 알려줘.
9. VBA에서 대화상자(Dialog Control Language)에 대해 설명하고, 예제 코드를 알려줘.
10. VBA를 활용하여 삼성전자 종가의 평균을 구하는 코드를 알려줘.
11. 다음 함수를 엑셀 VBA 코드로 변환해줘. [여기에 다른 언어 함수 삽입]
12. 엑셀 VBA 예제 코드를 생성하고, 절차별로 매크로를 만드는 방법을 알려줘.

07 금융데이터 분석

1. 향후 10년 내에 증권시장에서 성과를 낼 투자 산업과 항목을 알려줘.
2. 퀀트투자란 무엇이고 유형을 설명해줘.
3. 퀀트투자에 챗GPT를 활용하는 방법을 알려줘.
4. 추세추종매매(trend following)의 유형을 설명해줘. 그리고 관련 파이썬 코드를 알려줘.
5. FinanceDataReader를 활용하여 2020년 1월 1일부터 2023년 4월 30일까지 삼성전자의 20일과 60일 이동평균 교차매매(crossover) 코드를 알려주고 그래프를 그려줘.
6. FinanceDataReader를 활용하여 2020년 1월 1일부터 2023년 4월 30일까지 삼성전자의 MACD 코드를 알려주고 그래프를 그려줘.
7. FinanceDataReader를 활용하여 2020년 1월 1일부터 2023년 4월 30일까지 삼성전자를 예측하기 위한 LSTM 신경망 코드를 알려주고 그래프를 그려줘.

07 금융데이터 분석

8. FinanceDataReader를 활용하여 2020년 1월 1일부터 2023년 4월 30일까지 VIX를 다운받아 그래프를 그리는 파이썬 코드를 알려줘.
9. FinanceDataReader를 활용하여 2010년 1월 1일부터 2023년 4월 30일까지 비트코인 데이터를 다운받고 그래프를 구하는 코드를 알려줘.
10. FinanceDataReader를 활용하여 2020년 1월 1일부터 2023년 4월 30일까지 삼성전자와 코스피의 데일리 수익률을 그레인저 인과관계 검정(Granger Causality test)하는 파이썬 코드를 알려줘.
11. yfinance를 활용하여 2020년 1월 1일부터 2023년 4월 30일까지 테슬라의 채널돌파(channel breakout)에 대한 파이썬 코드를 알려주고 그래프를 그려줘. 한번에 코드를 다 보여줘.
12. pandas_datareader를 활용하여 2020년 1월 1일부터 2023년 4월 30일까지의 WTI(원유)를 다운받는 파이썬 코드를 알려주고 그래프를 그려줘.
13. 퀀트투자에서 성과를 평가하기 위한 샤프비율(Sharp ratio)을 설명하고 파이썬 예제 코드를 알려줘.
14. 퀀트투자에서 리스크패리티 포트폴리오(risk parity portfolio)를 계산을 위한 파이썬 코드를 알려줘.
15. 퀀트투자에서 최대하락폭(Maximum Draw Down, MDD)을 설명하고 파이썬 예제 코드를 알려줘.
16. 조기상환상품(autocall structed products) 계산을 위한 파이썬 코드를 알려줘.
17. 기업가치평가를 위한 현금할인법(DCF) 가격계산을 위한 파이썬 코드를 알려줘.
18. EPS(Earning Per Share)을 설명해주고, EPS를 구하는 파이썬 예제 코드를 알려줘.
19. PBR(Price to Book Ratio)을 설명해주고, PBR의 파이썬 예제 코드를 알려줘.
20. QuantLib 라이브러리를 이용하여 금융상품별로 가격계산하는 파이썬 예제 코드를 알려줘.
21. 자산배분에 있어 블랙-리터먼(Black-Litterman) 모형의 파이썬 예제 코드를 알려줘.

찾아보기

A

ACF 157
AGI 15, 44, 237, 242
Algorithmic Trading 193
AlphaGo 35
AR-LLM 242
Artificial General Intelligence 44
Augmented Data Scientist 233
Augmented Programmer 233
AutoGPT 237

B

Backtesting 193
Bank of America 146
Bard 48
BloombergGPT 50
Bollinger Bands 196

C

C++ 160, 223, 225
CAGR 165, 166, 199, 200
Chi-Square Test 119
Classification 122, 125
Clustering 114, 119, 123

Clustering Analysis 114
CNN 33, 249
Code Completion 151
Code Conversion 158
Code Generation 147
Code Optimization 162
Code Snippet 154
Code Translation 158
Codex 98
Colab 07, 100, 103, 148, 248
context 60
Conversational Interface 39
Convolutional Neural Network 33
Copilot 52, 53, 236
CPU 240
Curriculum 72

D

Data Preprocessing 149
DeepL 67
DeepMind 35
Dimensionality Reduction 123

E

Environmental, Social, and corporate Governance 74, 76
ESG 04, 59, 74, 75, 76
Ethereum 211
EWMA 174, 175, 176
EWMA Volatility 174
Exponential Weighted Moving Average 175

F

Federal Reserve Economic Data 187
Few Shot Learning 40
FinanceDataReader 189, 190
Foundation Model 39, 49
FRED 187
Fundamental Analysis 179

G

GAI 19
Generative Artificial Intelligence 19
Generative Pre-trained Transformers 25
Github 99
GitHub Copilot 53, 236
GPT 23, 25, 26, 27, 28, 32, 33, 34, 36, 38, 40, 46, 60, 237
GPT-2 25, 26
GPT-3 25, 27, 28, 33, 34, 36, 40, 46

GPT 3.5 23, 40
GPT 4.0 23
GPU 93, 240, 241

H

Hallucination 39
HFT 239, 240
Human Augmentation 233

I

InstructGPT 25, 27, 33, 34, 40
Insurance Capital Standard 78, 80
iPhone moment 146
IRR 81

J

Jupyter Notebook 100, 116, 156

K

Keras 119
K-ICS 78, 79, 80, 81
KoGPT 32

L

Large Language Model 24
Latency 240
LLaMA 32
LLM 04, 08, 24, 46, 50, 242
Low Coding 52

M

Machine Translation 66
Matplotlib 115, 120, 142, 155, 156
MDD 199, 253
Monte Carlo Tree Search 36
Moving Average 175, 195
Multi-Modal AI 43
Multi-Modality 45

N

Natural Language Processing 19, 39, 62
NFT 71
NLP 19, 39, 42, 60, 62
No Coding 52
NPU 239, 240
NPV 81
Numpy 108, 109, 110, 169, 170, 171, 248

P

PACF 157
Pandas 108, 109, 110, 111, 115, 116, 187, 248
PandasDataReader 186, 187
Paraphrasing 59, 65
Passive Income 68
PM 233
Posit 클라우드 07, 99, 100, 128
Posit Cloud 100
PPO 36

Pre-Training 21
Project Manger 233
Prompt 33, 38, 42
Proximal Policy Optimization 36

Q

Quandl 187
Quantum Computing 240, 241

R

R 스튜디오 99, 100, 126
R 프로그래밍 12, 125
Ray Dalio 207
Recurrent Neural Network 21, 33
Regression 122, 123, 125
Reinforcement Learning 24, 33, 41, 123
Reinforcement Learning from Human Feedback 24, 33, 41
Relative Strength Index 195
Request for Proposal 78
Reward Model 36
RFP 78, 80
RLHF 24, 34, 36, 41
RNN 21, 33, 249
Robo Advisors 207
RSI 195, 196

S

Scikit-learn 108, 115, 116, 119, 223
Self-Attention 32, 33

Sentiment Analysis 180
Sharp Ratio 199
Solidity 211
Specification 166
SQL 07, 12, 13, 15, 99, 116, 129, 130, 131, 132, 133, 135, 137, 138, 139, 140, 156, 157, 218, 219, 222, 224, 251
Structured Query Language 129, 130
Syllabus 72

T
t 검정 114
Techical Analysis 179
TensorFlow 109, 119
Tokenization 39
Transformer 19, 20, 25, 33, 40
t-test 114, 117, 119

U
Unit Test 166

V
VBA코드 87

W
Wall Street 50
Workflow Automation 40

Y
yfinance 186, 187, 188, 191, 198, 200

ㄱ
감성분석 08, 13, 26, 102, 147, 172, 173, 174, 180
강의계획서 72, 73
강화학습 24, 33, 35, 36, 37, 41, 123
개인정보 보호 77, 234, 237
거대 언어 모델 24, 46, 49, 242
고객 이탈 예측 102, 109
고빈도 매매 239, 240
교육과정 72
구글 코랩 99, 100, 104, 248
국제보험자본기준 80
군집 123
군집분석 114
기본적 분석 179
기술문서 작성 08, 13, 174
기술적 분석 179
기술적 지표 194, 195
기업의 챗GPT 이용 실태 20
깃허브 53, 99, 179, 236

ㄴ
내부수익률 81
넘파이 108, 109, 115, 119, 190, 248
노코딩 11, 52, 53

ㄷ
다국어 번역 11, 63, 66
단위 테스트 13, 147, 166, 167, 168
대화형 인터페이스 39
데이터 과학자 98, 224, 233

데이터 전처리 08, 13, 96, 97, 98,
　　108, 121, 126, 147, 149, 181, 182, 223
데이터 품질 234
디코딩 31
딥마인드 35
딥엘 67

ㄹ

라마 32
람다 32
레이달리오 207
로보어드바이저 202, 207
로보틱스 233
로지스틱 회귀분석 119
로코딩 11, 52, 53
리벨리온 239

ㅁ

마이크로소프트 11, 28, 46, 48, 54,
　　55, 85, 92, 99
마이크로소프트 365 54
맞춤형 금융교육 206
매트랩 160
맷플로립 115, 119, 188
머신러닝 모델 120
머신러닝 엔지니어 223
멀티모달 10, 28, 43, 45, 99
멀티모달 AI 43
메타버스 71
면접 초안 작성 215, 216
모멘텀 197, 198, 199

몬테카를로 시뮬레이션 서치 36
문맥 26, 33, 59, 60, 65
문장 요약 11, 63

ㅂ

바드 48
백테스팅 184, 193, 194
뱅크오브아메리카 146
보상 모델 36
보안 문제 235
볼린저 밴드 196, 197
분류 115, 116, 120, 121, 122, 123, 125,
　　126, 172, 185, 224, 249
분산분석 117, 119
분산형 디지털 원장 209
블록체인 04, 71, 72, 77, 209, 210, 211
블룸버그GPT 50
비모수 검정 117
비정형데이터 185
비주얼베이직 160
비즈니스 도메인 243

ㅅ

사업계획서 74
사이킷런 115, 119, 123, 249
사전훈련 21, 26
상관관계분석 119
상관분석 117
상대 강도 지수 195
상대 모멘텀 전략 197, 198
생성AI 19, 20, 32, 44, 45, 234, 237,

239, 249
샤프비율 199, 253
셀프 어텐션 32, 33
소셜데이터 185
소프트 스킬 243, 244
소프트웨어 명세서 166
솔리디티 211
순현가법 81
순환신경망 21, 33, 249
스마트 컨트랙트 14, 209, 210
스택오버플로우 232
시계열 분석 117, 126
신경망처리장치 239, 240, 241
신지급여력제도 78, 80
심리분석 13, 172

ㅇ

아이폰 모멘트 146
알고리즘 트레이딩 193
알파고 35
양자 컴퓨팅 240, 241
업무자동화 12, 40, 85, 87
엑셀 업무 활용 12, 81
엑셀 함수식 계산 84
엑셀 VBA 85, 87, 88, 129, 252
엔비디아 58, 188, 239
연평균 수익율 199
예상 면접 질문 14, 226
예제 코드 107, 119, 120
예측 모델링 103, 182, 197
오픈AI 24, 25, 26, 28, 32, 33, 37, 40,

46, 53, 54, 98, 99, 188, 236
옵션가격결정 모델 98
와이 파이낸스 186, 187, 188
월가 50
웹 3.0 71
웹 크롤링 14, 186, 191, 194
위너 과정 161
유튜브 대본 68, 69
이더리움 211
이동평균 14, 152, 153, 175, 195, 197, 252
이력서 216, 217, 218, 219
인간 피드백을 통한 강화학습 24, 33, 41
인공지능 반도체 기업 239
인코딩 31, 33
일반AI 15, 44, 237, 242

ㅈ

자기상관 157
자기소개서 14, 216, 217, 218, 219, 220
자기회귀 거대 언어 모델 242
자동매매 시스템 212
자동화 수용 243, 244
자바스크립트 99, 101, 160
자연어 처리 11, 19, 21, 24, 25, 26, 32, 33, 39, 42, 50, 59, 60, 62, 66, 77, 102, 103, 120, 121, 158, 172, 231
저작권 문제 15, 234, 235
절대 모멘텀 전략 197, 198, 199
정책강화모델 36

정형데이터 185
제안서 작성 11, 78
제안요청서 78, 80
젠센 황 58
주가 예측, 102, 122
주성분 분석 119
주피터 노트북 07, 100, 109
증강형 프로그래머 233
지수가중평균방식 변동성 174
지연속도 240
직무기술서 215, 216

ㅊ

차원 축소 121, 123
챗GPT 가입 방법 28
챗GPT 로그인/계정 생성 화면 29
챗GPT 커리어 코칭 활용 216, 218
최대하락폭 199, 253

ㅋ

카이제곱 검정 119
커리어 코칭 04, 14, 216, 218, 221
케라스 119, 122
코드 디버깅 08, 13, 147, 165
코드 리뷰 238
코드 변환 13, 147, 158, 159, 160
코드 생성 25, 88, 95, 147
코드 설명 13, 147, 154
코드 스니펫 154
코드 완성 151, 153
코드 작성 08, 13, 20, 21, 86, 115, 147, 151
코드 최적화 08, 13, 147, 162
코딩 테스트 13, 169, 171
코랩 07, 99, 100, 103, 104, 105, 109, 118, 148, 248
코지피티 32
코파일럿 11, 52, 53, 54, 93, 94, 236
콘텐츠 생성 11, 21, 25, 31, 67, 68
퀀트 14, 180, 181, 182, 183, 184, 197, 225, 226, 239
퀀트 분석 180
퀀트 운용 225
퀀트투자 14, 64, 179, 180, 182, 184, 185, 193, 194, 225
퀀트투자의 기본 프로세스 184
퀀트투자 핵심용어 193
퀀트투자 활용법 184
퀀트 트레이딩 14, 180, 181

ㅌ

텐서플로우 119
토큰화 39
통계 실습 12, 117
통계학습 12, 108, 114, 116
튜토리얼 107, 120
트랜스포머 19, 21, 25, 32, 33, 35, 249
트랜스포머 아키텍처 35

ㅍ

파운데이션 모델 39, 46, 49
파이낸스 데이터 리더 186, 189

파이썬 IDLE 셀 99, 100
판다스 106, 108, 109, 110, 115, 119,
　　 186, 187, 190, 200, 201, 248
패러프레이징 11, 59, 60, 63, 65
패시브 인컴 68
퍼블릭 클라우드 제공업체 239
편자기상관 157
편향성 47, 94, 234
퓨샷러닝 27, 40
프런트엔트 222
프로그래밍의 종말 12, 93, 94
프롬프트 05, 08, 10, 11, 15, 33, 38,
　　 42, 43, 48, 59, 60, 62, 65, 80, 87,
　　 88, 117, 118, 137, 138, 140, 141, 153,
　　 154, 155, 172, 180, 186, 188, 245

프롬프트 엔지니어 10, 38, 42
피처 엔지니어링 120

ㅎ

하이퍼클로바 32
하이퍼 파라미터 조정 120, 126
할루시네이션 28, 39, 46
할루시네이션의 예 47
합성곱 신경망 33, 249
회귀 117, 120, 121, 122, 123, 124, 125

가장 빠르게 **데이터 분석** 전문가가 되는
마법의 **챗**GPT 활용법